新國學

第二十卷

四川大學中國俗文化研究所《新國學》編輯委員會

周裕鍇◎主編

四川大學出版社

項目策劃：毛張琳
責任編輯：黄藴婷　毛張琳
責任校對：王　静
封面設計：嚴春豔
責任印製：王　煒

圖書在版編目（CIP）數據

新國學．第二十卷 / 周裕鍇主編．— 成都：四川大學出版社，2021.4
ISBN 978-7-5690-3287-1

Ⅰ．①新… Ⅱ．①周… Ⅲ．①社會科學—中國—叢刊 Ⅳ．①C55

中國版本圖書館 CIP 數據核字（2021）第 068775 號

書名　新國學（第二十卷）
Xin Guoxue (Di-ershi Juan)

主　　編	周裕鍇
出　　版	四川大學出版社
地　　址	成都市一環路南一段 24 號（610065）
發　　行	四川大學出版社
書　　號	ISBN 978-7-5690-3287-1
印前製作	四川勝翔數碼印務設計有限公司
印　　刷	四川盛圖彩色印刷有限公司
成品尺寸	165mm×240mm
插　　頁	2
印　　張	12.5
字　　數	257 千字
版　　次	2021 年 5 月第 1 版
印　　次	2021 年 5 月第 1 次印刷
定　　價	58.00 圓

◆ 讀者郵購本書，請與本社發行科聯繫。
電話：(028)85408408/(028)85401670/
(028)86408023　郵政編碼：610065
◆ 本社圖書如有印裝質量問題，請寄回出版社調换。
◆ 網址：http://press.scu.edu.cn

四川大學出版社
微信公衆號

目 録

CONTENTS

追憶中的三重現場*

——蘇軾《三馬圖贊（并引）》詮解

范金晶

四川大學圖書館

摘　要： 蘇軾《三馬圖贊（并引）》題於李公麟《三馬圖》後，是一個多重性質的文本。它并非一次成型，而是經歷了幾次意義發生的現場。元祐時期，在對圖繪的賞玩及與門生故友的酬唱中，蘇軾請李公麟繪《三馬圖》。大約十年後的紹聖年間，貶謫中的蘇軾在圖後題寫《三馬圖贊（并引）》，展開了圖繪背後的政治圖景。蘇軾追憶的視角和回顧的姿態是這個過程中最有意味的，營造了文字書寫生發魅力的詩意距離。人們對圖贊内容往往并不深究，而將其看作藝術收藏、名人遺存，或作出“政治垂鑒”式閱讀。

關鍵詞： 蘇軾　三馬圖贊　追憶　三重現場

大約元祐二年（1087），蘇軾請李公麟繪製《三馬圖》，并以青唐吐蕃大首領鬼章青宜結效之。紹聖四年（1097），蘇軾在惠州閱舊書畫，作《三馬圖贊（并引）》。它是一個多重性質的文本：從文體上説是贊，三字韻語，隔句押韻；既是題跋，又是蘇軾晚年的一幅書法作品；從形態上看，爲澄心堂紙本，題於李公麟所繪《三馬圖》後。在漫長的歷史歲月中，此圖及贊一直作爲一個整體流傳，北宋末曾流落民間，紹興時入高宗禁中，在宋元年間傳承有緒，又經明董其昌跋，入清宫成爲乾隆御藏。民

* 本文受到四川大學創新火花項目庫支持，項目編號 2018hhf－50。

國時溥儀携其出宫，一直藏在長春的小白樓裏，日本投降時遭值勤亂兵撕扯損壞，殘缺畫面及蘇軾畫贊前段爲香港陳光甫購得，畫贊後段現藏於故宫博物院①。

下禮部軾時為宗伯判其
狀云 朝廷方卻走馬以糞正
復汗血亦何所用事遂寢于
時兵革不用海內小康馬則
不遇矣而人少安軾嘗私請於
承議郎李公麟畫當時三
駿馬之狀而使鬼章青宜結
効之藏於家紹聖四年三月
十四日軾在惠州謫居無事
閱舊畫追思一時之事而
歎三馬之神駿乃為之贊曰
吁鬼章世悍驕奔貳師
走嫖姚今在廷服虎貔効
天驥立內朝八尺龍神超
遙若將西燕西瑤帝念
之乃下招簫歸雲逝房妖

圖1 《三馬圖贊》殘卷②

如果仔細探尋這一作品，會發現時間在其中扮演了重要角色。它并非一次成形，而是經歷了幾次意義發生的現場。元祐時期，以蘇軾及蘇門文人爲代表的士大夫擁有豐富的精神世界與文化生活，無論作詩、賞畫、觀花，或是品茶、焚香、參禪，都充溢着對日常生活的審美性玩味與哲理性思考。正是在此背景下，蘇軾請李公麟畫下《三馬圖》，這是作品發生的第一重現場。大約十年之後的紹聖四年，蘇軾已不再是元祐大臣，而作爲謫臣身處偏遠的惠州，他回顧元祐舊事，在圖後寫下《三馬圖贊（并引）》，這是作品發生的第二重現場。如果我們把讀者的參與作爲作品的最終完成，那麽在歷史風烟中，它所經歷的每一次閱讀——無論是以文本的形式還是以圖繪或書法的形式，甚至包括本文的闡釋，便是它成形的第三重現場。追憶的視角與回顧的姿態是這個過程中最富有意味的核心，給作品帶來了令人不斷回味的魅力。

---

① 楊仁愷《國寶沉浮録——故宫散佚書畫見聞考略》，上海：上海人民美術出版社，1991年，第115、135頁。

② 《故宫博物院藏品大系·書法編2》，北京：故宫出版社，2012年，第132～135頁。

一、第一重：藝術作品的“原境”

（一）三幅畫馬圖

蘇軾自元豐八年（1085）十一月被召進京，直到不堪攻訐，於元祐四年（1089）四月出知杭州，三年多的時間內，詩文交遊衆多，且身處玉堂之上，頗有機會一睹秘閣珍藏。蘇軾對圖繪興趣濃厚，不僅創作了大量題畫詩，還曾畫竹石、與李公麟同繪《憩寂圖》，也樂於發表對繪畫的見解，在中國美術史上影響深遠。

蘇軾請李公麟畫馬一事，還要從元祐二年時由李公麟所藏韓幹《三馬圖》引起的一次蘇門文人群的唱和説起。這組唱和作品共有七首，參與者共六人：蘇轍《韓幹三馬》、蘇軾《次韻子由書李伯時所藏韓幹馬》、黄庭堅《詠李伯時摹韓幹三馬次蘇子由韻簡李伯時兼寄李德素》《次韻子瞻和子由觀韓幹馬因論伯時畫天馬》、蘇頌《次韻蘇子瞻題李公麟畫馬圖》、劉攽《次韻蘇子瞻韓幹馬贈李伯時》、王欽臣《次韻蘇子由詠李伯時所藏韓幹馬》。[①] 蘇轍詩爲首唱，其餘六首皆次蘇轍詩韻，爲二十句的絲字韻七言古詩。

據蘇軾《次韻子由書李伯時所藏韓幹馬》詩題，蘇轍《韓幹三馬》大概是題於圖上。蘇轍詩前十二句描繪了畫面内容：三馬正在激烈奔跑，各有一名御者。據蘇轍孫蘇籀《跋伯時二馬圖》：“先祖黄門喜顧、陸、王、韓遺迹，龍眠集三馬見貽，效之者三人，其風儀雄杰，皆可任雙鉞、三槐所馭，殆天厩之龍也。兵火後，粉繪羽化，惟‘絲’字賡唱在櫝。”[②] “絲字韻賡唱”即此組唱和。從中可知，因蘇轍對韓幹馬的喜愛，李公麟臨摹了一幅送給他。另外，黄庭堅《詠李伯時摹韓幹三馬次蘇子由韻簡李伯時

---

① 除蘇頌詩外，其餘均收於孫紹遠編《聲畫集》（文淵閣四庫全書本）卷七。前六首還分别見：陳宏天、高秀芳點校《蘇轍集・欒城集》卷十五，第295頁，中華書局，1990年；王文誥集注、孔凡禮點校《蘇軾詩集》卷二十八，第1502～1505頁，中華書局，1982年；任淵等注、劉尚榮點校《黄庭堅詩集注》卷七，第252～253頁、第254～256頁，中華書局，2003年；王同策等點校《蘇魏公文集》卷五，第48頁，中華書局，1988年；文淵閣四庫全書本《彭城集》卷七。查慎行爲蘇詩作注時將它們收録在蘇軾《次韻子由書李伯時所藏韓幹馬》下，王文誥在集注中亦予以保留。

② 蘇籀《雙溪集》卷一一，《叢書集成初編》本，北京：中華書局，1985年，第153頁。

兼寄李德素》詩題及“李侯寫影幹翰墨，自有筆如沙畫錐”句，也證實了李公麟確曾臨摹過韓幹三馬。從蘇籀跋可知，李公麟《摹韓幹三馬圖》毁於南北宋之際的戰亂。

蘇軾請李公麟繪《三馬圖》始末，見其《三馬圖贊（并引）》。元祐二年八月，邊將擒青唐吐蕃大首領鬼章青宜結，此年十一月十二日，獻鬼章於崇政殿。這在當時是件大事，且“擒鬼章之功，蓋多得一時名臣文士歌詠，因大流播”①。當時恰逢西域貢馬，然而哲宗始終未嘗一顧，有的駿馬甚至因照顧不周而死去。之後青唐大首領温溪心有良馬而不敢進，奏請饋太師文彦博，詔許之。蘇軾私下請李公麟圖繪當時三駿馬之狀，以鬼章青宜結效之。因此，圖上牽馬之人爲鬼章，“效”有獻出、盡力之意，或類“呈馬圖”之“呈”。任淵引用蘇軾《三馬圖贊》來注釋黄庭堅《次韻子瞻和子由觀韓幹馬因論伯時畫天馬》中“于闐花驄龍八尺，看雲不受絡頭絲。西河驄作葡萄錦，雙瞳夾鏡耳卓錐”句。那麽，蘇軾請李公麟畫三馬事與上述唱和是否有關呢？

李公麟素以畫馬聞名，流傳至今的有一幅《五馬圖》，此圖清末被溥儀帶出故宫後，輾轉流落至日本人手中②，北京故宫博物院藏有珂羅版圖像。《五馬圖》樣式爲一人牽一馬，五馬分别爲鳳頭驄、好頭赤、錦膊驄、照夜白、滿川花。圖上有四題簽，據説爲黄庭堅所題，説明四馬名字、大小及入厩時間。圖上還有黄庭堅、曾紓跋各一篇。據曾紓跋，元祐五年（1090）見黄庭堅爲張仲謨箋題李公麟所作《天馬圖》，紹興元年（1131）又在嘉禾劉延仲處見此圖。

李公麟的三幅畫馬圖即蘇轍所作《摹韓幹三馬圖》、蘇軾所作《三馬圖》（又名《鬼章青效馬圖》）、《五馬圖》，相互之間有何聯繫呢？爲什麽必須把三件事情全部講述完畢，才有可能真正理解它們？

（二）三馬・五馬・天馬

李公麟繪馬成癡，在受高僧點撥改畫佛菩薩之前畫過許多馬圖，僅徽宗内府所藏便有十幾種，蘇、黄詩中也有李公麟畫虎脊天馬、頓塵馬、天

---

① 蔡絛《鐵圍山叢談》卷二，唐宋史料筆記叢刊，北京：中華書局，1983年，第32頁。

② 楊仁愷《國寶沉浮録——故宫散佚書畫見聞考略》，上海：上海人民美術出版社，1991年，第85頁。《五馬圖》後被捐獻給東京國立博物館，在東京國立博物館2019年1月16日—2月24日的顔真卿特展中露面。

育驃騎圖、猿馬圖等的記録。據凌郁之《龍眠畫馬考》[①]，歷代著録題跋中記録的李公麟馬圖有從二馬到三馬、五馬、六馬、七馬、八馬、九馬、十馬、十六馬、十八馬等多種，但有的記録不够明晰，且歷經傳抄，難以確定究竟是哪幅圖畫。

但李公麟爲蘇軾所作《三馬圖》，由於蘇軾圖贊在後，易於辨識，可謂流傳有緒。此圖宋元題跋者九人，收録於明張丑《清河書畫舫》中，明清時題跋見《石渠寶笈續編》。此外，顧復《平生壯觀》、安岐《墨緣匯觀録》、阮元《石渠隨筆》、吴升《大觀録》、梁廷枏《藤花亭書畫跋》等均有著録。雖然此圖現已損毀，尚能從歷史記録中勾勒出它的情况。

首先，繪於澄心堂紙，圖的樣式爲“三馬各以一夷人控，墨妙不着色”[②]，“每幅畫一馬，狀所禽羌牽之，用筆尖勾勒人馬，如屈鐵絲”[③]，“白描，效馬者三人，各控一”[④]，即此圖爲墨綫白描，畫面内容爲三夷人各牽一馬。另外，它曾入宋高宗内府[⑤]，曾爲乾隆御藏。據政和二年（1112）蓮池生所題詩《題龍眠畫鬼章牽錦膊驄》[⑥]，鬼章所牽之馬爲錦膊驄。從《五馬圖》題簽可知，錦膊驄爲元祐元年（1086）青唐吐蕃首領董毡所貢，鳳頭驄爲元祐元年于闐所貢，皆爲皇帝御馬。周紫芝曾作《題龍眠畫四馬圖》，凌郁之提示詩中“三象龍”“十二蹄”説明圖上明顯爲三馬，并從“鬼章錦膊驚絶代”，認爲是題此圖，如果這個推理正確，那麽詩中“于闐鳳腦世未識，但見蹴踏長秋風”很明顯是在寫于闐進貢的“鳳頭驄”。

正是從《五馬圖》中，我們知道了五匹御馬的名字。但此圖歷經多次拼接，馬匹及題簽順序紊亂，在公開出版物中，此圖至少存在兩個以上的

---

① 王水照、朱剛主編《新宋學》第四輯，上海：上海人民出版社，2015 年，第 278～325 頁。

② 詹景鳳《詹東圖玄覽編》卷三，民國三十六年（1947）北平故宫博物院排印本。

③ 吴升《大觀録》卷一二《李龍眠三馬圖卷》，國家圖書館古籍文獻叢刊，全國圖書館文獻縮微複製中心 2001 年版，第 374 頁。

④ 《石渠寶笈續編·乾清宫藏五》，上海：上海書店出版社，1988 年，第 297 頁。

⑤ 李調元輯《諸家藏書簿》卷一〇《吴門韓宗伯存良家藏》：“李伯時《三馬圖》贊，宋高宗小璽。”叢書集成初編本，北京：中華書局，1985 年，第 62 頁。

⑥ 張丑《清河書畫舫·尾字號第八》，上海：上海古籍出版社，2011 年，第 397～398 頁。

版本①。2019年《五馬圖》在東京博物館“顏真卿：超越王羲之的名筆”特展中露面，五馬依次爲鳳頭驄、錦膊驄、好頭赤、照夜白、滿川花。②

有學者通過考證否認了五匹馬的真實性，認爲此事不過是李公麟與黄庭堅共同構建出來的。③證據主要是三點：其一，青唐吐蕃首領董毡元豐六年（1083）去世，不可能在元祐元年（1086）進貢錦膊驄。其二，元豐八年（1085）于闐進貢，哲宗繼位後便規定于闐每兩年進貢一次，那麽于闐下次進貢當在元祐三年（1088）。其三，温溪心有良馬不敢進，請饋潞國公文彦博，詔許之，故照夜白不當出現在御廄中。但前兩點站不住脚，第三點或可存疑。董毡的確卒於元豐六年，但當時其養子阿里骨隱瞞消息，此事直到元祐元年方爲宋廷所知，故元祐元年正月二十五日的這次進貢，確實是以董毡的名義進行的。④ 哲宗時雖然令于闐“間歲聽一入貢，餘令於熙、秦州貿易”⑤，但此詔乃元祐二年十月所下。而史籍中于闐進貢頗爲頻繁，元豐八年九月十八日，大約是賀神宗即位，“于闐遣使入貢”⑥，元祐元年十一月乙亥，又遣使入貢⑦，鳳頭驄便當爲此次所貢。照夜白題簽言“元祐三年閏月十九日温溪心進照夜白”，這一年的閏月爲十二月，九月時温溪心確有進奉人在京師⑧，而贈馬文彦博應爲元祐六年（詳辯見後）。無論進獻照夜白是否真實，此事當與文彦博事無關。只是照

① 如四川美術出版社2017年出版的《李公麟·五馬圖 臨韋偃牧放圖》、天津人民美術出版社2007年出版的經摺裝《五牛圖 五馬圖》。高野繪莉香《黄山谷跋、李公麟筆〈五馬図巻〉の伝来について：北宋士大夫間における享受から清朝内府流出と日本流入まで》（《史觀》171號，第22～43頁，2014年9月）考察了《五馬圖》自北宋以來的收藏情況及清末民國時流傳到日本的過程，并對日本出版物中《五馬圖》圖版的差异進行細緻比對，所列出的《國華》本與東京國立博物館顏真卿特展露面的《五馬圖》順序、題簽相同，卷子本順序不同。

② 《顏真卿：王羲之を超えた名筆》，東京博物館、每日新聞社編，每日新聞社，2019年，第248～249頁。故宫博物院收藏的珂羅版圖像難以見到，《紫禁城》雜志編、故宫出版社2014年出版的《神龍别種：中國馬的美學傳統》第42～43頁印刷了珂羅版《五馬圖》局部，來源相對可信，與東京博物館所展亦同。

③ 见黄小峰《五馬圖：書房裏的汗血寶馬》（《老年教育（書畫藝術）》2012年第9期）、四川美術出版社2017年版《五馬圖》解析。

④ 劉琳、刁忠民、舒大剛校點《宋會要輯稿·蕃夷六·吐蕃》，上海古籍出版社，2014年，第16册，第9918頁。

⑤ 李燾《續資治通鑒長編》卷四百六“元祐二年十月丙申”，中華書局，1992年，第28册，第9884頁。

⑥ 《宋會要輯稿·蕃夷四·于闐》，第16册，第9776頁。

⑦ 《續資治通鑒長編》卷三百九十一“元祐元年十一月乙亥”，第9518頁。

⑧ 《續資治通鑒長編》卷四百十四“元祐三年九月辛亥”，第28册，第10059頁。

夜白與唐玄宗愛馬同名，或可存疑。

回到上述關於三馬圖的蘇門唱和，這組詩的先後順序隱藏着重要信息：蘇轍作《韓幹三馬》，黄庭堅遂次韻作《詠李伯時摹韓幹三馬次蘇子由韻簡李伯時兼寄李德素》，此時他尚未讀到蘇軾詩。隨後蘇軾次韻蘇轍，作《次韻子由書李伯時所藏韓幹馬》。蘇軾的參與引起了更大規模的次韻，不僅黄庭堅再次次韻，張耒、蘇頌、劉攽、王仲至也紛紛次韻。張耒次韻後尚不盡興，還另起爐灶作《再和馬圖》。王欽臣詩題雖爲《次韻蘇子由》，然而從詩中“翰林相繼寫高韻”，可知作於蘇軾詩之後。

蘇軾寫道：“忽見伯時畫天馬，朔風胡沙生落錐。”正是從蘇軾和詩開始，詩中出現大量西域典故。黄庭堅第一首和詩由馬之神駿談到人才的際遇，未使用西域典故，第二首和詩中則開始大量使用，且“于闐花驄龍八尺，看雲不受絡頭絲。熙河騘作葡萄錦，雙瞳夾鏡耳卓錐”，分明是寫于闐所貢“鳳頭驄”與青唐吐蕃所貢“錦膊驄”[①]。劉攽詩“此間三馬皆國馬”暗示所畫爲御馬，“宛王母寡今授首，汗血不敢藏貳師”則是評論鬼章事。王仲至詩“鳳頭初踏葱嶺至，綉膊東由青海至”亦指“鳳頭驄”與“錦膊驄”，雖然後面又寫道“玉花照夜古稱美”，但此玉花驄、照夜白乃用典，指唐玄宗的愛馬。哲宗馬厩中温溪心所貢“照夜白”是元祐三年閏十二月才到，而劉攽正是元祐三年去世，不可能再參加這組唱和了。

那麽，有没有可能蘇軾作詩時已請李公麟“畫當時三駿馬之狀，而使鬼章青宜結效之”[②]？——所以黄庭堅、劉攽、王仲至和詩的主題才從“馬”轉向“天馬”。蘇軾《三馬圖贊（并引）》作於紹聖四年（1097），是時隔多年的追憶，以擒鬼章爲背景，前後叙述了多件馬事，隱含着政治態度與治國主張，《三馬圖》只是表面上的話題罷了，無法從中判斷創作時間。蘇籀跋也稱“殆天厩之龍也”，但李公麟贈給蘇轍的《摹韓幹三馬圖》在南北宋之際毀於戰亂，而元祐二年時蘇籀大約還未出生，并未親歷此事，他究竟是由於“絲”字韻唱和而得到如此理解，還是《慕韓幹三馬圖》便是畫的天馬，由于文獻不可徵，事實早已消逝在歷史風烟中。但任淵注將黄詩起首“于闐花驄”四句的理解引向蘇軾圖贊，或可佐證。

---

① “葡萄錦”指葡萄紋的錦緞，指馬身上有着類似葡萄的花紋。

② 蘇軾《三馬圖贊（并引）》，《蘇軾文集》，第610～611頁。

《五馬圖》是李公麟藝術成就最高的作品之一，他由吴道子入門，發展出白描技法，以墨筆綫條刻畫對象，生動傳神，影響深遠。有趣的是，《三馬圖》的許多特徵似乎都與《五馬圖》相似：都包含“鳳頭驄”與“錦膊驄”；樣式都爲一人牽一馬，《三馬圖》乃三夷人牽三馬，《五馬圖》中鳳頭驄、錦膊驄、好頭赤的牽者爲夷人，另二馬的牽者爲漢人；都爲墨筆綫條，使用白描技法——《三馬圖》很像《五馬圖》的片段。蘇軾請李公麟畫三匹天馬，并使鬼章青效之，有可能起到了促使李公麟選擇“天馬”爲繪畫主題的作用。當然，李公麟出生於多蓄“法書名畫”[①]之家，且喜臨摹古今名畫，并因朋友在太僕寺任職，他有機會對御馬“終日縱觀，至不暇與客語”[②]，此時寫生還并非畫畫的常規流程，他的畫与他的長期觀察必定更爲相關。

《五馬圖》中“好頭赤”的題簽爲：“元祐二年十二月二十三日，於左天駟監揀中秦馬好頭赤，九歲，四尺六寸。”“揀中”的字面意思爲選中，有研究者指出，此處它應當爲軍隊名稱，好頭赤是這隻軍隊的馬。北宋禁軍中的確有“揀中六軍”[③]等設置，但真的與馬有關嗎？北宋的内厩馬分爲御馬和給用馬[④]，其中御馬又分三等，主要爲儀仗馬及供皇帝出行使用；給用馬分爲十五等，主要用途除賞賜群臣外，自第六等起爲禁軍各支軍隊如“捧日”“龍衛”等所用戰馬。而揀中六軍屬“侍衛步軍司”，并非需要配馬的騎兵。給用馬第一等叫“揀中馬”，秦渭之馬屬中等品種，但好頭赤當爲秦馬之佼佼者，應屬此類。題簽中的時間距獻鬼章事一月有餘，大概是李公麟第一次畫好頭赤的時間。蘇軾有《戲書李伯時畫御馬好頭赤》，黄庭堅、晁補之、張耒及蘇轍都有次韻，黄庭堅所言“李侯畫骨亦畫肉”，似乎在回應三馬圖唱和中關於骨、肉的討論，“秦駒雖入天仗圖”則提示我們好頭赤加入了“天馬”的主題。《三馬圖》唱和應當在畫好頭赤之前，否則唱和中既出現錦膊驄與鳳頭驄，不當不出現好頭赤。

古人圖畫未必會有名稱，甚至裝裱時纔乘便命名，因此同一幅圖在典

---

① 俞劍華標點注譯《宣和畫譜》卷七，人民美術出版社，2016 年，第 130 頁。

② 羅大經《鶴林玉露》卷六，中華書局，1983 年，第 343 頁。

③ 《宋史》卷一百八十七《志第一百四十・兵一》，熙宁七年（1074）正月，第 14 册，第 4578 頁。

④ 《宋會要輯稿・兵二四・馬政四》，第 15 册，第 9110 頁。

籍中也可能會有多個名稱。《五馬圖》又名《天馬圖》，除曾紆跋外，《雲烟過眼録》亦將其著録爲《天馬圖》。但《雲烟過眼録》又載："伯時《天馬圖》筆意飛動，有王晋卿、蘇子瞻和詩在後。"① 周密《志雅堂雜鈔》中也記録："王子慶携至伯時四卷《天馬圖》，絶妙飛動，有王詵親書所和詩。"② 蘇軾詩即《和王晋卿題李伯時畫馬》，王詵詩亡佚，此《天馬圖》明顯與現傳《五馬圖》并非一圖。據《宣和畫譜》，徽宗内府也藏有一幅李公麟《天馬圖》，徽宗宫廷收藏基本在靖康之變中被劫掠至金朝，而據曾紆跋，元祐時《五馬圖》爲張仲謨所有，紹興元年（1131）屬劉延仲，後入紹興内府，那麽這兩幅也不太可能爲同一幅圖。

總之，馬是李公麟長期以來關注的題材，他很可能以"天馬"爲主題畫過一系列圖畫，從包括"錦膊驄""鳳頭驄"的"三馬"，到"好頭赤"的加入，直至最終的"五馬"，是一個逐漸成形的過程。

二、第二重：圖繪背後的政治圖景

紹聖四年（1097），當身處惠州的蘇軾從舊書畫中拿出《三馬圖》，并決定在其後題寫《三馬圖贊》時，他又回憶起請李公麟繪制此圖的經過，回憶起過往的元祐時代。然而他只從往事中揀擇出一部分，這時隔多年的追憶，以擒鬼章事爲背景，前後叙述了多件馬事，隱含着政治態度與治國主張。其實元祐時期的圖繪未必具有强烈的政治意圖，是蘇軾的圖贊及他此刻的追憶，將圖繪三馬與當時的政治事件聯繫起來。

鬼章青宜結是青唐吐蕃唃厮啰政權的大將。熙寧年間，宋軍經歷了長達近十年的熙河之役，最終從青唐吐蕃取得熙河六州，然而終董毡、阿里骨時期，均未能插足唃厮啰政權的核心河湟地區。發生於熙寧七年（1074）的踏白城之戰便是決定唃厮啰政權存亡的關鍵戰役。是役由鬼章指揮，他先誘殺使臣七人，又投書挑撥宋將景思立，言語頗不遜，遂使思立不能忍受而主動發起進攻，最終血戰至死。鬼章和冷雞樸常以遊擊戰騷擾宋地，令宋軍疲於應對，是當時北宋與吐蕃邊境上的心腹之患，即使在

① 周密《雲烟過眼録》卷上，《叢書集成初編本》，中華書局，1985年，第23頁。
② 周密《志雅堂雜鈔》卷上，《叢書集成初編本》，中華書局，1991年，第2頁。

熙河形勢穩定後依然如此。熙寧九年（1076）十二月，神宗甚至下詔懸賞鬼章首級："諸人及生熟蕃部得鬼章首來獻，授左藏庫使，賞錢五千緡，與本族巡檢使。……并依舊官給俸。"[①] 然而此事始終未成。熙寧十年（1077），董毡派人進貢謝罪，欲與宋朝修好。北宋也疲於連年戰爭及巨大的經濟消耗，遂接受了董毡的示好，鬼章也作爲青唐吐蕃大首領被封作廓州刺史。之後董毡執政期間，青唐吐蕃一直是宋朝牽制西夏的可靠盟友。

神宗去世後，哲宗年幼，太后執政，舊黨復歸，朝廷政策趨於保守，文彦博等甚至主張放弃熙河地區。此時青唐吐蕃也經歷着首領變動，董毡無子嗣，於元豐六年（1083）去世後，繼子阿里骨成爲下一任首領。阿里骨不僅與董毡無血緣關係，還是于闐人，并不屬於吐蕃民族，爲了穩定政權，他秘不發喪，對宋朝仍以董毡的名義進貢，直到元祐元年方正式稟告宋廷，宋廷也默認了他的繼任。而元祐二年四月，鬼章與西夏相約出兵攻宋，熙河告急，宋廷派游師雄行邊。八月，宋軍在講朱城取得勝利，擒鬼章及其大首領九人，并以檻車羈之，十一月十二日獻於崇政殿。在宋人心目中，鬼章陰險狡詐，神宗既下榜懸賞，"命李憲等購之十餘年，不能得，竟以漢爵縻之"[②]，終究是令人惋惜，故擒獲鬼章算是完成了神宗遺願。朝廷通報鬼章被生擒的消息後，九月五日還特意遣使永裕陵，告慰神宗在天之靈，祝文爲蘇軾所作。

雖然擒獲鬼章是當時一大盛事，但究竟該如何處置鬼章，引起朝臣激烈討論。蘇軾對此亦極爲關切，他認爲董毡死後，阿里骨"匿喪不發"，挾董毡妻契丹公主殺董毡另外二妻，"逾年衆定，乃乍稱嗣子"[③]，冒充取得董毡之遺命。而正因阿里骨繼立未令眾人心服，大首領鬼章才會私下與西夏勾連，反叛宋朝。作爲青唐吐蕃名義上的宗主國，宋朝在此事上處置不當，才導致了鬼章的反叛。此事關係到宋朝的邊事政策，故蘇軾反復上奏論之，堅持要示之以不可測之威，不可一味求和。

蘇軾圖贊共談及三件馬事。第一件，擒鬼章事發生於元祐二年，圖贊所言"時西域貢馬"應在此前後。鬼章被擒後，阿里骨於元祐三年正月、

① 《續資治通鑒長編》卷二七九"熙寧九年十二月庚戌"條，第 20 册，第 6846 頁。

② 《續資治通鑒長編》卷四百二"元祐二年六月甲申"條，第 27 册，第 9777 頁。

③ 蘇軾《因擒鬼章論西羌夏人事宜劄子》，《蘇軾文集》，第 798 頁。

四月、八月連連遣使入貢①，而于闐元祐二年五月、三年三月也有進貢②，所謂“西域貢馬”當是其中一次。第二件，從蘇軾圖贊語意來看，“明年，羌温溪心有良馬，不敢進，請於邊吏，願以饋太師潞國公，詔許之”，似乎温溪心進馬事在元祐三年，而蘇軾文集中《賜河東節度使太師開府儀同三司太原尹致仕文彦博温溪心馬詔》題下有小注：“元祐四年七月二日下院。”其中應當有誤。三年九月確有温溪心進奉人在京③，但應當與贈馬文彦博無關。首先，元祐四年三月蘇軾除龍圖閣學士知杭州，他四月出京，七月三日至杭州。而文彦博元祐五年（1090）致仕，《續資治通鑑長編》卷四百六十“元祐六年六月乙卯”條：“三省、樞密院奏：‘温溪心獻馬與文彦博。舊例：送經略使，官答賜，馬納官。今取旨。’太皇太后令以馬賜彦博。”④ 故蘇軾所寫馬詔當爲元祐六年（1091）七月二日下院。蘇軾元祐六年三月被召入京，八月出知潁州軍州事，此時恰在京城。而此年七月鬼章去世。第三件，蔣之奇元祐七年（1092）十月知熙州，蘇軾元祐七年十一月任禮部尚書，八年九月出知定州，故却蔣之奇爲西蕃貢馬之請當在此期間。蘇軾判狀“朝廷方却走馬以糞，正復汗血，亦何所用”，用《老子》“天下有道，却走馬以糞”之典故。在冷兵器時代，馬是重要的戰争工具，故天下有道，人民可安居樂業之時，馬的用途也就是以糞來肥田了。

至此，蘇軾的態度已非常明確，他還是那名主張弭兵論的元祐大臣。雖然他不像文彦博、司馬光等堅決反對用兵，甚至主張放弃神宗時取得的土地——他的態度更偏實用主義，認爲一味避免戰争只會在外交上顯得懦弱，而無法真正解決邊事問題。但總的來説，他仍是一位抱有儒家政治理想，反對主動挑起兵釁的士大夫。最後十六句的三字圖贊，前八句感慨：彪悍的吐蕃首領鬼章在消耗掉宋軍重要將領之後，終於對宋廷展現出臣服的姿態；後八句則稱贊：這些來自西域的神種龍馬，終於被帝王釋放，回歸到天上繼續做它們的房星之精，不必再承擔大地上的責任了。

---

① 《續資治通鑑長編》卷四百八“元祐三年正月庚午”條、卷四百九“元祐三年四月丁酉”條、卷四一三“元祐三年八月戊寅”條，第 28 册第 9923、9972、10033 頁。

② 《續資治通鑑長編》卷四百一“元祐二年五月壬申”條、卷四百九“元祐三年三月壬申”條，第 9769、9958 頁。

③ 《續資治通鑑長編》卷四百十四“元祐三年九月辛亥”條，第 28 册，第 10059 頁。

④ 《續資治通鑑長編》卷四百六十“元祐六年六月乙卯”條，第 31 册，第 11012 頁。

三、第三重：讀者

（一）蘇軾的個人命運

歷史究竟是邏輯的集合體，是祖先的垂範，是按年代編排的事件序列，還是什麼呢？蘇軾《三馬圖贊（并引）》政治意味濃厚，如茅坤所言“贊名馬，而其意全在本朝廷却名馬上”[①]，表露政見，不以文字趣味取勝，本不會讓人頻頻回味，但在歷史與個人之間增加個人的回望，撕開了歷史的縫隙。大歷史中個體所思所想所歷容易讓人發生興味，激發共鳴，使人感同身受，更何況他是蘇軾。這回顧的姿態打開了一條歷史的通路，他的追憶吸引着我們回顧元祐時代，并透過他的目光打量這個時代，它激活了真實，使歷史切身可感，變得生動，蘇軾也活生生的，這是千載之下其心可接的心理基礎。

當我們讀到《三馬圖贊（并引）》時，蘇軾和宋代都已消逝，透過它我們感受到真實的歷史和真實的蘇軾的生命，不僅如此，我們作爲後世讀者，還比當時的人和時代知道更多：我們知道蘇軾接下來的命運，知道他即將躍入生命中的另一個深谷，知道時代的走向，知道接下來的戰亂與滅亡。我們無法告知他們，只能对付出理解、同情、悲切，與硝烟後的感慨。

《三馬圖贊》作於紹聖四年三月十四日，正值蘇軾第二次貶謫期間。蘇軾自紹聖元年十月到達惠州，至此已兩年有餘。兩年間，他兩次不得不從條件稍好的合江樓遷出，住進嘉祐寺。紹聖三年四月，他拿出幾乎全部積蓄在白鶴峰下營造新居，“已買白鶴峰，規作終老計”[②]，做好了終老此地的準備。四年二月完工，他自嘉祐寺遷入。而大約閏二月初，他的長子蘇邁因授仁化令，携諸孫來到惠州。蘇軾新居始成，又得享天倫之樂，本是難得的寧静與歡愉，但此刻命運的陰影正逐漸傾覆下來。

紹聖四年，對元祐黨人的第二輪打擊逐漸開始。先是蘇邁被罷官。蘇

---

① 茅坤《蘇文忠公文鈔》卷二十七，《唐宋八大家文鈔》，崇禎元年（1628）本，四川大學圖書館藏。

② 蘇軾《遷居》，《蘇軾詩集》卷四十，北京：中華書局，1982年，第2195頁。

邁到達之後，才知道由於紹聖四年正月丙午的詔書“應紹聖二年十二月十五日類定姓名……鄰州内子孫，仍并與次遠路分合入差遣，已授未赴并見在任人并罷”①，作爲黨人子孫，他已不能赴仁化令任，一家老小的生計頓成問題。隨後，對元祐黨人的第二輪謫命陸續下達。二月庚辰（二十八日），蘇轍“責授化州别駕，雷州安置”②。閏二月甲辰（十九日），蘇軾“責授瓊州别駕，移送昌化軍安置”③。謫命到達貶所需要一定時間，我們不知道蘇軾在作《三馬圖贊》時是否得知此消息，但至少三月間，他已對蘇轍復貶有所耳聞，也預料到自己不得久安於惠州，而就此事詳情向地方官打聽：“憂患之來，想皆前定，猶欲早知，少免狼狽。”④ 他早早做好了準備，他的謫命四月十七日到達惠州，十九日他便啓程赴海南。

哲宗親政後，對外政策也發生轉變，由戰略防禦轉向對外擴張。青唐吐蕃終其百年，都是北宋與西夏地緣政治的重要組成部分。宋仁宗時西夏自節度使建國，北宋對此始終耿耿於懷，拉攏唃厮啰政權以牽制西夏。神宗既有“恢復漢唐舊疆”之志，計劃河湟開邊，以斷西夏右臂，故又有熙寧時期的熙河之役，然而此舉傷害了青唐吐蕃的利益，最終以北宋取得熙河地區、唃厮啰政權保住核心河湟地區的局面，維持着相對的和平與穩定。紹聖二年（1095），西夏在談判中殺害宋朝代表，哲宗退出談判，繼續以武力解决邊境問題。經過平夏城之戰，宋軍取得相對優勢和部分西夏領土，元符二年（1099）西夏求和。而青唐吐蕃自元祐三年阿里骨求和後便一蹶不振，元符二年，北宋發動河湟之役。崇寧二年（1103），徽宗重新發動對河湟的戰争，崇寧三年五月，青唐吐蕃徹底滅亡。之後宋與金聯合滅遼，金兵隨後南下，直接導致了北宋的滅亡。由於儒家價值觀、元祐政治神聖化等原因，王安石變法在歷史上頗遭惡評，也被當作北宋亡國之禍的起始。這幾乎成爲古人的共識，查慎行注釋蘇軾《獲鬼章二十韻》也下按語説：“熙河之役，構禍始於王韶。厥後邊釁大開，終釀靖康之亂。

---

① 黄以周等輯注《續資治通鑑長編拾補》卷十四，中華書局，2004年，第2册，第546頁。

② 《拾補》卷十四，第551頁。

③ 《拾補》卷十四，第560頁。

④ 《與王敏仲十八首》其六，《蘇軾文集》卷五十六，中華書局，1986年，第1691頁。孔凡禮《蘇軾年譜》將此信時間定於三月間，目前筆者也没有找到能够確認具體日期的材料。

後世以爲罪魁者，當時且以爲功之首。”[①]

我們的閲讀充斥着對過去的了解與想象，否則閲讀簡直無法發生。我們不可能摒除關於過去的信息，相反，我們甚至盡可能多地獲取它們，以試探文本所能有的理解空間。我們在文本的驅使之下，追踪和打撈飄零的歷史細節，將文本四周的空白逐漸補充完整，它像黑洞一般促使我們裹挾着往事向前，直到我們再一次抵達它。

也許，蘇軾此時尚未聽聞蘇轍復貶的消息，他還沉浸在幼孫煩擾帶來的安慰與快樂中，甚至内心深處或許并未完全喪失對政治的信心，他重新提筆，回到元祐大臣的身份，嚴肅而理直氣壯地表明了對治國方略的態度；也許，他此時已對蘇轍被貶有所耳聞，也對自己接下來的遭遇有了預測，偶有所感，觸發了對往事的回憶。他曾經爲之付出熱情與關切、先後呈上四道劄子來論辯的鬼章及對外政策問題，已隨着皇帝的更替以及邊境將領對自身軍事優勢的發覺[②]而變得不同往昔。甚至他當時對形勢的認識未必是正確的，鬼章聯夏攻宋，并非出於對阿里骨的不滿，而是來自阿里骨的授意，故鬼章被擒後，阿里骨在八個月内連派三幫使臣前來請罪兼探聽消息。

當時的蘇軾可能渾然不覺，但了解更多身後事的我們，不禁從中感受到巨大的失落：爲那曾經的生命熱情、命運降臨之前的盲目，以及似乎被遺忘的文藝風流。

（二）歷史的標本

明代前期，此圖成爲蔣伯輝的收藏品。有趣的是，蔣伯輝爲蔣之奇——蘇軾圖贊所述第三件馬事的主人公——的七世孫。可能出自友人蔣伯輝的委托，黄宗載持此圖請自建文帝起歷仕四朝的朝廷重臣、明初“臺閣體”三楊之一的楊士奇作跋，即《李公麟鬼章效馬圖後》。[③] 楊士奇并未稱道書法之精與圖繪之妙，令他反復回味、“不能無慨”的是蘇軾圖贊：文彦博等君子諸賢盡斥，章惇、蔡京之徒荼毒天下，終致靖康不可救之禍。他以施政者的眼光回顧歷史，沿襲自南宋開始的“元祐叙事”，將元

① 查慎行《蘇詩補注》，王友勝校點，南京：鳳凰出版社，2013 年，第 863 頁。

② 参看曾瑞龍《拓邊西北：北宋中後期對夏戰爭研究》，北京：北京大學出版社，2013 年。

③ 楊士奇《東里集·續集》卷二二，上海：上海古籍出版社，1991 年，第 661～662 頁。

祐以來的北宋歷史簡化爲君子、小人之争，得出執政須得君子、遠小人的教訓，并呼吁：北宋的覆亡“有國家可以鑒矣”；人們出於好善惡惡之心保存蘇軾墨寶，亦可爲賢、不肖之鑒。

乾隆有《題李公麟畫三馬蘇軾贊真迹卷》，他作此詩的目的在於：“軾贊序言頗難解，今并爲叙明，且反其意。”① 他在詩中運用了兩條很長的自注。第一條自注重述了蘇軾却蔣之奇進馬事，他承認蘇軾贊含有政治深意，但批評蘇軾只知其小不知其大，元祐時蜀洛黨争比是否接受貢馬更加重要。把精力放在討論這種小事上，而忽略更重要和根本的問題，對國家政治又有何益？之後的詩句强化了此種論點：“然而元祐朝廷間，邪正相參門户把。卒之正終不勝邪，内之不修外自惹。”認爲元祐雖稱治世，但其時朝廷已正邪相參，兼以蜀洛黨争，最終正不勝邪，北宋滅亡。原因既在於内之不修（蜀洛黨争），也在於外之自惹（聯金抗遼）。他反問蘇軾，作贊時是否考慮到了這些：“軾也曾亦慮兹乎？洛蜀何爲自分社？”第二條自注講述了他讓西洋畫家和中國畫家同畫愛烏罕所貢四馬之事，“其形既命世寧傳，神韻更叫廷標寫”，并以後來者、更明智的執政者的身份詢問蘇軾此舉如何。看上去是要就藝術表現與蘇軾展開討論，其實結合乾隆對朋黨的看法，他對蘇軾這樣的名臣是有些不屑的。他屢次申明：“有講學必有標榜，有標榜必有門户，尾大不掉，必致國破家亡。漢、宋、明其殷鑒也。”② “若伊川之與蘇軾，皆係正人，乃至門户分歧，而憑附之徒遂至彼此攻訐不已。顯然操同室之戈，亦獨何哉！夫以道學而流爲黨援，其弊至無所底止，非清流之福，更非國家之福，所繫於世俗人心者甚鉅。”③ 在乾隆史學思想影響下編成的《四庫全書總目》也在《慶元黨禁》提要中説：“東漢不鑒戰國之横議，南北部分而東漢亡；北宋不鑒東漢之黨錮，洛、蜀黨分而北宋亡；南宋不鑒元祐之敗，道學派盛而南宋亡。”④ 對乾隆來説，理想的情況是皇帝大權在握，乾綱獨斷，“不致朝廷有名臣、奸

---

① 乾隆《御製詩集·五集》卷六二，文淵閣四庫全書。

② 《題〈東林列傳〉》，《御製文集·二集》卷十八，文淵閣四庫全書。乾隆對宋史的看法可參看喬志忠《清朝官方史學研究》（文津出版社，1994 年）、張傳鋒《〈四庫全書總目〉學術思想研究》（學林出版社，2007 年）。

③ 乾隆題李心傳《道命録》詩序，慶桂等編纂《國朝宫史續編》卷七八，北京古籍出版社，1994 年，第 742 頁。

④ 永瑢等撰《四庫全書總目》卷五七，中華書局，1965 年，第 521 頁。

臣，亦社稷之福耳”[1]。他的題詩就像一個對下屬不滿的權威者，出於大度，或者只是在心情平静的時刻，展現出表面上的心平氣和。

楊士奇和乾隆代表了對北宋中後期政治的兩種看法。楊士奇把北宋滅亡的原因歸結爲奸臣當道，他對蘇軾圖贊所做的“政治垂鑒”式閲讀并没有觸及蘇軾贊文書寫的任何具體事件，而是由“蘇軾”“元祐”等關鍵詞過渡到北宋滅亡的歷史教訓。蘇軾在書寫贊文時究竟在想什麽并不是他所關心的，贊文只是唤起話題的觸媒，引發他對北宋中後期政治的程式化理解。乾隆則認爲，雖然聯金滅遼的錯誤政策是北宋滅亡的外部原因，但更重要的内在原因是北宋黨争，黨争之所以釀成國家滅亡的慘痛後果，是因爲蜀、洛二黨門户相軋，同室操戈。蘇軾贊文作爲北宋政治的留存，成爲乾隆闡發政治觀點、明確統治原則的例證。提到郎世寧、金廷標畫愛烏罕四駿圖，也只是自詡更成功的統治者對前人的炫耀罷了。楊士奇和乾隆對蘇軾圖贊做出的政治性解讀，一是對歷史的機械化理解，二是“六經注我”式的闡發，共同點是都將蘇軾當作唤起“北宋滅亡”話題的觸媒，至於歷史標本的文學意味，并没有進入他們的關注範疇。

（三）作爲帝國文化符號的馬

在漢代天人感應思想中，馬是房星在大地上的變形與象徵。房宿屬東方蒼龍七宿第四星，爲二十八星宿之一。古人對世界往往有着形體化的想象，蒼龍七宿角、亢、氐、房、心、尾、箕，便被想象成盤旋在天空中的巨龍，角、亢、氐依次是龍的角、喉嚨、兩肩，房宿則是龍的胸房。房宿的四顆星又被想象成四匹拉車的馬，故又名天駟星。負責馬政的職能部門也因此被命名爲天駟監。馬因爲雄武有力，往往被神化爲龍馬，也有神馬自水中來的傳説。在冷兵器時代，馬是重要的戰争工具，唐代疆域廣闊，主要在陝西、青海等地繁育馬匹。北宋與遼共享天下，統治地域較前代爲小，良馬主要來自吐蕃、于闐等西北地區，主要方式是進貢和邊境互市。在宋代的朝貢體系中，進貢其實也是貿易的一種形式，而進貢使這些國家保持了與北宋的良好關係，有利於邊境互市的順利進行。

古代中國的對外交往是在職貢體系下發生的，形成了以中國爲核心，

---

① 乾隆《明辟尹嘉銓標榜之罪諭》，《清代文字獄檔》第六輯，民國廿一年（1932）七月北平故宫博物院、國立北京研究院出版。

兼具政治、貿易、外交多方面内涵的朝貢關係網絡。[①] 而在中國的圖像傳統中，有一種《職貢圖》的圖繪類型，以圖像形式展現古人眼中的域外圖景與天下秩序。最早的《職貢圖》據傳爲梁代蕭繹所作，唐代閻立本、李德裕等都繪有或進有《職貢圖》。宋代主管朝貢事務的機構主要有鴻臚寺、禮部主客司等。進貢使臣來到之後，禮部不僅要以賓禮待之，宴會、住宿、參加朝廷儀式等各有規定，還要"圖其衣冠，書其山川風俗"[②]，李公麟便繪過《職貢圖》。蕭繹《職貢圖》圖式爲每一國家使臣立像在前，使臣國家介紹在後，十二國依次排列。之後的《職貢圖》有沿襲此圖式的，也有圖繪四方蕃國齊聚一堂、重點描繪進貢隊伍之壯觀的，如臺北故宫博物院收藏的（傳）閻立本《職貢圖》。在此圖中，每位富有异域特徵的進貢人手中拿着代表自己國家的貢品。貢品一般是土產，故各地隨其物產有不同的貢物。良馬主要來自西域，由此又衍生出貢馬圖、獻馬圖、人馬圖等，繪使臣或圉人牽馬，李公麟《三馬圖》自當歸入此傳統。馬雖屬物色，然而在朝貢體系的話語系統中，蕃人獻馬却成爲帝國天下一統、四夷咸服的表徵。

在蘇軾的贊文中，馬亦是帝國的文化符號，對待貢馬的態度體現了邊境政策，更體現了本朝治國的根本原則，頗具象徵性與政治内涵。然而，自北宋末期以來的題跋中，如楊士奇和乾隆皇帝那樣做政治性解讀的很少，而贊嘆書法及圖繪的精妙與藝術成就、緬懷蘇軾其人的評論更多，文化漸漸展現出更爲强大和根本的力量。

作爲一篇圖贊，蘇軾并没有涉及圖贊通常會對畫家和畫作作出的藝術評論，雖然藝術評論其實是他的愛好，而畫馬、杜詩、李公麟等也是他多次關注的主題，這再次説明了這篇圖贊的重心所在。然而在歷代觀看過此圖的評論者中，即使關注及此，或對贊文内容做檃栝（蓮池生《題龍眠畫鬼章牽錦膊驄》、張丑《清河書畫舫》），關注圖繪過程及畫面的記録（詹景鳳《詹東圖玄覽編》），考證題跋諸人（吴升《大觀録》），或轉向對元祐時代的肯定和蘇軾個人品質的贊譽，"蘇、李二公，百夫之特"（張丑《清

① 李雲泉《朝貢制度史論——中國古代對外關係體制研究》，新華出版社，2004 年，第 3 頁。

② 《宋史・職官志三・禮部》卷一六三，第 12 册，第 3854 頁。

河書畫舫》)。更多的人將它作爲藝術作品來欣賞，“文似班孟堅，書如徐季海”“畫手看前輩，吴生遠擅場”（張丑《清河書畫舫》)，甚至更關注李公麟的畫，“李伯時畫《三馬》，居然曹霸風格”（張丑《清河書畫舫》)。

結　語

元祐時期，在對圖畫的賞玩及與門生老友的唱和酬答中，蘇軾請李公麟繪《三馬圖》。大約十年後的紹聖年間，貶謫中的蘇軾在圖後題寫《三馬圖贊（并引)》，以圖繪爲中介，追憶元祐時的外交事件，并表達自己的政治立場。《三馬圖贊（并引)》在趣味與文字上不顯優長，也没有發表重要的文藝觀點，在蘇軾諸多才氣横溢的作品中并不起眼，追憶的視角與回顧的姿態是它的文字書寫生發魅力的關鍵。它是作者輕輕發出的一聲嘆息，吸引我們去追溯當時發生了什麽：蘇軾凍結在歷史中的生命熱情、邊境形勢的變化、邊境政策的激烈交鋒，以及蘇軾命運中的悲劇時刻。然而我們懂得越多，越明白我們無法穿越回去改變歷史，無法告知他們之後的命運。我們越被它打動，與它之間無法逾越的距離反而愈發顯明，這正是宇文所安所謂“詩意的距離”①。然而讀者也可能不受誘惑，没有進入文本的黑洞，而只就一般信息作出解讀：或理解爲政治寓言和歷史標本，或欣賞它的藝術形體（書法與繪畫)，或陷入名人效應的光環。對暫時無法唤起、没有聽見這聲嘆息的讀者，它只有把自身關閉——原來每個看起來沉默無力的文本，也在挑選和等待著自己的讀者。

① 宇文所安《追憶：中國古典文學中的往事再現》：“詩意何在？在説出的東西同這兩個人正在感受和思考的東西之間是存在距離的。詩意不單在於唤起昔日的繁華，引起傷感，而且在於這種距離。”生活・讀書・新知三聯出版社，2004 年，第 5 頁。

戲曲文學與歷史真實的雙重維度

——以元雜劇中的蘇東坡形象建構爲中心

周琦玥

山東大學文學院

摘　要： 蘇軾自現身文壇起便受到歷代文人的追捧。元代出現了多本以蘇軾爲題材的元雜劇作品，包括費唐臣《蘇子瞻風雪貶黄州》、吴昌齡《花間四友東坡夢》和無名氏《蘇子瞻醉寫赤壁賦》。通過爬梳元雜劇對蘇軾事迹的改寫可以發現，與史實相异的内容主要集中在蘇軾與王安石的關係、對“烏臺詩案”的猜想以及蘇軾“遁入佛門”的新增情節。出现此類現象具有多方面原因，概而觀之，主要在於元代文人境遇與蘇軾人生經歷的共鳴，進而推動蘇軾在文人群體中的接受與高揚。同時雜劇體例的成熟也爲蘇軾主題元雜劇的出現提供了表現載體。元雜劇中蘇東坡的形象乃戲曲文學與歷史真實的二元統一，對這一形象及相關問題的探析可以作爲窺探元代儒生心靈面貌的視角，也可爲蘇軾文化研究提供材料支持。

關鍵詞： 元雜劇　蘇軾　文學形象　歷史真實

蘇軾作爲中國文化史上的全才型人物，是“人類知識和才華發展到某方面極限的化身”，向來受到歷代學人的崇敬。作爲文化符號的蘇軾成爲後世文人群體的心靈慰藉，特别是在元代這一“不屬於文人的時代”，其精神風範更是指引文人階層在“困煞中原一布衣”的窘迫中尋找到心靈的燈塔。通過統計《元曲選》和《元曲選外編》所收録的 162 篇作品，我們發現其中歷史人物類雜劇共占 91 篇，涵蓋主角歷史人物共 70 人。其中關於文人形象的雜劇共 43 部，以包拯爲主題的占比最多，蘇軾主題則居於第三，可見蘇軾形象被元代文人群體廣爲接納。現存以蘇軾爲體裁的元雜劇主要有費唐臣《蘇子瞻風雪貶黄州》、吴昌齡《花間四友東坡夢》和無名氏《蘇子瞻醉寫赤壁賦》三種，可作爲探賾元代蘇軾接受情況的個案。

前代學者對與蘇軾相關的衆多文學現象、歷史事實等予以關注，而元雜劇中的蘇軾形象作爲前人予以探賾的角度之一，亦有部分論著可資參看。如胡玉平（2013）重點考述了元雜劇中對“烏臺詩案”的描寫，認爲雜劇對此事的“叙事重寫”，其核心目的在於借“戲”説事、以“戲映政”。夏杰（2014）概括了元雜劇中蘇軾的三種形象特點，即輕狂放蕩、落魄潦倒和幽默達觀，并指出東坡故事在元代的戲劇性敷演集中於選取典型的、以東坡爲核心的事件進行重組與再創造。李恒（2014）則以吴昌齡的《花間四友東坡夢》爲例，解讀元雜劇創作的本質，即包含了衝突與融合、人生沉浮的思考與選擇、時代和文人心靈的藝術變形三個層面。慶振軒、牛思仁（2014）著重從兩宋朋黨之争的特定角度探討有關蘇軾貶謫生涯的三部元雜劇，呈現了宋代黨争的激烈殘酷以及黨争中紛紜複雜的人情世故，以蘇軾個人遭際展現了朋黨之争下複雜的官場百態。李世佳（2016）則著眼於蘇軾相關元雜劇的結尾設計，以透視蘇軾集儒、釋、道於一身的複雜思想。[①]

這些論著皆著眼於元雜劇中的蘇軾境遇，分析特定時代烙印下的東坡故事，爲我們考論元雜劇中蘇軾形象的建構提供了依傍。但其論述視角多單純落脚於分析元雜劇中故事情節的變化與虚構的東坡形象，而未能挖掘形象流變背後的創作觀念與文學思潮變遷，仍有可補之處。有鑒於此，本文擬以戲曲文學與歷史真實的雙重維度觀照元雜劇中蘇軾形象與史籍載録所不同的“新變”，進而探討元雜劇作家對蘇軾生平事迹的改寫及其深層次原因，以勾勒蘇軾符號經典化的過程與對後世文學主題的影響。此外，

---

① 胡玉平《論元雜劇對“烏臺詩案”的叙事重寫——以蘇軾形象爲中心研究》，載《江西青年職業學院學報》，2013 年第 3 期。夏杰：《元雜劇中的蘇東坡》，載《新餘學院學報》，2014 年第 2 期。李恒《時代與文人心靈的藝術變形——以〈花間四友東坡夢〉爲例談元雜劇》，載《戲劇文學》，2014 年第 10 期。慶振軒、牛思仁《元代有關蘇軾貶謫生涯劇作簡論》，載《樂山師範學院學報》，2014 年第 4 期。李世佳《論元雜劇中蘇軾戲的結尾》，載《太原師範學院學報（社會科學版）》，2016 年第 5 期。

通過對作爲文人心境曲折表達的蘇軾形象的重塑進行個案式探討，還可以進一步了解文學創作中“個性化”色彩與心境在創作對象上的藝術化投射與加工，借以探討元代文人的心靈面貌與創作之間的互動，对元代文學思想史的研究也当有所助益。

一、元雜劇中對蘇軾形象的改寫

從諸多和蘇詩、詠蘇詩的出現以及在真德秀等人將蘇文作爲文章軌範的文壇崇蘇風尚中，均可窺見蘇軾對後代文學創作産生的重要影響，但蘇軾對後世的影響并非囿於詩文等傳統意義上的“正統文學”。自宋代起，各類筆記小説乃至俗文學體裁（如戲曲）中，以蘇軾爲題材的作品屢見不鮮。但較之詩文創作，現存三種蘇軾題材的元代雜劇都不同程度地依照史實對蘇軾人物性格及至生平經歷進行了改寫。

“歷史不僅是指我們能够研究的對象以及我們對它的研究，而且是，甚至首先是指借助一類特別的寫作出來的話語而達到的與過去的某種關係。”① 蘇軾題材雜劇中的改寫，實際上是特定時代背景下作者心境的投射，其中融入了時代背景和劇作家的文學想象，是一種二元交互的呈現。因而雜劇作者依據正史或前人筆記小説中的某些綫索進行延展，最終建構的蘇軾形象可以被目爲元代文人與蘇軾的跨時空對話。

（一）元雜劇中的“蘇王”關係

蘇軾與王安石皆是北宋文壇與政壇卓有成就的一方大家，神宗熙寧二年（1069），王安石力圖推行新法改革，“今天下之財力日以困窮，風俗日以衰壞，患在不知法度，不法先王之政故也。法先王之政者，法其意而已。法其意，則吾所改易更革，不至乎傾駭天下之耳目，囂天下之口，而固已合先王之政矣”②，自此拉開了新舊兩黨黨争的帷幕。作爲新舊兩黨代表人物，同時又均爲杰出文學家與政治家的蘇軾與王安石，在政見上的不合與私交上的交織，除卻歷史學研究的意義外，還爲文學創作提供了富

① （美）海頓·懷特《“描繪逝去時代的性質”文學理論與歷史寫作》，載拉爾夫·科恩主編《文學理論的未來》，程錫麟等譯，北京：中國社會科學出版社，1993 年，第 43 页。

② （元）脱脱等撰《宋史·王安石傳》，北京：中華書局，1985 年，第 10544 頁。

於戲劇性的素材。二人於公於私的交往，在正史之外的文學想象中多有改寫，在文人群體中逐漸形成尊蘇貶王的傾向。

吴昌齡《花間四友東坡夢》中設有蘇、王政見不和的橋段，作爲後文戲劇衝突的伏筆："今有王安石在朝，當權亂政，特舉青苗一事。我想這青苗一出，萬民不勝其苦，爲害無窮，小官屢次移書諫阻，因此王安石與俺爲仇。"① 而後又設置了蘇軾在筵席上作《滿庭芳》被王安石一黨巧爲利用，"到次日，安石將小官的［滿庭芳］奏與天子，道俺不合吟詩嘲戲大臣之妻，以此貶小官到黄州團練，就著俺去看菊花"②，假以辭令翦除异己的故事情節。

蘇軾醉題《滿庭芳》一詞有其歷史本源，其出處乃"西園雅集圖跋，此闋當在王都尉晋卿席上爲囀春鶯作也"③，可見蘇軾作此詞時當值與友人交遊宴飲。而雜劇中則更改了這一背景，將其安排在筵席之中，作詞的目的也變成蘇軾故作《滿庭芳》戲弄王安石妻子。此類改寫在元雜劇中并不鮮見，如劇中特别展露蘇王之間的言語交鋒："一日天子遊御花園，見太湖石摧其一角。天子問爲何太湖石摧其一角。安石奏言，此乃蘇軾不堅。小官（蘇軾），非蘇軾不堅，乃安石不牢。天子大笑回宫，安石好生懷恨。"④ 這顯然是民間逸聞，而劇作者將其剪裁入劇，并隱隱然帶有貶王揚蘇之意。這種改寫實際上帶有民間叙事的色彩，將政治鬥争予以戲説，帶有濃厚的戲謔色彩和趣味性，這也是雜劇爲貼合民衆的欣賞品味與想象而進行的叙事新變。

蘇軾被貶黄州團練副使一事實際緣於"托事以諷"而被李定等人有意彈劾，"徙知湖州，上表以謝。又以事不便民者不敢言，以詩托諷，庶有補於國。御史李定、舒亶、何正臣摭其表語，并媒蘖所爲詩以爲訕謗，逮赴臺獄，欲置之死，鍛煉久之不决。神宗獨憐之，以黄州團練副使安置。軾與田父野老，相從溪山間，築室於東坡，自號'東坡居士'"⑤。蘇軾被冠以"訕謗"罪名而貶斥，後神宗憐惜其才華將其安置黄州。

---

① （明）臧晋叔《元曲選》，北京：中華書局，1958 年，第 1234 頁。
② （明）臧晋叔《元曲選》，第 1237 頁。
③ （清）張思岩、宗橚《詞林紀事》，成都：成都古籍書店，1982 年，第 161 頁。
④ （明）臧晋叔《元曲選》，第 1234 頁。
⑤ （元）脱脱等撰《宋史・蘇軾傳》，北京：中華書局，1977 年，第 10809 頁。

如《蘇子瞻醉寫赤壁賦》中巧爲移植，將蘇軾被貶的深層次政治鬥争簡化對待，而將“妄續菊花詩”這一不見於史籍載録的戲劇性情節作爲蘇軾被貶到黄州的罪狀之一。然據南宋史正志《菊譜》後序所載，此事實際上發生在王安石和歐陽修之間：“王介甫《武夷詩》云：‘黄昏風雨打園林，殘菊飄零滿地金。’歐陽永叔見之，戲介甫曰：‘秋花不落春花落，爲報詩人仔細看。’介甫聞之，笑曰：‘歐陽九不學之過也，豈不見《楚辭》云：‘夕餐秋菊之落英?’”[①] 可見續菊詩發生在王安石與歐陽修之間，却被作者移裁至蘇軾與王安石之間，構成了二人之間的矛盾對立與戲劇衝突。與《菊譜》中彰顯王安石應對的機智與才能不同，元雜劇則刻意塑造王安石心胸狹隘的形象，借以表現對蘇軾的熱愛。民間傾向在元雜劇中的外化，在費唐臣所作《蘇子瞻風雪貶黄州》中也多有表現。此劇劇末題目爲“王安石執拗行新法，李御史舉劾報私仇”，正名爲“楊太守奸邪攻逐客，蘇子瞻風雪貶黄州”。單從題目正名就可以看出作者對蘇、王二人愛恨分明的態度。劇開始便提及二人由於政見不合交惡，矛盾日趨尖鋭，王安石視蘇軾爲其變革之路的最大阻礙，作者將蘇軾貶謫黄州歸咎於王安石的奸詐，借王安石的視角托出其與李定等人暗謀，可見蘇王二人關係的離崩：

> （王安石上，開）助役青苗法令行，坐看足食更强兵。嗷嗷朝野多非己。獨仗君王自聖明。下官姓王名安石，字介甫，金陵人氏。自幼講明儒術，涉獵子史，叨舉進士。蒙聖人抬舉，官做到丞相之職。小官既蒙知遇，知無不言。言無不用。近見西北二邊用兵，財用匱乏。我有一策，要行青苗助役於民間。在朝諸官，多言不便，獨翰林學士蘇軾，十分與我不合。昨日上疏，説我奸邪，蠹政害民。我欲報復，况主上素重其才，難以輕去。且本官志大言浮，離經畔道，見新法之行，往往行諾吟詠。我已著御史李定等，劾他賦詩訕謗，必致主上震怒，置之死地，亦何難哉？計謀已定，且試看如何。[②]

蘇王二人的交遊也是文學創作重點關注的内容之一。《邵氏聞見録》和《石林詩話》都曾記載蘇軾與王安石相關交遊，費唐臣則巧爲剪裁，將

---

① （宋）潘自牧《記纂淵海》，景印文淵閣四庫全書本，臺北：臺灣商務印書館，1986 年。
② 隋樹森《元曲選外編》，北京：中華書局，1958 年，第 355 頁。

兩者其中的部分事迹嫁接到《蘇子瞻風雪貶黄州》中。《邵氏聞見録》記：

介甫與子瞻初無隙，吕惠卿忌子瞻，輒間之。神宗欲以子瞻同修《起居注》，介甫難之，又意子瞻文士，不曉吏事，故用爲開封府推官以困之。子瞻益論事無諱，擬廷試策萬言書，論時政甚危，介甫不悦。子瞻外補官。中丞李定，介甫客也。定不服母喪，子瞻以爲不孝，惡之。定以爲恨，劾子瞻作詩謗訕。下御史獄，欲殺之，神宗終不忍，貶散官，黄州安置。①

此處只是表明"介甫不悦"，并没有直接凸顯王安石與東坡之間矛盾的强烈性，相反是蘇東坡與李定之間關係惡化，"定以爲恨"，費唐臣却將東坡之貶設置在王安石變法的大背景中，將其主要矛盾移到了東坡與安石之間，而李定只不過是幫兇。同時，《石林詩話》記載：

元豐間，蘇子瞻系大理獄，神宗本無意深罪，時相進呈，忽言："蘇軾於陛下有不臣意。"神宗曰："卿何以知之？"時相因舉蘇軾詩"根到九泉無曲處，世間唯有蟄龍知"之句，對曰："陛下飛龍在天，軾以爲不知己，而求之地下之蟄龍，非不臣而何？"神宗曰："詩人之詞安可如此論？彼自詠檜，何與朕事？"時相語塞。章子厚亦從旁解之，遂薄其罪。子厚常以語於余，且以醜言詆時相曰："人之害物，無所忌憚如此！"②

此時神宗面對讒言并未輕信，費唐臣又將《石林詩話》中王安石誣陷東坡的片段嫁接到李定身上，并加以改寫：

（李跪云）御史李定等言：今有翰林學士蘇軾，章句腐儒，驟登清要。志大言浮，離經畔道。論新法而短毀時相，托吟詠而謗訕朝廷。實有無君之罪，難逭欺上之誅。且如《題古檜》云："根到九泉無屈處，世間惟有蟄龍知。"陛下飛龍在天，軾以爲不知己，而求地下之蟄龍，非不臣而何？陛下發錢本以業貧民，軾則曰："贏得兒童

① （宋）邵伯温《邵氏聞見録》卷十二，李劍雄、劉德權點校本，北京：中華書局，2008年，第127頁。

② （宋）葉夢得《石林詩話》，何文焕輯《歷代詩話》本，北京：中華書局，1981年，第410頁。

> 語音好，一年强半在城中。”陛下明法以課群吏，軾則曰：“讀書萬卷不讀律，致君堯舜終無術。”陛下興水利，軾則曰：“造物若知明主意，應教斥鹵變桑田。”陛下議鹽鐵，軾則曰：“豈是聞韶解忘味，邇來三月食無鹽。”如此之類尚多，伏望聖明早加顯戮，以息怨謗，伏候指揮。①

神宗的形象在《蘇子瞻風雪貶黃州》中也被予以改造，變成了“主上震怒，送廷尉治罪，要處之死地……主上聽信，將下於大理獄。要處以死”② 的昏君。這種“昏君＋賢臣”的範式是我國俗文學中常用的衝突建構方式，也帶有極强的民間叙事色彩。而在元雜劇中，以蘇軾被貶黄州爲素材的創作則在此基礎上更進一步，增添了更多的前代著作中并未提及的情節。如吴昌齡《蘇軾醉寫赤壁賦》中，二人早年尚有情誼，如蘇軾升任之後“今蘇子瞻官拜端明殿大學士之職，有王安石今晚安排筵宴，請俺衆官與子瞻賀學士之職”③。“（見科，正末云）相公，量小官有何德能，著介甫如此重意。”④ 但因席間蘇軾作《滿庭芳》一詞戲謔王安石之妻，二人關係驟變，“（正末騎馬上，云）小官因爲昨夜安石開宴，帶酒作一詞。不想次日安石與官裹説知，將某罷職。著這般雪又緊，不敢久停久住，則索上黄州走一遭去，不知何日回朝。只因席間言語疏狂，誰想有今日也呵！（唱）”⑤，最後作者借秦少游的視角托出“（賀云）學士，小官想來，你與王安石同在帝學，對寒窗十載至友，不想有今日也呵！（正末唱）”。二人由至交到决裂的轉變，既凸顯了王安石的狠辣，又符合民間文學叙事中“反目成仇”母題的叙事特色。

在經過元雜劇改寫後，王安石被塑造爲急功近利、心胸狹隘的庸相，在蘇王關係惡化、蘇軾謫遷寥落中負有主要責任。然在史實中二人的交鋒多是政見不和，王安石意圖通過有力的改革舉措轉變北宋積貧積弱的局面，在宋神宗的支持下，“安石令其黨吕惠卿任其事。而農田水利、青苗、均輸、保甲、免役、市易、保馬、方田諸役相繼并興，號爲新法，遣提舉

---

① 隋樹森《元曲選外編》，第 355 頁。
② 隋樹森《元曲選外編》，第 356 頁。
③ 隋樹森《元曲選外編》，第 767 頁。
④ 隋樹森《元曲選外編》，第 767 頁。
⑤ 隋樹森《元曲選外編》，第 772 頁。

官四十餘輩，頒行分下”[①]。而蘇軾則屢次上議反駁：“雖復古之制，臣以爲不足。”前者强調“自古作事未有不以勢率衆而能令上下如一者”，後者則以儒者風範“臨下以簡，御衆以寬”，可見蘇軾只是反對王安石一黨嚴苛勢急的激進式變法，并不反對漸進式的改革。朱熹甚至認爲：“熙寧變法，亦是勢當如此，凡荆公所變更者，東坡亦欲爲之。及見荆公做得紛擾狼狽，遂不復言，却去攻他。”[②] 可與王安石之語相映照，“終始謂新法爲不便者，獨司馬君實耳”，王安石并未將蘇軾視作宿敵。《蘇子瞻醉寫赤壁賦》曾提及秦觀，實際上蘇軾和王安石曾就對待秦觀的問題有數通書信往來。元豐七年（1084）八月，秦觀辭别蘇軾至高郵，九月五日蘇軾致書王安石，言及秦觀：“向屢言高郵進士秦觀太虚，公亦粗知其人。今得其詩文數十首拜呈，詞格高下，固已無逃於左右。獨其行義飭修，才敏過人。有志於忠義者，其請以身任之。此外博綜史傳，通曉佛書，講集醫藥，明練法律，若此類，未易以一一數也。才難之嘆，古今共之，如觀等輩，實不易得。願公少借齒牙，使增重於世，其他無所望也。”[③] 王安石在回書中也説明了他對秦觀詩作才氣的稱許：“示及秦君詩，適葉致遠一見，亦謂清新嫵麗，鮑謝似之。公奇秦君，口之而不置。我得其詩，手之而不適。”王安石作爲新黨首領，對初出茅廬的新人，同時也是蘇軾一派的重要成員秦觀并未進行打壓。而蘇王二人的矛盾在元豐八年（1085）宋神宗去世、新法廢止後得以緩和，例如《西清詩話》載：“元豐中，王文公在金陵。東坡自黄北遷，日與公遊，盡論古昔文字，閑即俱味禪説。公嘆息謂人曰：‘不知更幾百年，方有如此人物！’”[④] 這也可以佐證蘇軾和王安石二人并未像雜劇中所描寫的一般徹底决裂，而是有一定的緩和空間。元雜劇作家出於維護蘇軾形象的目的，刻意誇大王安石的獨斷、奸佞，進而反襯蘇軾的人格獨立、傲然清高。

① （元）脱脱等撰《宋史·王安石傳》，第10544頁。
② （宋）黎靖德編排《朱子語類》卷一三〇，北京：中華書局，1986年，第3101頁。
③ （宋）蘇軾《蘇軾文集》，孔凡禮點校，北京：中華書局，1986年，第1444頁。
④ （宋）蔡絛《西清詩話》，上海：上海古籍出版社，2013年，第69頁。

（二）元雜劇中的“烏臺詩案”

蘇軾晚年《自題金山畫像》云：“心似已灰之木，身如不繫之舟。問汝平生功業，黄州、惠州、儋州。”此三地是其人生履歷中的重要驛站，特别是第一次謫遷黄州的起因——“烏臺詩案”對蘇東坡打擊甚大。“烏臺詩案”是元豐二年（1079）發生的文字獄，御史中丞李定、舒亶等人摘取蘇軾《湖州謝上表》中語句和此前所作詩句，以“謗訕新政”的罪名逮捕了蘇軾。無妄之灾以致蘇軾在獄中便作訣别詩《予以事系御史臺獄，獄吏稍見侵，自度不能堪，死獄中，不得一别子由，故作二詩授獄卒梁成，以遺寄子由》。晚年蘇軾回憶：“去年御史府，舉動觸死壁。幽幽百尺井，仰天無一席。隔牆聞歌呼，自恨計之失。留詩不忍寫，苦泪漬紙筆。”[①]獄中生活之苦、失意寥落之悲如在目前。雜劇作家擷取此段經歷予以改寫，將“烏臺詩案”歸咎於王安石一黨的陷害，實際上被貶一事緣於蘇軾“托事以諷”落人口實。

《蘇子瞻風雪貶黄州》劇中第一折便寫明御史李定彈劾蘇東坡賦詩訕謗，“近因新法未行，翰林學士蘇軾與荆公言論不合，令某劾其平日所爲詩章有幹政化者，具爲一疏，劾其謗訕，本已寫定了”[②]。宋神宗欲加罪蘇軾，但憐其才華，後經張方平求情，“本當處以重罪，張丞相再三申救，朕亦惜爾之才，赦爾死罪，謫黄州團練副使，本州安置”。蘇軾則對曰：“謝吾皇不死之恩。陛下，臣蒙知遇，欲竭愚忠。見王安石一心變亂成法，臣上萬言書諫諍。今日反受謫貶，兀的不屈死忠臣義士呵。”[③] 由於二人的政治主張截然相反，導致王安石一黨挑起“烏臺詩案”，蘇軾因此流落黄州。此外，《花間四友東坡夢》《蘇子瞻醉寫赤壁賦》皆提及蘇軾作〔滿庭芳〕一詞，加之妄言菊花詩，因而“我到來日見了聖人説過。一者此人不知黄州菊花謝，二者趁此機會，將他貶上黄州，趁了小官之願”[④]，“安石令俺爲賦一詞，小官走筆賦〔滿庭芳〕一闋。誰想那女子就是安石的夫人。到次日，安石將小官的〔滿庭芳〕奏與天子，道俺不合吟詩嘲戲大臣

---

① 劉乃昌選注《蘇軾選集》，濟南：齊魯書社，2005 年，第 69 頁。

② 隋樹森《元曲選外編》，第 355 頁。

③ 隋樹森《元曲選外編》，第 357 頁。

④ 隋樹森《元曲選外編》，第 771 頁。

之妻，以此貶小官到黄州團練，就著俺去看菊花”[①]。雜劇中蘇軾的謫遷寥落皆是緣於王安石的迫害與奸佞計策。

然而《宋史》中對於蘇軾被貶黄州的起因和經過記載得并不詳細，亦未標明蘇軾的被貶與王安石有直接關係。《宋史》中短短不過百字記叙了宋神宗元豐二年蘇軾所經詩案：“徙知湖州，上表以謝。又以事不便民者不敢言，以詩托諷，庶有補於國。御史李定、舒、何正臣摭其表語，并媒蘖所爲詩以爲訕謗，逮赴臺獄，欲置之死。鍛煉久之不决。神宗獨憐之，以黄州團練副使安置。”[②] 元祐三年（1088）十月，蘇軾寫與哲宗的奏摺中回憶：“昔先帝召臣上殿。訪問古今，敕臣今後遇事即言。其後臣屢論事，未蒙施行，乃複作爲詩文，寓物托諷，庶幾流傳上達，感悟聖意。而李定、舒、何正臣三人，因此言臣誹謗，臣遂得罪。然猶有近似者，以諷諫爲誹謗也。”[③] 王夫之亦曾言：“觀蘇子瞻烏臺詩案，其遠謫窮荒，誠自取之矣；而抑不能昂首舒吭以一鳴，三木加身，則曰‘聖主如天萬物春’，可耻孰甚焉！”[④] 可見蘇軾因反對新法，在自己的詩文中或多或少表露了對新政的不滿，有違聖意之處，其身陷“烏臺詩案”乃至貶謫黄州的主要原因還是在於“托事以諷”，政敵瞄準蘇軾的諸多詩篇文章冠以“謗訕”的罪名，這其中雖有不少是李定等人故意羅織陷害，但也確實有許多詩句反映了蘇軾對新法的不滿。

（三）元雜劇中的“出塵之想”

“烏臺詩案”對蘇軾打擊很大，其謫居黄州時在《答李端叔書》中記述：“得罪以來，深自閉塞。扁舟草履，放浪於山水間，與漁樵雜處，往往爲醉人所推罵，輒自喜漸不爲人識。平生親友，無一字見及，有書與之亦不答，自幸庶幾免矣。”[⑤]《與章子厚參政書二首》中也説：“軾自得罪以來，不敢複與人事，雖骨肉至親，未肯有一字往來。”[⑥] 由此看出，蘇軾偏居一隅後心境與處境隨之發生了極大的改變，此時他又接受佛道思想

① （明）臧晋叔《元曲選》，第 1234 頁。
② （元）脱脱等撰《宋史·蘇軾傳》，第 10809 頁。
③ （宋）蘇軾《蘇軾文集》，孔凡禮點校，北京：中華書局，1986 年，第 827 頁。
④ 戴鴻森《薑齋詩話箋注》，北京：人民文學出版社，1981 年，第 57 頁。
⑤ （宋）蘇軾《蘇軾文集》，第 1433 頁。
⑥ （宋）蘇軾《蘇軾文集》，第 1536 頁。

的影響，將其作爲庇佑自我的精神屏障。蘇轍《亡兄子瞻端明墓志銘》曾對此評論説："(軾) 既而謫居於黄，杜門深居，馳騁翰墨，其文一變，如川之方至……後讀釋氏書，深悟實相，參之孔老，博辯無礙，浩然不見其涯也。"① 隨着蘇軾人生閲歷的增加和宦海浮沉的種種經驗，佛道思想漸漸深植於心，成爲其精神内核，與此前積極的入世觀相融相待。

吴昌齡所作《花間四友東坡夢》則是基於蘇東坡與佛印的故事進行敷演改寫，體現了以蘇軾爲代表的積極入世觀和以佛印爲代表的空虚自守觀之間的齟齬。"【仙吕點絳唇】每日間看誦經文，受傳心印，權妝溷。俺可中，識破天真，此外都無論。"② 此劇滲透了佛道觀念，頗有説教意味，結尾蘇軾皈依佛門與史實有較大出入，劇尾"蘇軾從今懺悔，情願拜爲佛家弟子。""【鴛鴦煞尾】從今後識破了人相我相衆生相，生況死況別離況，永謝繁華，甘守凄凉。唱道是即色即空，無遮無障。笑殺東坡也懺悔春心蕩，枉自有蓋世文章，還向我佛印禪師聽一會講。"③ 經歷了"烏臺詩案"的劫難之後，蘇軾在體驗人生、反思生命的過程中，既參破儒、釋、道三家，又糅合其精義，從而構築了自己獨特的精神家園，完成了對自我身世的超越和人生價值的轉换。蘇軾此時心境雖雜糅三教，超脱於塵世，然而元豐七年（1084）正月，宋神宗親寫手劄，令蘇東坡從黄州"量移汝州"，蘇軾遂作《减字木蘭花》一詞："江南遊女，問我何年歸得去。雨細風微，兩足如霜挽紵衣。江亭夜雨，喜見京華新樣舞。蓮步輕飛，遷客今朝始是歸。" 實則借遊女表達了赴任汝州的喜悦期待，内心盈滿感恩情懷。

鍾嗣成《録鬼簿》將吴昌齡列入"前輩才人有所編傳奇於世者五十六人"④之中，并録其雜劇十一種。其中天一閣本《録鬼簿》有元末明初賈仲明補作的〔凌波仙〕挽詞，對吴昌齡的生平及其雜劇有簡要評述："西京出屯俊英杰，名姓題將《鬼簿》寫。《走昭君》《賞黄花》《東坡夢》《辰勾月》《探胡洞》色目佳。《西天取經》，行用全别。《眼睛記》《狄青撲馬》《抱石投江》《貨郎末泥》，十段錦，段段和協。"綜觀吴氏雜劇，佛道題材是一大主題，是以"有出塵之想，飄然爲方外遊"爲基本主調。他在選取

① （宋）蘇轍著，陳宏天、高秀芳點校《蘇轍集》，北京：中華書局，1990年，第1127頁。
② （明）臧晋叔《元曲選》，第1235頁。
③ （明）臧晋叔《元曲選》，第1249頁。
④ （明）臧晋叔《元曲選》，第238頁。

東坡題材進行創作時也做過多方考量，選取了前人作品中的素材和歷史真實，當蘇軾元豐三年被貶湖北黄州時，佛印爲廬山開先寺住持，且爲“廬山歸宗”，蘇軾曾在離開黄州時遊廬山，寫了著名的《題西林壁》詩。這些史實皆在《東坡夢》裏有所反映，且東坡遊廬山一事寫得最爲詳盡。而從宋代起便有小説筆記將佛印作爲蘇軾故事關竅予以記載，這也成爲後世作家創作的重要題材。實際上，蘇軾一生雖然超然物外，對佛教思想多有涉獵、與佛教中人也多有交遊，但構成蘇軾思想底色的仍然是儒家思想。蘇軾一生以儒爲宗，融貫佛道，“君少與我師皇墳，旁資老聃釋迦文”。其一生最爲看重的著作是《東坡易傳》《東坡書傳》《論語説》，“撫視《易》《書》《論語》三書，即覺此生不虚過”[①]。在《與滕達道書》中自述其撰寫意圖：“某閑廢無所用心，專治經書，一二年間，欲了却《論語》《書》《易》。……雖拙學，然自謂頗正古今之誤，粗有益於世，瞑目無憾。”[②]蘇轍《亡兄子瞻端明墓志銘》亦是推崇《東坡書傳》在儒學中的意義：“最後居南海，作《書傳》。推明上古之絶學，多先儒所未達。”可見蘇軾對儒家思想的重視與圓融。

綜上所述，元雜劇作家對蘇軾與王安石形象進行藝術加工時依史演繹，敷演成篇，在歷史真實與藝術想象之間，有意將想象的事實强加在王安石身上，力圖把他塑造成奸臣惡相，增加情節波瀾。元雜劇作爲一種世俗文學的戲劇表演藝術，作家在創作時透過特殊的審美視角，選取典型的歷史人物進行創作，對東坡與佛印、東坡與荆公的故事加以敷演，塑造了别具一格的東坡形象，升華了東坡故事在特定歷史文化空間的價值意藴。元雜劇作家不約而同地采取了“尊蘇貶王”的創作思想，然而此番創作現象并非個例，有必要進一步對元代這種歷史評價和思想傾向形成的社會思想文化背景予以考察。

---

① （宋）蘇軾《答蘇伯固書》，《蘇軾文集》，孔凡禮點校，北京：中華書局，1986年，第11741頁。

② （宋）蘇軾《與滕達道書》，《蘇軾文集》，孔凡禮點校，北京：中華書局，1986年，第1482頁。

二、元雜劇建構蘇軾形象的深層原因

這三本雜劇的創作并非單純據史演史，而是借歷史之表融現實之魂。鑒於元代“沉淪下僚”的文人現實境況，劇作家以歷史人物爲藍本，展現讀書人“失志鴻鵠，久困鼇魚”的困頓，將歷史人物命運與現實文人遭遇合二爲一。“蘇軾的思想對於國人生命靈性的啓沃，蓋不在孟軻、莊周之下，而恐遠在程頤、朱熹、王陽明等哲學巨匠之上。他對於中國思想史的實際影響，見於後人的著述文字者還屬其次，更重要的是見於文人學士的心靈”①，其灑脱豪邁、氣骨錚錚的風神氣質，往往獲得文人群體的共鳴，有類似遭遇的士人最易産生心靈的共鳴。而元雜劇作爲“有純粹之戲曲”之始，尤其是取材於古人古事的歷史劇，成爲元代漢族文人借以抒發失意文人内心複雜情感的重要載體。

（一）元曲作者對蘇軾人格魅力的接受

蘇軾才識高博，宦海浮沉仍懷赤子之心，數次謫遷却仍秉持經世濟民之念，堪稱“德尊一代，名滿五朝”② “以是尤爲士大夫所愛”③。《宋史·蘇軾傳》高度評價蘇軾才學與爲人：“器識之宏偉，議論之卓犖，文章之俊秀，政事之精明，四者皆能以特立之志爲之主，而以邁往之氣輔之。”④無論其胸懷氣度還是文采爲政，皆得後人敬仰。因而自宋起，蘇軾便成爲文人青睞的對象，關於蘇東坡的文學作品層出不窮。

宋元時期筆記小説、話本記載東坡事爲最多，不乏筆記小説、話本小説、佛門問答録等。其中筆記小説包括基於宋代史料的《石林燕語》、陸游所撰《老學庵筆記》、李廌收蘇軾與學人所談的《師友談記》、北宋邵伯温所撰《邵氏聞見録》等，話本有《蘇東坡携妓參禪》《五戒禪師私紅蓮記》等，此外，《東坡居士佛印禪師語録問答》等佛門問答録在民間廣爲

① 王水照、朱剛《蘇軾評傳》，南京：南京大學出版社，2004 年，第 2 頁。

② （宋）李廌《追薦東坡先生疏》，（宋）魏齊賢、葉棐輯：《五百家播芳大全文粹》卷八十二，景印文淵閣四庫全書本，第 1353 册，臺北：臺灣商務印書館，1986 年，第 453 頁。

③ （宋）王辟之《澠水燕談録》卷四，四川大學中文系唐宋文學研究室編《蘇軾資料匯編》，北京：中華書局，2004 年，第 21 頁。

④ （元）脱脱等撰《宋史·蘇軾傳》，第 10809 頁。

流行。而元雜劇作家在這些史料筆記、故事語録的影響下進行文學再創造，將東坡故事搬上了戲劇表演的舞臺，元代的東坡劇除現存的三種外，還有金仁杰《東坡夢》雜劇（今佚），楊吶《待東坡》雜劇（今佚），趙善慶《滿庭芳》雜劇（今佚），共計 6 種。

林語堂評價蘇軾“像蘇東坡這樣的人物，是人間不可無一難能有二的”，蘇軾一生宦海浮沉，謫遷數次，却始終保持着樂觀豁達的精神狀態、曠達圓融的人生境界和剛正不阿的品格。自宋人始便對蘇軾品格給予高度贊賞，“公臨事必以正，不能俯仰隨俗”，“自爲舉子至入侍從，必以愛君爲本，忠規讜論，挺挺大節，群臣無出其右”。清人對蘇軾其人亦是一片褒揚，如汪師韓評曰：“軾之器識學問見於政事，發於文章，史稱言足以達其有猷，行足以遂其有爲節義足以固其有守，皆志與氣爲之也。”[①] 達三則云：“有宋蘇文忠公，文章氣節，照耀千古。雖婦人孺子，莫不知有東坡先生也。”[②] 足見歷代學人對蘇軾人格魅力和詩文創作的推崇，這種欣賞態度反映在文化生活中便是對其作品的廣泛接納與再創作。

（二）元代文人境遇與蘇軾的共鳴

探究元雜劇中的東坡形象，就需要回到元代社會背景，方能發掘出雜劇故事中藴含的特殊意味。“任何闡釋都不能跨越歷史的鴻溝而自足地達到與文本意義的契合，因爲對任何文本的闡釋都是跨越時代的心靈對話，離開了歷史語境，就不能接近文本意義的原貌。同理，對特殊文學文本的理解，也不可能僅僅停留在語言層面而完成，而是必須不斷地回到歷史語境，這樣才能接近人性的本我，完成自我的塑造。文學才能作爲塑造思想的活躍力量而參與歷史的發展進程，對現實世界的人們進行思想的改造與塑造。”[③] 考察元代的文人境遇，可進一步細究蘇軾題材雜劇出現的必然性。

元代崇尚“以弓馬之利取天下”，迥异於前代重視科舉取士“漢、唐、

---

① （清）汪師韓《蘇詩選評箋釋敘》，《蘇詩選評箋釋》卷首，四川大學中文系唐宋文學研究室編《蘇軾資料匯編》，北京：中華書局，2004 年，第 1811 頁。

② （清）達三《蘇文忠公詩編注集成序》，王文誥《蘇文忠公詩編注集成》卷首，四川大學中文系唐宋文學研究室編《蘇軾資料匯編》，北京：中華書局，2004 年，第 1462 頁。

③ 胡作友《在史實與文學之間穿行——解讀新歷史主義的文學批評》，《中國社會科學院研究生院學報》，2009 年第 1 期，第 93～94 頁。

宋、金，科舉得人爲盛”，然而實行了一千三百多年的科舉制度在“殆不過粉飾太平之具”“世猶曰無益，直可廢也”的風聲下中斷，以漢族爲主體的儒士走向末路。謝枋得在《送方伯載歸三山序》中也説：“滑稽之雄，以儒爲戲者日：我大元制典，人有十等，一官二吏，先之者貴之也，貴之者謂有益於國也。七匠八娼九儒十丐，後之者賤之也，賤之者謂無益於國也。磋乎卑哉，介乎娼之下丐之上者，今之儒者也。”① 因而在此境況下，文人們不自覺地將個人的不平之聲累積成一個時代的不平之音。

自隋唐起便實行的科舉制度已成爲儒生實現理想抱負的主要甚至是唯一途徑，至宋代更是“興文教、抑文武”，而元代統治者入主中原後輕視科舉取士制度，使得以漢族文人爲主體的文人的社會地位普遍下降，前途渺茫，生活困頓，從而使他們同社會的統治階層離心，更接近下層民眾，對社會現實的認識更爲深刻。走向市井的文人創作出富有這一時代下層文人特色的戲劇作品。這些藝術創造活動的成果傾注了作家自己的思想感情。“從元雜劇作家隊伍的情況來看，大多是下層官吏和不仕文人。值得注意的是雜劇作家對傳統的士人人生邏輯軌道的背離。他們以‘浪子’自居，并引以自傲。”② 他們在才華橫溢却難以“兼濟天下”、耿直忠良却被誣陷的蘇軾的悲劇命運中找到了共鳴。正如王國維先生所説：“余則謂元初之廢科目，却爲雜劇發達之因。蓋自唐宋以來，士之競於科目者，已非一朝一夕之事，一旦廢之，彼其才力無所用，而一於詞曲發之。且金時科目之學，最爲淺陋（觀劉祁《歸潜志》卷七、八、九數卷可知）。此種人士，一旦失所業，固不能爲學術上之事。而高文典册，又非其所素習也。適雜劇之新體出，遂多從事於此，而又有一二天才出於其間，充其才力，而元劇之作，遂爲千古獨絶之文字。”③ 由此而知，正因傳統仕途的没落才使得文人下沉至社會底層，成爲雜劇作家群體的中流砥柱，促使雜劇進入繁榮頂峰，同時雜劇體例的完備又爲其提供了抒發的載體。

（三）雜劇體例的成熟流行

元雜劇以宋、金雜劇爲基礎，融合説唱、舞蹈、音樂等多種演藝方

---

① （宋）謝枋得《迭山集》卷六，載《四部叢刊續編》第 35 册，臺北：臺灣商務印書館，1976 年版，第 17626 頁。

② 李修生《元雜劇史》，南京：江蘇古籍出版社，2002 年，第 68 頁。

③ 王國維《王國維戲曲論文集》，北京：中國戲劇出版社，1984 年，第 67 頁。

式，成爲我國戲曲成熟的標志。王國維先生總結道："我國戲劇，漢魏以來，與百戲合，至唐而分爲歌舞戲及滑稽戲二種；宋時滑稽戲尤盛，又漸南戲借歌舞以緣飾事，於是向之歌舞戲，不以歌舞爲主，而以故事爲主；至元雜劇出而體制遂定，出而變化更多。於是我國始有純粹之戲曲。"[①] 元代的雜劇繁榮緣於劇作家的湧現，内容表現之一便是歷史劇的創作進入高峰。

李修生先生説："元雜劇之所以繁盛，是由於雜劇形式已漸於成熟時，出現了關漢卿、白仁甫等一批偉大作家，他們創作了一批重要作品，與此同時，還有一批演員把戲曲表演藝術推進到新的階段，從而出現了一個金聲玉振的新時期。"[②] 因而雜劇成爲當時流行的文人創作輸出模式，既有關漢卿、白樸、馬致遠等大家，又有沉淪社會底層的普通文士，雜劇成爲文人心靈的重要展示窗口，雜劇的多種分類從側面彰顯了雜劇的繁榮充實。

元雜劇大致可分爲駕頭雜劇、閨怨雜劇、風花雪月劇、花旦雜劇、緑林雜劇、公吏雜劇、君臣雜劇等，其中不乏以歷史題材爲創作導向的歷史劇，借史言今亦是元代文人創作的特點之一。中國戲曲藝術所追求的是對生活的反映，是求實，"戲如人生"，而主要路徑便是采用虛擬式的藝術表演形式，歷史劇的創作便是基於虛擬。明代戲劇理論家王驥德在《曲律·雜論第三十九上》中就説："戲劇之道，出之貴實，用之貴虛。……以實而用實也易，以虛而用實也難。"[③] 法國啓蒙主義思想家、文藝理論家狄德羅也説："歷史家只是簡單地、單純地寫下了所發生的事實，因此不一定盡他們的所能把人物突出，也没有盡可能去感動人，去提起人的興趣。如果是詩人的話，他就會寫出一切他以爲最能動人的東西。他會假想出一些事件。他可以杜撰些言詞，他會對歷史添枝加葉。對於他，重要的一點是做到驚奇而不失爲逼真。"[④] 元雜劇中的蘇軾形象承載着作者於當下的生平感觸，雜糅其中，借蘇軾之口詠嘆心中不平，三本雜劇中皆突出了蘇

① 王國維《宋元戲曲史》，上海：上海古籍出版社，1998 年，第 127 頁。

② 李修生《元雜劇繁盛原因之我見》，載《光明日報》，1985 年 12 月 3 日。

③ （明）王驥德《曲律》，載《中国古典戏曲论著集成（四）》，北京：中国戏剧出版社，1982 年，第 154 頁。

④ （法）狄德羅《論戲劇藝术》，《西方文論選》（上卷），上海：上海譯文出版社，1979 年，第 356 頁。

軾“胸懷錦綉，口吐珠璣，有貫世之才”，縱有“九經三史腹中居”却落得謫遷南下，結合元代文人的境遇以蘇軾爲藍本更易托出其人心聲。

王驥德《曲律》説：“詩不如詞，詞不如曲，故是漸近人情。……快人情者，要毋過於曲也。”① 吴梅先生也説：“余嘗謂天下文字，惟曲最真，以無利禄之見，存於胸臆也。”② 元雜劇特别是歷史劇注重歷史真實與藝術真實的統一，既具有歷史縱横的深度，也具有藝術的審美觀照，是對歷史的藝術反思，借由元雜劇這一成熟體例表達對歷史的藝術虛擬與關照，從而有着强烈的時代精神。

三、建構與蘇軾形象新變的價值與文學研究意義

“第一個讀者的理解將在一代又一代的接受之鏈上被充實和豐富，一部文學作品的歷史意義就是在這過程中得以確定，它的審美價值也是在這過程中得以證實。”③ 元雜劇對歷史人物的“戲作”是基於歷史史實進行叙事改寫，融入劇作家的個體情感，映射整個群體的共鳴。對於將史實作爲背景進行的文學創作，元雜劇可作爲窺探歷史往事的切入口，在文學和史實的二元關係下《蘇子瞻風雪貶黄州》《花間四友東坡夢》《蘇子瞻醉寫赤壁賦》建構了“三個東坡”，通過文學想象重塑了蘇軾形象，在民間廣爲傳播，對其經典化走向頗有助益，同時提供“借他人之酒杯，澆自己的塊壘”的窗口與向世人展現元代文人心靈的路徑。

（一）自人物實體向文學象征的躍遷：蘇軾符號的經典化

蘇軾自現身文壇，其生平事迹的豐富性、多元化和傳奇特色爲後人提供了多種解讀、想象的可能，因而無論是後人在詩文創作上對其的追隨，還是在蘇軾形象通俗文學作品中的改寫，都賦予了蘇軾形象經典化的强大推力。“作爲中國傳統文化的化身，蘇軾總是扮演一個受到國家冤屈却保持了對國家的忠誠、同時又擅長把政治痛苦（憂患意識）轉换爲文化歡娱的多重角色。但他實際上不過是一個政治官僚和封建文人的完美的混合

---

① （明）王驥德《曲律》，載《中國古典戲曲論著集成（四）》，第160頁。

② 王衛民編《吴梅全集》（理論卷上），石家莊：河北教育出版社，2002年，第237頁。

③ （德）姚斯著，周寧、金元浦譯《接受美學與接受理論》，瀋陽：遼寧人民出版社，1987年，第25頁。

體。他的魅力在於在每一個角色上都得體與適度：作爲高層文官，他忠於國家（皇帝）却不失瀟灑，而作爲封建文人，他放達江湖却不失體統。他罕見地兼具了中國文人‘理想人格’的各個主要側面。這是一個由盛世開始走向敗落的種族提供出的生命策略樣本，它照亮了文人（文官）處理個人仕途危機的前景。”[①] “烏臺詩案”是蘇軾人生和思想轉變的標志，三本蘇軾題材的元雜劇或多或少地圍繞東坡謫居黄州的經歷生發，展現出立體多面的蘇軾形象。

元季文人推崇蘇軾既在於東坡詩文筆墨“可謂一代文章之宗”[②]，又在於其爲人正直豁達，不因迫害而隱，不爲功名所累，“言足以達其有猷，行足以遂其有爲，節義足以固其有守”。然而從廟堂之高跌落江湖一隅，蘇軾的崇高地位與個人的困厄仕途所形成的巨大反差使東坡成爲落魄文人的典型代表。《蘇子瞻醉寫赤壁賦》中蘇軾醉遊赤壁“【煞】舉目看山青，側耳聽江聲。隱遁養姓名，不戀恁世情。無利無名，耳根清净。一心定，不受恁是非憂寵辱驚”。一語托出其看淡人生的出世思想，然而“（云）自到黄州，一載之間，遇此景物，好是淒慘人也呵（唱）”。“【駐馬聽】春事狼藉，桃李東蝶夢回，離愁索系，關山夜月杜鵑啼。催促江水自賓士，翰林月教誰替。謾傷悲，滴不盡多少哭雄泪。”可見“烏臺詩案”對其打擊甚大，暴露了其内心深處無奈的入世思想。《蘇子瞻風雪貶黄州》中亦是悲情寥落：“自來到黄州，舉眼無親，借得兩間破房住著。衣不蓋身，食不充口，無一個人來看顧。”“【紫花兒序】見於些鷗行鷺聚，經了些鶴怨猿啼，盼了些鳳舞龍飛。往常間胸藏星斗，氣吐虹霓，依舊中原一布衣。揮劍長嘆，只被金谷石崇，傲殺陋巷顔回。”《東坡夢》中則是遠離宦海：“閑伴著清風爲故友，恍疑明月是前身。這些時想晨鐘暮鼓，馬足車塵，細看來恰便似雲影空中盡，抛離了煩冗，落得個清貧。”蘇軾在詩詞文賦乃至從政爲人諸多方面所取得的成就均展現了他的人格魅力，成爲後世文人心目中的標杆。雜劇作家雖著眼於其被貶時期的個人境遇，却是爲了贊美其獨立的人格和對其才華的惋惜，因此蘇軾儼然成了坎坷文士的代表。

---

① 朱大可《守望者的文化月曆》，廣州：花城出版社，2005 年，第 21 頁。

② （宋）趙昚《御制文集序》，（宋）郎曄選注《經進東坡文集事略》卷首，四川大學中文系唐宋文學研究室編《蘇軾資料匯编》，北京：中華書局，2004 年，第 611 頁。

潦倒淪落的東坡故事爲市井階層的人們提供了一個典型化的文人場景，寄寓了民眾對文人的洞察。這些蘇軾題材元雜劇的創作與傳播，在客觀上促進了蘇軾文化的繼續發展與高揚，也對我們探賾元代的蘇軾研究與接受大有裨益，正如《蘇東坡軼事匯编》的編者所言："通過軼事所反映出來的蘇東坡的形象是生動的、活潑的、豐滿的。他的聲容笑貌、神情狀態，通過眾多有關作家的記叙，栩栩如生，躍然紙上。軼事中不少關於蘇東坡在適居生活中的記載，擴大和豐富了蘇東坡在自己詩文中所塑寫的形象。"而元雜劇的創作傳播亦是同理。

（二）文學與史實之間的對話：窺探元代文人心靈面貌的新角度

在文學與史實之間，元雜劇作家勾勒的既是"元代的蘇軾"，也是文人自己。"文學作品是一種文化存在，也是一種心理存在。它是在一定的文化生態中用特定語言符號表示人類個體與群體心理的審美文本。它可以表現書面寫作者或口頭創作者的心理，也可以寄載某種社會心理，可以超越作者而存在。因此，可將文學作品看成獨立存在於藝術世界的生命形式，一種具有整體心理特徵的審美文本。"① 因而從元雜劇蘇軾形象塑造的情感傾向便可窺探元代文人的生存狀態與思想面貌。

元雜劇作家常從歷史人物的遭遇找尋與自我精神的契合點，特别是"沉抑下僚"的文人，一舉傾吐在"不讀書有權，不識字有錢，不曉事倒有人誇薦"的元代社會下壓抑的心中悲憤，正是"蓋士之不遇者，鬱積其無聊不平之慨於胸中，無所發抒，因借古人之歌呼笑駡，以陶寫我之抑鬱牢騷；而我之性情，爰借古人之性情，而盤旋於紙上，宛轉於當場……而士之困窮不得志，無以奮發於事業功名者，往往遁於山巔水湄，亦恒借他人之酒杯，澆自己的塊壘"②，而蘇軾的懷才不遇恰是元季文人産生强烈心靈共鳴之處。

三本蘇軾題材的元雜劇除却《蘇子瞻醉寫赤壁賦》中蘇軾最終得以官復原職，"托賴著一人有德黎民樂，萬載千秋仰聖皇"，另外兩本的情節則

① 錢谷融、魯樞元主編《文學心理學》，上海：華東師範大學出版社，2003年，第286頁。
② （明）吴偉業《北詞廣正序》，俞爲民、孫蓉蓉《新編中國古典戲曲論著集成·清代編一》，合肥：黄山書社，2008年，第204～205頁。

與史實有較大差异，寄托了作者對現實的體悟。在《花間四友東坡夢》結尾，吴昌齡借蘇東坡之口云："【鴛鴦煞尾】從今後識破了人相我相衆生相，生況死況别離況，永謝繁華，甘守凄凉。唱道是即色即空，無遮無障。笑殺東坡也懺悔春心蕩，枉自有蓋世文章，還向我佛印禪師聽一會講。"最終蘇軾放弃還朝入仕，携手花間四友遁入佛門。《蘇子瞻風雪貶黄州》中蘇軾説："感謝聖恩，但臣曠久，不能供職，不願爲官也。""【雁兒落】臣寧可閑居原憲貧，不受夢筆江淹悶。樂陶陶三杯元亮酒，黑婁婁一枕陳摶困。【得勝令】則願做白髮老參軍，怎消得天子重儒臣。那裏顯騷客騷人俊，到不如農夫婦蠢。繞流水孤村，聽罷漁樵論，閉草户柴門，做一個清閑自在人。"這些情節設計都是元雜劇作家自身的人生經歷和深刻感觸，試圖從中找尋一代失落文人的情感出口。如李澤厚先生所説："由於對人生采取超脱的審美態度，由於對惡劣環境和政治采取不合作的傲世態度，由於重視直觀、感受、親身體悟等等，它們又常常使藝術大放光彩，使藝術家創作出許多或奇拙或優美或氣勢磅礴或意蘊深永而名垂千古的作品來。"① 與其説是嘆息東坡，不如説是作家們"移花接木"將個體的情感寄托在歷史人物的身上，鎸刻着時代和作者本人的烙印，表達元代文人對現實的失望與逃避歸隱的傾向。

在元代儒士與蘇軾的跨時空對話中，元雜劇將文人心靈藝術化地呈現在世人面前，雜糅了個人"百年未幾，世運中否，士失其業，志則鬱矣"的複雜經歷，於一代懷才不遇的文人群體中呼喊蘇東坡的人格精神以自我慰藉。

（三）人物形象的定性與後人的借鑒與運用：文學創作主題的擴充

"蘇王"關係在宋代已形成"尊蘇貶王"的主流走向，但文人墨客對此主題的觀照并未隨時代發展而固化抑或消减，二人始終是通俗文學創作的焦點人物。至明代，《警世通言》中保留了兩篇關於蘇軾與王安石的文章，即《王安石三難蘇學士》《拗相公飲恨半山堂》，對蘇王問題進行了繼承和改寫，這兩篇文章對蘇王的刻畫迥异，創作風向已從"宋貶"走向"明褒"。

① 李澤厚《中國古代思想史論》，北京：人民出版社，1986 年，第 217 頁。

《拗相公飲恨半山堂》取材於宋人話本《京本通俗小説》中輯録的《拗相公》，作者聚焦於王安石發起的變法改革，討伐其執拗，“因他性子執拗，主意一定，佛菩薩也勸他不轉，人皆呼爲拗相公”[①]。王安石的執拗主要表現在他執行新法時的“三不足”精神，即“天變不足畏，人言不足恤，祖宗之法不足守”[②]。然而却引來民間怨聲載道和保守派的攻擊，“王某上負天子，下負百姓，罪不容誅”，最終飲恨而終。但在明代所作的《王安石三難蘇學士》則是刻畫蘇軾傲慢無禮，凸顯王安石滿腹經綸甚至將蘇軾設置爲王安石的門生，通過王安石三難蘇軾表達奉勸世人“虚己下人，勿得自滿”的主旨，又借俗諺“勢不可使盡，福不可享盡，便宜不可占盡，聰明不可用盡”[③]之警語，引出“自恃聰明、時有輕薄”的蘇軾，以此呼應開篇“强中更有强中手，莫向人前滿自誇”。三件逸事即“取水試茶”原是唐朝李德裕的故事，續王安石《菊花詩》原是王安石與歐陽修之事，在蘇州對上聯“七里山塘”則取自明代唐寅經歷，馮夢龍運用“箭垛式”的手法將這些情節融貫在王安石身上，以贊美王安石，在蘇王關係的描述中倒向王安石，擴充了蘇王關係的新主題，并且繼承了前代作者就蘇軾貶謫原因的想象。

元雜劇中對蘇王關係抑或是對二人形象的刻畫代表了元代文人整體的價值取向，爲後世文學的創作提供了思路并擴充了文學主題。

從戲曲文學與歷史真實的雙重維度下觀照蘇軾在元雜劇中的重構，呈現蘇軾與王安石的關係、“烏臺詩案”以及蘇軾哲學思想中的佛道觀皆在劇作家的文學想象與“尊蘇貶王”的傾向下附有特定時代文人的普遍思想傾向，融入了時人的特殊情感，“文人以舞文弄墨爲最大能事，戲曲又恰好是一種最能讓文人們揮灑筆墨和表達思想感情的形式”[④]。蘇軾懷才不遇的經歷亦是元代沉淪下僚文士的普遍境遇，因而皈依佛道是當時文人群體仕途没落後的一大選擇。本文從文學想象後的改寫對照史實，以此窺探元代劇作家出於科舉取士制度中斷，漢族文人地位低下，進而托古事借元雜劇這一主要文學載體抒發不平之音，在過往與當下的時空對話中尋找與

① （明）馮夢龍編，嚴敦易校注《警世通言》，北京：人民文學出版社，1959年，第40頁。
② （明）馮夢龍編，嚴敦易校注《警世通言》，第40頁。
③ （明）馮夢龍編，嚴敦易校注《警世通言》，第24頁。
④ 路應昆《中國戲曲與社會諸色》，長春：吉林教育出版社，1992年，第139頁。

蘇軾的心靈共鳴。通過爬梳三本元雜劇，可知蘇軾這一經典文化符號在元代的生命力與較高的接受度，儼然成爲元代漢族文人聊以自慰的燈塔。同時，元雜劇作爲載體連通了文學與史實，并從文學文本出發回歸到歷史語境，提供窺探元代文人心靈面貌的新角度，也爲我們研究蘇軾提供了材料支持，爲後世話本小説等通俗文學的創作主題提供了一定借鑒。

漢宋間獻賦主體及方式研究

李 棟

西南交通大學人文學院

摘 要：自漢代至宋初，獻賦的主要作者群體始終是皇帝、諸王及其身邊的親近之臣，在不同的時代，他們的政治職責略有差別，但通常要承擔隨侍、應對、顧問以及圖書整理和編纂等文化工作。獻賦作者的近臣身份，使得獻賦在很長的時間段内都以宫廷爲主要創作場域。不過，唐宋以來，科舉考試制度有效地推動了階層流動，也使精英文學的擔當者從宫廷作家群擴展到了更大的科舉出身的文官群體。與之相應的是外任官員獻賦在宋初之後成爲習常之事。此外，東漢至唐初的獻賦者幾乎全是官員，而西漢以及初唐之後則有許多平民獻賦的例子，平民獻賦受西漢及唐代朝廷的鼓勵，并有制度層面的支持。然而，在科舉考試制度真正完備、成爲宋代最主要的官員選拔制度後，平民的獻賦又再度被抑制。

關鍵詞：漢宋之間　獻賦　宫廷　科舉

獻賦是中國古代臣民作賦并進獻給君主[①]的行爲，其中又包括臣民主動獻賦和受君主之命、作賦獻上兩種情況。對賦體的發展而言，獻賦是非常重要的一項活動，在中國兩千餘年的帝制時代，它有時顯得很繁盛，有

① 此處所謂“君主”，主要指各王朝的皇帝、諸王以及掌握權力的上層貴族等。本文對涉及皇室成員之外的“獻賦”活動的認定，大致以這樣一種君臣關係爲標準，即接受者擁有對獻賦者的完全任命權。因此，漢代獨立開府的三公、大將軍等接受其屬下的賦作，在此可視作“獻賦”，而唐代的宰執接受品級較低官員的賦作，在此則不視作“獻賦”。

時則相對蕭條，却從未真正消歇，它的存在從官方制度和理念的角度，始終維繫着各個時代的賦體創作。那麽，在漫長的歷史時期内，獻賦活動有怎樣的繼承，又有怎樣的演變？對於討論賦體在中國古代的發展，這個問題非常重要。[①] 本文即擬説明由漢至宋的獻賦主體和方式，以揭露獻賦活動繼承和演變的軌迹和關鍵點。

本文將考察的時間設定爲漢宋之間，是由於漢代是賦體發展和興盛的關鍵時期，也是獻賦傳統確立的時期，宋代則是賦體開始出現明顯頽勢的時代。漢代的獻賦傳統强烈影響了其後的獻賦活動，宋代獻賦的某些變化則顯示了時代和文學變化的重要信息，并成爲新的傳統。因此，本文尤其關注漢代所建立的獻賦傳統，以及宋代對此傳統的改造。

一、漢代獻賦者的身份和獻賦方式

概括而言，自漢至宋，歷代獻賦者都以官員爲主，并且多數與君主居住的宫廷有密切關係。具體説來，在獻賦官員的身份、與宫廷和君主的密切程度、平民獻賦的可能性和方式等問題上，歷代的獻賦一方面有衆多相似之處，顯示出傳統的强大力量；另一方面又有不可忽略的差异，展現出時代的變化。這是本文將要著重討論的問題，首先來考察漢代獻賦者的身份及方式。

（一）漢代官員的獻賦

1. 西漢

錢穆曾指出："武帝外廷所立博士，雖獨尊經術，而内廷所用侍從，則盡貴辭賦……武帝特爲辭賦文章浮誇所中，援儒術以爲飾耳。"[②] 西漢的獻賦作品的確主要出自與宫廷關係密切的官員。班固在《兩都賦·序》中介紹了西漢時期獻賦的概況："言語侍從之臣，若司馬相如、虞丘壽王、

① 進一步來説，中國古代的頌、贊、銘、箴等文體與賦體關係密切（參考萬光治《漢代頌贊銘箴與賦同體异用》，《社会科学研究》1986 年第 4 期，第 97～102 頁），其創作也都與獻納活動關係密切，值得深入考察。從現存資料來看，這些用於獻納的作品，其作者群體、讀者群體和創作背景往往與獻賦作品高度重合，但其相關資料却不那麽豐富。因此，對獻賦活動的研究也將提供一種參考，幫助我們理解各歷史階段中頌、贊、銘、箴等文體作品的獻納情况，及其與文體發展之間的關係。

② 錢穆《秦漢史》，北京：九州出版社，2011 年，第 84 頁。

東方朔、枚皋、王褒、劉向之屬，朝夕論思，日月獻納；而公卿大臣，御史大夫倪寬、太常孔臧、太中大夫董仲舒、宗正劉德、太子太傅蕭望之等，時時間作。”① 這其中，司馬相如等“言語侍從之臣”屬於内朝官員，倪寬等“公卿大臣”則主要是外朝官員，其中雖然有人同樣曾經在内朝任職，例如倪寬曾任中大夫（據《漢書》本傳）、董仲舒及劉德都曾任“太中大夫”②，也是内朝官，蕭望之晚年擔任的“太子太傅”則屬於宫官，但他們的仕宦經歷大半屬於外朝。③

漢代中央政府内、外朝之分，是從漢武帝時開始的。漢武帝爲了削弱相權、强化皇權，任命親近侍從，在宫中逐漸形成一個决策機構，總理國家政務，稱爲“中朝”或“内朝”，而以宰相公卿爲首的官僚群體則被削弱了權限，主要負責政令的執行，稱爲“外朝”。内朝官員在宫廷内部任職，與皇帝關係密切，因此其中擅長文學者能够“朝夕論思、日月獻納”；外朝官員則既没有這麽多親近皇帝的機會，也并不以獻賦爲主要職責，因此獻納較少。另外，無論屬於内朝還是外朝，班固在此提及的官員都主要在京城爲官，并與宫廷關係較近，且没有資料顯示他們的賦作在遠離朝堂的地方獻納；現存西漢獻賦資料的其他作者也是如此。可見西漢的獻賦作者主要是與宫廷關係密切的官員，其中身居内朝、以言語侍從爲主要職責的司馬相如、枚皋等人尤其是獻賦的核心力量。

作爲西漢獻賦主要力量的“言語侍從之臣”多任郎官之職④，枚乘、司馬相如、枚皋、東方朔、揚雄、劉歆等都曾經擔任郎官⑤，他們傳世的重要作品，如司馬相如《哀秦二世賦》《大人賦》、揚雄《甘泉賦》等也都是他們爲郎官時所作。没有官職的人若是通過獻賦而得到皇帝的賞識，也

---

① （梁）蕭統編《文選》，上海古籍出版社，1986年，第1頁。

② 據班固《漢書》卷三十六《楚元王傳》，劉德“昭帝初爲宗正丞……徙大鴻臚丞，遷太中大夫，後復爲宗正……守青州刺史，歲余，復爲宗正”。

③ 參考前注劉德仕途經歷；又如倪寬的仕宦履歷大致是：早年以射策中式，任掌故；後補廷尉文學卒史；擢中大夫；遷左内史；拜御史大夫（據《漢書》卷五十八《倪寬傳》）。其中除了中大夫以外，均爲外朝官職。

④ 關於漢代郎官的專門研究，請參看：嚴耕望《秦漢郎吏制度考》（《“中央”研究院歷史語言研究所集刊》，1952年，第21～84頁）；王克奇《論秦漢郎官制度》（收入安作璋，熊鐵基《秦漢官職史稿》，齊魯書社，2007年，第344～408頁）；楊鴻年《漢魏郎官》（收入《中古古代史論叢》第七輯，福建人民出版社，1983年，第202～222頁）等。

⑤ 據《漢書》各本傳。

往往被任命爲郎官，例如司馬相如、枚皋和揚雄就分别以進獻《天子遊獵賦》《平樂館賦》和《羽獵賦》被除爲郎官。[①] 史籍中常見的“爲郎”是個籠統的説法，因爲西漢的郎官并非只有一種，漢初分爲中郎、郎中、外郎，漢武帝改造郎官組織後則有中郎、侍郎、議郎、車郎、户郎、羽林郎、期門郎等多種郎職。[②] 賦家擔任的通常是供職宫中的中郎、郎中、侍郎、議郎等。

郎官在春秋時代的文獻中即已出現，先秦的郎官是君主近臣，出入宫禁，其主要職責包括“近侍左右，參與謀議；執兵宿衛；奉命出使”[③]。漢代的郎官是内朝官員郎中令（後改爲“光禄勛”）的屬官，其中也有在宫廷之外任職的，不過仍以供職宫廷者爲主，其主要職責與先秦大致相同，而比較靈活，可以機動安排，并且没有定員，人數衆多，因此是比較適合安置文學侍從的職位。尤其是漢武帝最初設置内朝，就主要由皇帝親信的郎官組成，《漢書·嚴助傳》云：“武帝善助對，由是獨擢助爲中大夫。後得朱買臣、吾丘壽王、司馬相如、主父偃、徐樂、嚴安、東方朔、枚皋、膠倉、終軍、嚴葱奇等，并在左右……上令助等與大臣辯論，中外相應以義理之文，大臣數詘。其尤親幸者，東方朔、枚皋、嚴助、吾丘壽王、司馬相如。”[④] 這裏提及的十二人中有八人都曾任郎官，因爲武帝需要能文善辯者與外朝大臣交鋒，建立内朝的權威，加强皇權對政治的控制。在這樣的背景下，賦家任郎官就是相宜的，後來也逐漸成爲傳統。

作爲“言語侍從之臣”的賦家要在宫廷侍奉皇帝左右，因此經常以郎職帶給事黄門、侍中、常侍等加官，如《漢書·吾丘壽王傳》記載吾丘壽王“高才通明，遷侍中、中郎”[⑤]；揚雄奏《羽獵賦》後“除爲郎，給事黄門”[⑥]，劉歆則“待詔宦者署，爲黄門郎”[⑦]。賦家由郎職晋升或復出任官時，也經常繼續擔任内朝官，例如司馬相如初爲郎，後升任中郎將；東方朔由郎官除爲太中大夫；吾丘壽王由郎職出任東郡都尉，後來又回到内

---

① 《漢書》卷五十一《枚皋傳》記載：“詔使賦平樂館，善之，拜爲郎。”見第 2366 頁。

② 參考前揭王克奇論文。

③ 前揭王克奇論文第 346 頁。

④ 《漢書》卷六十四《嚴助傳》，第 2775 頁。

⑤ 《漢書》卷六十四上《吾丘壽王傳》，第 2794 頁。

⑥ 《漢書》卷八十七下《揚雄傳》，第 3583 頁。

⑦ 《漢書》卷三十六《劉歆傳》，第 1967 頁。

朝任光禄大夫、侍中；揚雄以病免職後，又被重新任命爲大夫；劉歆曾由王莽舉薦，任侍中太中大夫，又遷騎都尉、奉車光禄大夫。①

在有重要作品留存的西漢賦家中，王褒没有爲郎的記載，但他曾任諫大夫，同樣是内朝官職。此外，除了現在有作品流傳的作者之外，還有許多作品已經佚失的西漢賦家也曾任職内朝，并參與獻賦。《漢書·藝文志·詩賦略》中記載的西漢賦大半可以歸入獻賦範圍，之所以這樣説，是因爲《詩賦略》中記録作者時有的標注官職，有的不標注，前者很可能是直接從獻賦作品中將作者自稱摘録出來的結果，如“臣説賦九篇”“臣義賦二篇”“漢中都尉丞華龍賦二篇”等尤其説明了這一點。

因此，西漢賦大量地以獻賦爲背景産生和傳播，呈現出與皇權關係密切的重要特性。而西漢主要的獻賦者往往擔任宫廷之内的内朝官職，以侍奉君主左右、顧問應對爲職責。我們現在看到的西漢文學的面貌，在很大程度上是由他們塑造的。

2. **東漢**

東漢主要的獻賦作者也往往有爲郎的經歷，例如班固、傅毅、賈逵、王逸、馬融、張衡、崔寔等皆是其例。不過，郎官制度在東漢發生了重要的變化，郎官從内朝的天子近侍變成了外朝官員的儲備力量，郎署也移至宫外，與太學相對，因爲它選拔與訓練官員的功能與太學相似。這種變化的出現是由於漢武帝改變了選郎制度：通過察舉選郎，并主要吸納長於經學的儒生成爲郎官，於是富家豪族子弟爲郎者減少，郎官不再以宿衛宫禁爲主要職責，與皇帝的關係也疏遠了，變爲外朝的冗閑之職。② 這樣一來，與西漢相比，東漢獻賦者不但有更多的任職外朝的經歷，而且普遍具有更强的儒學背景。

郎官雖然轉屬外朝，但長於文學的郎官依然有不少機會在宫廷工作，與皇帝接近。一方面，他們有可能在郎職之後被除以内朝官職，例如賈逵曾任侍中、領騎都尉，王逸亦曾任侍中，張衡曾任尚書侍郎、尚書、侍中，崔寔也曾任尚書，這些官職都屬於内朝。另一方面，他們可能在宫廷藏書機構——蘭臺和東觀負責校書、修史等工作，例如班固曾任蘭臺令

① 據《漢書》卷六十五《東方朔傳》。

② 參考前揭嚴耕望、王克奇論文。

史，後遷爲郎，繼續奉命修史、校書，應當仍然在宫中的蘭臺工作；傅毅、賈逵曾與班固共典校書，此時二人亦爲郎職；王逸曾任校書郎；馬融任校書郎中，“詣東觀典校秘書”①；崔寔任大將軍梁冀司馬時，“與邊韶、延篤等著作東觀”②，也是擔任圖書編纂工作。雖然東漢擔任郎官的賦家身份與西漢不同，不再是皇帝身邊的言語侍從之臣，但他們由於長於文辭，且有扎實的儒學背景，因此經常擔任圖書校對、編纂職務。由於藏書的機構屬於宫廷，離皇帝比較近，這些長於文學的圖書館工作者也就同時承擔了獻納賦、頌、誄、銘等文學作品的職責。

東漢獻賦作者中没有爲郎記載的也有承擔圖書編纂工作者，如李尤也曾任蘭臺令史，後任諫議大夫，仍受詔撰《漢記》。③ 另外，東漢獻賦作家還往往有一段時間擔任重臣府中的幕僚，例如杜篤曾任馬防從事中郎，崔駰任竇憲主簿，他們二人也没有爲郎經歷，當時的獻賦大多是他們以幕僚身份獻給幕主的。此外，有爲郎經歷且爲重臣幕僚者也有不少，如傅毅任大將軍竇憲記室掾、司馬，馬融任大將軍梁商從事中郎，張衡任南陽太守鮑德主簿，崔寔任大將軍梁冀司馬……幕僚時期也是他們重要的獻賦時期。

3. 建安年間

根據文學史舊例，漢末建安時期的文學通常被劃入魏晋南北朝文學的範疇來討論，這顯示了建安文學與下一階段文學之間的重要淵源，它們相較於此前的漢代文學有若干共同的新特質。不過，如果嚴格按照朝代的起始來定義漢代獻賦活動，則建安時期獻賦的新特質恰好爲漢代獻賦補足了最後的版塊，使其成爲後世獻賦的模板。因此，本文在此將建安時期的獻賦作爲漢代獻賦的一個特殊部分來討論。

從現存的資料來看，建安年間的文學活動以曹氏父子及其周圍的文人學士爲代表，獻賦情況尤其如此，我們能够找到的這一時期的獻賦記録幾乎全部是圍繞著曹氏父子的。這樣的結果自然應當部分歸結於史料記載和流傳過程中的缺失——獻賦作爲漢代數百年間業已形成的重要文化傳統，

---

① （南朝宋）范曄《後漢書》卷六十上《馬融傳上》，中華書局，1965 年，第 1954 頁。
② 《後漢書》卷五十二《崔寔傳》，第 1730 頁。
③ 據《後漢書》卷八十《文苑傳》。

即便在軍閥混戰的局面下，也必然要不時地在中央和地方的政治生活中閃露光芒，除曹操之外，各地軍閥手下擅長撰著的文學之士自然也有獻賦活動，例如陳琳早年“避難冀州，袁本初（紹）使典文學”①，建安三年（198）他跟隨袁紹與公孫瓚作戰，作《武軍賦》，就是揚顯軍威的獻納之作。不過，獻賦活動受獻納對象的影響尤其顯著，曹氏父子的文學才華及其對文學的重視態度與曹操實際掌控國家政治的地位相配合，的確非常有效地鼓勵了文士的獻賦行爲，這也是獻賦多屬曹氏文學集團的重要原因。

以曹操父子爲中心的獻賦作者除了曹丕、曹植兄弟以外，大多是他們的屬官，與他們關係近密。例如“建安七子”中的王粲曾被曹操任命爲丞相掾和軍謀祭酒，後遷爲侍中，都是親近之職。其中軍謀祭酒在司空府屬官中職位最高，是第五品，且參與謀劃軍政要事，是要職，王粲被授予此職，顯示了曹操對他的禮遇和重視。陳琳、阮瑀、路粹等也都曾任曹操司空府的軍謀祭酒，徐幹曾任軍謀祭酒掾屬。② 侍中則是掌與服器物、顧問應對的近臣，也是清要之職。王粲、陳琳等在曹操幕中可能較少參與軍事謀議，而主要負責制度建設、文書草擬等事項。王粲博聞强識，熟悉典章制度，《三國志·魏書》卷二十一《王粲傳》云：“時舊儀廢弛，興造制度，粲恒典之。”③ 又裴注引《典略》云：“粲才既高，辯論應機，鍾繇、王朗等雖名爲魏卿相，至於朝廷奏議，皆閣筆不能措手。”④ 可見典章制度、朝廷奏議是王粲所長。同卷《阮瑀傳》云：“太祖并以琳、瑀爲司空軍謀祭酒，管記室，軍國書檄多琳、瑀所作也。”⑤ 則陳琳等在軍中主要負責起草文書。在重大事件如出征、獲勝等發生時，他們自然也要獻賦以示祝賀，現存陳琳《神武賦》、阮瑀《紀征賦》、徐幹《序征賦》等都是其例。又如建安十六年（211）曹丕封五官中郎將，曹植封平原侯，徐幹任五官將文學，劉楨、應瑒任平原侯庶子，成爲他們府中的屬官，也是以顧問應對、起草文件等爲職責，職務比較清閑，而與府主親近。他們和王粲、陳琳等人一起，經常陪同曹丕、曹植宴飲唱和，受命創作詩賦，如

---

① 見（晋）陳壽撰《三國志·魏書》卷二十一《陳琳傳》，中華書局，1959年，第600頁。
② 據《三國志·魏書》卷二十一。
③ 見《三國志·魏書》卷二十一《王粲傳》，第598頁。
④ 見《三國志·魏書》卷二十一《王粲傳》，第599頁。
⑤ 見《三國志·魏書》卷二十一《阮瑀傳》，第600頁。

《柳賦》《槐賦》《瑪瑙勒賦》等，往往都是同題共作，這是建安年間獻賦作品的一個重要來源。

除了王粲等以文學寫作爲重要職責的作家之外，還有楊修、丁儀、丁廙、繁欽等獻賦作者，他們在建安間也都是丞相府的屬官，并與曹丕、曹植過從密切，其中楊修和繁欽都曾擔任丞相府的主簿，是處理實際庶務的重要官職，《後漢書・楊震傳》章懷太子注引《典略》云："楊修……建安中举孝廉，除郎中，丞相請署倉曹屬主簿，是時軍國多事，修總知内外，事皆稱意，自魏太子以下并争與交好"[①]，可知楊修的行政能力很受推重。與王粲等人相比，楊修等的獻賦較少，但主題、風格等都與前者保持一致，顯示了他們屬於充分互動交流的同一文學圈。

（二）漢代的待詔制度與獻賦

漢代的獻賦作品還有若干出自"待詔"者之手。待詔之職從秦朝開始出現，到西漢則甚爲興盛，政治、文化方面的若干重要人物都有過待詔的經歷，這與漢代的察舉征辟制度有密切的關聯。身爲"待詔"的才能之士在政府部門登記，以備皇帝詢問和命令，他們也能領取一份不算豐厚的俸禄。這是一種非正式官職，待詔者若無其他官職，則仍然是庶民身份，應劭云："諸以材技征召，未有正官，故曰待詔。"[②] 但有了待詔的身份就有可能獲得皇帝的注意，如能受到賞識，則可以入仕爲官，因此在當時也非常受重視。[③]

西漢的待詔職位網羅了衆多方面的專門人才，其中也包括擅長作賦的文學之士。許多賦家都曾任待詔，重要作家如枚皋、東方朔、吾丘壽王、王褒、揚雄等，此外有作品記載於《漢書・藝文志》之"詩賦略"中的作者，如張子僑、劉德、朱買臣、嬰齊、馮商、華龍等人也均有待詔經歷。這其中有不少人通過獻賦受到賞識，晋升爲官員，以郎官居多，例如枚皋；又如揚雄也是先受到大司馬車騎將軍王音的舉薦，待詔承明之庭，并隨從皇帝出行，參加祭祀等活動，後來因獻《羽獵賦》而正式被授郎

---

① 《後漢書》卷五十四《楊震傳》附《楊修傳》，第 1789 頁。

② 《漢書》卷十一《哀帝紀》注引，第 340 頁。

③ 關於漢代待詔的情況，參考丁毅華《"待詔"小識》，《天津師大學報》，1987 年第 3 期；羅寧《漢待詔考》，《新國學》第七卷，第 295 頁。

職。[①] 他在待詔時期至少獻上了《甘泉賦》《河東賦》《羽獵賦》三篇賦作。王褒、張子僑等身爲待詔時也常陪同漢宣帝出行，《漢書·王褒傳》云："所幸宮館，輒爲歌頌。"[②] 因此，待詔雖然不是正式官職，但文學能力突出的待詔者與正式的文學侍從官員同樣用作品取悦君主，待詔更進一步就能成爲郎官等身份的文學侍從，可以説是後者的儲備力量。

在漢代，賦家要成爲待詔，通常有兩條途徑。第一條是根據察舉制度由官員舉薦，像大司馬車騎將軍王音舉薦揚雄，又如賈逵推薦李尤，這樣很可能會獲得待詔的機會；第二條是到北闕上書或通過其他途徑直接獻上賦作，其優秀者有的成爲待詔，也有的直接受封正式官職。"北闕"指的是未央宮的北門，公車司馬令在此辦公，除了掌管宮門以外，還負責接收上書，并管轄"待詔公車"的這一部分待詔者。《漢書·高帝紀下》顏師古注云："未央殿雖南向，而上書奏事謁見之徒皆詣北闕，公車司馬亦在北焉。"[③]《史記·東方朔傳》和《漢書·枚皋傳》分别記載了東方朔和枚皋上書北闕、成爲待詔的經歷。[④]"待詔公車"是漢代待詔的衆多複雜情况中的一種，東方朔在北闕上書後成爲待詔公車，仍然在公車司馬令的管轄之内，當時上書北闕的人可能有不少都是如此。

東漢時期，待詔制度逐漸消歇[⑤]，不過到東漢末熹平年間，漢靈帝曾聚集一批擅長文賦、尺牘和書法的人，"待制鴻都門下"。《後漢書·蔡邕傳》記載："初，帝好學，自造《皇羲篇》五十章，因引諸生能爲文賦者。本頗以經學相招，後諸爲尺牘及工書鳥篆者，皆加引召，遂至數十人。侍中祭酒樂松、賈護，多引無行趣埶之徒，并待制鴻都門下，憙陳方俗閭里小事，帝甚悦之，待以不次之位。"[⑥] 待制鴻都門下後來發展爲"鴻都門學"，其諸生"或出爲刺史、太守，入爲尚書、侍中，乃有封侯賜爵

---

① 事載《漢書》卷八十七《揚雄傳》。

② 《漢書》卷六十四《王褒傳》，第2829頁。

③ 《漢書》卷一下《高帝紀下》，第64頁。

④ 司馬遷《史記》卷一百二十六《滑稽列傳·東方朔傳》云："武帝初繼位，征天下舉方正賢良文學材力之士，待以不次之位……朔初來，上書曰……上偉之，令待詔公車。"《漢書》卷五十一《賈鄒枚路傳》云："會赦，（枚皋）上書北闕，自陳枚乘之子。上得之大喜，召入見待詔，皋因賦殿中。"

⑤ 參考前引羅寧《漢待詔考》第307頁。

⑥ 《後漢書》卷六十《蔡邕傳》，第1991～1992頁。

者”[1]，可見這是一條很好的仕進途徑，類似於西漢郎官的情況。但是它受到當時士大夫的群體排斥。這種强烈反對一方面是源於文化背景的差异：鴻都門學士以文學、書法等作爲立身之道，與當時士人普遍研習經學的學術背景不同；另一方面，也是最根本的原因，則是鴻都門學士普遍没有豪族背景，却能驟得高位，他們的仕宦進途改變了東漢傳統的選士方式，有損地方豪族勢力對選舉的控制。[2]

由此也可見待詔制度與階層的流動有比較密切的關聯，皇帝可以利用出身低微者使皇權獲得更多的延伸，對抗官僚群體的約束；而在貴族勢力較强、階層固化明顯的時代，皇權受到抑制，待詔制度也就明顯地受到抑制。這是東漢時期待詔制度逐漸消歇、鴻都門學也未能持久的根本原因，也與郎官選拔制度在東漢的變化彼此呼應。

從上面的記載來看，待制鴻都門下者有很多機會陪同靈帝娛樂，其中擅長文賦者有不少獻賦活動。這些作品現在已經散佚，我們只能根據當時人的評論來猜測其大致風格。蔡邕在奏章中評論這些人的作品説“其高者頗引經訓風喻之言，下則連偶俗語，有類俳優”[3]，後者與上文“喜陳方俗閭里小事”相近，似乎都比較近於東方朔、枚皋的賦作風格；前者則可能近於揚雄等人的嚴肅賦作。可見待制鴻都門下與西漢的待詔制度、郎官制度都頗有淵源，他們對於獻賦的意義也大致相同。

（三）漢代平民的獻賦

待詔的獻賦者可以説主要是一群特殊的平民，他們有較多的獻賦和晋升機會。而漢代無官職的平民如果想要獻賦，除了到北闕上書以外，還有另外一些特殊時期和場合，可能也是較好的機遇，例如皇帝外出舉行祭祀和巡狩等活動的時候也接受文學作品的獻納。《後漢書·馬融傳》云：

---

① 《後漢書》卷六十《蔡邕傳》，第 1991～1992 頁。

② 參考錢志熙《“鴻都門學”事件考論——從文學與儒學關係、選舉及漢末政治等方面著眼》，《北京大學學報（哲學社會科學版）》，2008 年第 1 期，第 91～101 頁。

③ （漢）蔡邕《上封事陳政要七事》，（清）嚴可均《全上古三代秦漢三國六朝文·全後漢文》卷七十一，中華書局，1958 年，第 1728 頁。

“時車駕東巡岱宗，融上《東巡頌》，帝奇其文，召拜郎中。”[①] 這是皇帝祭祀泰山時的獻頌，獻於延光三年（據陸侃如繫年），此時馬融爲河間王厩長史，并非平民。但崔駰在皇帝“巡狩方岳”時獻《四巡頌》，則是以平民的身份。《後漢書·崔駰傳》云：

> 元和中，肅宗始修古禮，巡狩方岳。駰上《四巡頌》以稱漢德，辭甚典美，文多，故不載。帝雅好文章，自見駰頌後，常嗟嘆之，謂侍中竇憲曰：“卿寧知崔駰乎?”對曰：“班固數爲臣説之，然未見也。”帝曰：“公愛班固而忽崔駰，此葉公之好龍也。試請見之。”駰由此候憲。憲屣履迎門，笑謂駰曰：“亭伯，吾受詔交公，公何得薄哉?”遂揖入爲上客。居無幾何，帝幸憲第，時駰適在憲所，帝聞而欲召見之。憲諫，以爲不宜與白衣會。帝悟曰：“吾能令駰朝夕在傍，何必於此!”適欲官之，會帝崩。[②]

馬融和崔駰所獻的雖然都是頌，但一來漢人經常將“頌”“賦”混用[③]，許多題爲“頌”的作品也可以視爲賦作，二來賦與頌都是當時文學獻納的常見文體，因此由獻頌的例子也可以推論在祭祀、巡狩等活動期間官員和平民都有獻賦的機會，只是此時的文學獻納由哪個部門掌管還不能確定。

此外還有杜篤在獄中獻誄的例子：

> （杜）篤少博學，不修小節，不爲鄉人所禮。居美陽，與美陽令遊，數從請托，不諧，頗相恨。令怒，收篤送京師。會大司馬吴漢薨，光武詔諸儒誄之，篤於獄中爲誄，辭最高，帝美之，賜帛免刑。篤以關中表裏山河，先帝舊京，不宜改營洛邑，乃上奏《論都賦》……[④]

杜篤被下獄時應當是平民身份，遇到吴漢去世、光武帝詔令群臣作誄的機會，可能通過監獄管理人員向皇帝獻上了誄文。這是比較特别的例

① 《後漢書》卷六十上《馬融傳上》，第 1971 頁。

② 《後漢書》卷五十二，第 1718～1719 頁。

③ 這種賦頌并稱的局面，也與賦體的頌德傾向很有關係。參考程章燦《魏晋南北朝賦史·緒論》。

④ 《後漢書》卷八十上《文苑列傳上》，第 2595 頁。

子，與受人舉薦而獻納作品有一些類似，雖然我們没有發現獄中獻賦的例子，但以理推之，這也是獻賦的一種可能途徑。

（四）小結

漢代歷史隨着建安時代的終結而終結，獻賦的基本形態到此也形成了。此後與獻賦有關的一切要素幾乎都可以在漢代獻賦的歷史中找到源頭。無論是所獻之賦的主題、形制，還是獻賦者的身份、獻納的方式，到此都已經有了基礎的模板，後來者不過是根據時代的需求，將既有的模板略作調整而已。

例如，王粲、陳琳等在曹操幕中所承擔的角色與西漢時擔任郎官的司馬相如等人有若干相似處：是君主身邊較爲親近的官員，以扈從侍奉、顧問應對爲主要職責，并因爲擅長寫作往往負責起草重要文書，也就是説，文學才能是其立身的重要資本。這幾項因素使得他們成爲最適合的獻賦作者。在此後漫長的君主專制時代中，獻賦成了具有類似身份的作者天然的職責，他們也是每個朝代獻賦的首要群體。王粲等身處戰亂頻仍之世主要是起草重要文書，而在和平年代，此類作者往往還要承擔圖書校勘、整理、編纂等工作，像班固等人那樣。

後世經常出現的君主聚集擅長文學的臣屬、與之往來唱和或命作的方式也由建安時期的賦家樹立了一個極好的典範。這樣的文學聚會主要包括君主及與其關係近密的士大夫官員，此外還可能有皇室或宗室成員，聚會中應命而作的賦作也是獻賦之屬。建安時期的獻賦與此前相比有一個最顯著的特點，即君主與屬臣之間因文學而結成了某種程度的師友關係，許多獻賦作品是君臣唱和的結果，因此切磋交流之意深，而倡優事主之意淺。這種態度的轉變，除了曹操推重文學的個人因素之外，也應該看到它是伴隨着“士”之地位的發展而形成的。東漢以來，隨着察舉制的施行和地方大族的勢力崛起，出身於地方高門的士人在特定地域的影響力不容小覷，地位自然提高。漢末軍閥混戰，各大軍閥都重視招納地方士族成員，正是因爲後者以家族爲依托，掌握了地方的資源網絡，可以爲君主提供有力的支持。① 在這種情況下，西漢時武帝、宣帝將辭賦視作娱樂小道的態度，在曹氏父子，尤其是曹丕和曹植兄弟這裏淡薄了很多，獻賦的主要作者如

① 参考（日）渡邊義浩《曹操政權の形成》，《大東文化大學漢學會志》第40號，2001年。

王粲、陳琳等人作爲曹氏父子的屬官也受到了較好的禮遇。後世士人的地位和境遇在不同時代有不同變化，不過其中至少有若干個階段，君主以較爲平等的態度與士人唱和，其中的獻賦行爲和作品也受到相當的尊重。

除了以上情況，擔任其他官職的官員也時有獻賦，就像《兩都賦序》中所提及的"公卿大夫"等人；獻賦者也包括没有官職的白衣平民，如上文所提及的。這些都在後世得以延續，只不過不同時期的具體情況可能存在明顯差异，下文還將論及。總之，經過兩漢時期的理論和實踐建設，獻賦已經成爲國家文化建設的一個重要組成部分，獻賦的主體和方式也形成了基本模式。

二、魏晋南北朝獻賦者的身份與獻賦方式

魏晋南北朝時期的中國社會處於貴族制度時代，貴族階層通過貴族化的選官制度掌握了政治資源，他們因此主導着社會的政治、經濟、文化、軍事等多個方面。在這個時期，貴族階級也是文學實踐和評論的主要力量，因此文學具有濃重的貴族色彩。與漢代相似，此時的文學創作往往也是圍繞皇宫、諸王和上層貴族的府邸展開，但與漢代，尤其是西漢情況不同的是，魏晋南北朝時期的文學作者主要是貴族出身的官員。這使得當時的文學風向主要由貴族階層主導，擁有政治權力的君主雖然經常在文學沙龍中擔任召集和指揮者（命臣下創作等），也有若干皇室成員直接參與創作，但他們却必須依循貴族的品位。

貴族文化最重視階層差异的彰顯，因此，貴族出身的作家共同維持一個嚴格控制成員、封閉性的文學圈，排斥外來力量，維持獨特的文學樣式，以此凸顯他們在文化上區别於其他階層的優越感。這些圍繞着宫廷、府邸形成的貴族文化圈就代表了魏晋南北朝時期精英文學的主要面貌。這個時期的獻賦也基本上被限制在貴族文化圈中，因此它在繼承傳統的同時，也呈現出貴族文化的特點。

首先，與漢代的情況相似，擅長文學的作家在擔任與皇帝或府主關係親近的職位時，通常都有受命創作或主動獻納的賦作。例如曹魏時邯鄲淳任給事中，獻《投壺賦》；繆襲的《景福殿賦》《許昌宫賦》《籍田賦》《青龍賦》都作於他任侍中之時；劉劭任散騎侍郎，作《龍瑞賦》《趙都賦》

《許都賦》《洛都賦》等。曹魏時期的侍中“掌儐贊威儀”[1]，皇帝車駕出則隨行，登殿則在側扶持，并“備切問近對，拾遺補缺”[2]；同時，侍中又能協助皇帝評審尚書省奏事，即參議國家政令，因此是既親近又重要的職位。[3] 散騎侍郎負責規諫和撰寫詔命章表類文書，并且參與評審尚書省的奏事，同樣是親近皇帝的要職。給事中在魏晋與散騎侍郎同屬散騎省，也是親近侍從官員，職位清顯，任此職位者“或名儒，或國親”[4]。這是作爲皇帝的近侍官員獻賦的例子。

又如晋元康三年（293），陸機任太子洗馬，潘尼任太子舍人，同時受太子之命作《鱉賦》；同年又有《桑賦》[5]，也是同時作成的獻上之賦。太子洗馬和太子舍人都是太子東宫的屬官，負責贊導衆事、隨侍應對，受太子之命創作詩文，幾乎可以視作他們職責的一部分。這是作爲太子屬官獻賦的例子。又如孫楚爲晋征西王司馬駿參軍時，隨駿登樓遊覽，作《登樓賦》；鮑照任宋臨川王侍郎時，受世子之命作《野鵝賦》。這是作爲開府的諸王、將軍之屬官向府主獻賦的例子。

此外，又有太子、諸王或高層官員屬官獻賦給皇帝的例子，如晋泰始四年（268）武帝行籍田禮，潘岳獻《籍田賦》，時任司空掾，爲司空裴秀之掾屬；南朝宋元嘉十八年（441），宋武帝的一匹赭白馬年邁死去，文帝命臣下作賦，顔延之遂獻《赭白馬賦》，時任始興王劉浚後軍諮議參軍；元嘉二十九年（452），南平王來獻赤鸚鵡，文帝普詔群臣作賦，太子中庶子謝莊、太子左衛率袁淑都有賦作，但袁淑賦因故未獻上[6]；齊武帝曾數

---

① 見《晋書・職官志》對侍中的説明，中華書局，1974 年，第 732 頁。

② 《晋書・職官志》，第 733 頁。

③ 侍中一職儘管從西漢到魏晋有一個逐漸尊貴、與皇帝逐漸疏遠的過程，但它在魏晋依然是官僚群體中與皇帝關係親近者。侍中在西漢是加官，帶此加官者屬於中朝官員，可以出入宫禁，掌輿服器物、顧問應對，隨侍左右；在東漢則成爲秩比二千石的實職，日見尊顯，形成了侍中寺，與君主的親近則稍減；至晋代設門下省，以侍中爲門下省的最高長官。參考《秦漢官制史稿》。

④ （漢）胡廣《百官箴叙》，（清）嚴可均輯《全上古三代秦漢三國六朝文・全後漢文》卷七十一，中華書局，1958 年，第 1565 頁。

⑤ 潘尼賦題爲《桑樹賦》。

⑥ （梁）沈約撰《宋書》卷八五《謝莊傳》：“二十九年除太子中庶子。時南平王鑠獻赤鸚鵡，普詔群臣爲賦，太子左衛率袁淑文冠當時，作賦畢，齎以示莊，莊賦亦竟，淑見而嘆曰：‘江東無我，卿當獨秀；我若無卿，亦一時之杰也。’遂隱其賦。”中華書局，1974 年，第 2167 頁。

次閲武，王僧祐遂獻《講武賦》，時爲晋安王文學。總之，作爲近侍官員向君主（包括皇帝、太子、諸王及開府將軍等）獻賦這個傳統，在魏晋南北朝時期也被繼承下來。

不過，如上文所提及，這一時期的獻賦作者大多屬於同一個貴族文學圈，他們往往出自高門貴族，所擔任的官職以"清官"爲主，這些官職通常不涉具體庶務，并且有不少是接近皇帝、太子等權力核心人物的親近之職。同時，出身高門的貴族官員通常有豐富的任職履歷，總是迅速地在多個職位上遷轉[1]，職位雖常變化，但他們在文學圈中的位置則相對穩定。因此，一時的官職與獻賦對象未必正好對應。這是必須注意的。

南朝皇室多有愛好文學者，他們不但時有命臣下作賦之事，也往往參與創作，甚至成爲南朝文學不可忽略的重要作家。當時有若干以皇室成員爲中心形成的文學集團，例如南齊竟陵王蕭子良"開西邸，延才俊以爲士林館"[2]，在他身邊形成了以"竟陵八友"爲代表的文學團體；梁昭明太子蕭統在東宮時召集學士編纂《文選》，并經常舉行文會；梁簡文帝蕭綱經常"引納文學之士，賞接無倦，恒討論篇籍，繼以文章"[3]；陳後主也招納當時最優秀的文學才俊如江總、顧野王等，令其常入宫禁侍從遊賞和創作，號爲"狎客"。[4] 這些文學集團内部往來酬唱頻繁，其成員經常應命創作，有不少可以視作"獻賦"的作品，但他們當時則未必是集團中心人物的屬官。例如謝朓、沈約、王儉曾與蕭子良同題寫作《高松賦》，當時他們都不是蕭子良的府屬：謝朓任王儉衛軍東閣祭酒，是王儉府中屬官；沈約爲中書郎；王儉則任侍中、尚書令，領中書監，參掌軼事，官居顯要。謝朓等人的《高松賦》作爲獻賦作品，實際上朋友切磋交流之意更重。

皇室成員召集文士多以編纂大型書籍爲契機，如蕭子良在雞籠山西邸

---

① 這是因爲魏晋南北朝時期用於官員選拔和任用的九品官人法被嚴重貴族化了。在當時的制度運作中，不同出身的人有不同的進階模式，起家、遷轉官職都在很大程度上有舊例可依循。高門貴族的子弟通常擔任不理庶務、清閑尊貴的"清職"，且有定員的限制，因此他們必須頻繁地遷轉，爲後來者騰出進階所需的職位，而這也不會影響政治庶務的日常運作。參考宫崎市定著，韓升、劉建英譯《九品官人法研究——科舉前史》，中華書局，2008年。

② （唐）姚思廉撰《梁書》卷十六《王亮傳》，中華書局，1973年，第267頁。

③ （唐）姚思廉撰《梁書》卷四《簡文帝本紀》，中華書局，1973年，第109頁。

④ （唐）李延壽撰《南史》卷十《陳後主本紀》，中華書局，1975年。

時，集合衆學士抄五經百家，成《四部要略》千卷；蕭統組織學士編纂《文選》；蕭綱主持編纂《玉臺新詠》等。這些修書的機會帶來衆多文學聚會，若干獻賦活動也由此生發。上文提及，漢代獻賦作者有不少在國家的藏書機構任職，承擔整理、編纂圖書和修史等工作，這個傳統在魏晋南北朝時期也得到了繼承。這一時期不但有皇室或長於文學的重臣主持的若干圖書編纂活動，朝廷還專門設立了許多文館，召集文人學士，如梁武帝時有文德省、華林省，北齊有文林館，北周明帝設麟趾殿等。文館的學士皆是一時才俊，在編纂書籍等工作之外，還經常參與宫廷宴飲和集會，并以應制和唱和的形式創作詩文作品，其中就有不少獻賦作品，例如，《南史·張率傳》記載，張率“梁天監中，爲司徒謝朏掾，直文德待詔省……率取假東歸，論者謂爲傲世，率懼，乃爲《待詔賦》奏之，甚見稱賞”[①]；又《梁書·周興嗣傳》載：“高祖革命，興嗣奏《休平賦》，其文甚美，高祖嘉之，拜安成王國侍郎，直華林省。其年河南獻舞馬，詔興嗣與待詔到沆、張率爲賦。”[②]

值得一提的是，梁代文德省的學士稱“待詔”，北齊入文林館者亦稱“待詔”[③]，這是從漢代待詔制度中繼承的名稱，此時文館中的“待詔”也確實以獻納文學作品爲重要職責之一，與漢代的情况有相似之處，不過這一時期的文館待詔是接近皇帝且受人尊重的“清職”，任此職者身份地位都高於漢代的待詔。

魏晋南北朝時期的宫廷文學圈還包括宗室和外戚等人，他們天然地與君主有密切的關係，其中長於文辭者也往往有獻賦活動。他們經常被授予近密官職，但無論是否出仕、任什麽職位，宗親和外戚的身份本身就是獻賦的有利條件，如曹魏時期的夏侯玄、夏侯惠、卞蘭、何晏[④]，南朝的劉義恭、蕭子暉等都有獻賦的記載。

總之，在魏晋南北朝時期，圍繞着宫廷形成的文采風流景象是貴族文化繁盛的表現。這個時期貴族群體力量强大，使皇室也往往在文化上向他

---

① 《南史》卷三十一《張率傳》，第 815 頁。

② 《梁書》卷四十九《周興嗣傳》，第 697 頁。

③ 《資治通鑒》卷一七一《陳紀五》宣帝太建五年（573）：“丙午，祖珽奏置文林館，多引文學之士以充之，謂之待詔。”

④ 何晏是曹操養子，在獻賦方面的身份類同宗親。

們靠攏，舉行文學集會或進一步形成文學集團，從而實現頻繁而高質量的文學交流。這就形成了以宫廷爲中心的貴族文學圈，其成員數量有限、關聯密切，主導了一時的精英文學風向。這個時期的獻賦就在這樣的貴族文學圈内實現，獻賦者的身份普遍較高，獻賦行爲受到更多的尊重和愛賞，獻賦作品也更多地承擔了文藝方面嚴肅的切磋交流功能，而不僅僅是展現禮儀的文化裝飾或者供君主娛樂的手段。

除了官員和皇室親族的獻賦，魏晋南北朝時期還留下了極少數非官員獻賦的記載。如宋孝武帝時吴郡女性韓蘭英獻《中興賦》[①]，王彬少時因齊武帝建宫殿而獻賦[②]，劉孺少時奉梁武帝之命作《李賦》[③]。其中王彬、劉孺均出自高門大族，因此少年時有機會獻賦，他們雖然在獻賦時是平民身份，但注定會擔任官職。而對韓蘭英的相關記載非常少，她的身份和獻賦方式都無法得知，但宫廷之外的女性獻賦從來就非常罕見，或許也正是因爲她的女性身份，纔促使這次獻賦得以實現。也就是説，這三個“平民獻賦”的例子實際上都是特例。整個魏晋南北朝時期，朝廷似乎没有爲平民提供“北門上書”這樣專門的通道，因此真正的平民基本上没有獻賦的機會。這與當時貴族政治的封閉性是相應的。

三、唐代獻賦者的身份與獻賦方式

大致説來，唐代的獻賦以安史之亂爲界限，此前的獻賦活動相當活躍，作者衆多，并留下了大量作品；此後則蕭條了許多，作者、作品數量都不能與初盛唐時期相提并論。在這種情況下，唐代官員的獻賦有一大部分都是在六朝文化影響仍勁的情況下完成的，因此在整體上明顯呈現出對魏晋南北朝宫廷獻賦傳統的繼承。而與魏晋南北朝時期不同，在唐代的獻賦作者中，未入仕者占相當大的數量，不容忽視。當時的平民獻賦活動遠承漢代“北門上書”傳統，并有了專門的制度和負責機構，在初盛唐時期

---

① 《南史》卷一一《武穆裴皇后傳》：“婦人吴郡韓蘭英有文辭，宋孝武時獻《中興賦》，被賞入宫。”

② 《南史》卷二二《王彬傳》：“齊武帝起舊宫，彬獻賦，文辭典麗。”

③ 《梁書》卷四十一《劉孺傳》：“孺少好文章，性又敏速，嘗在御坐爲《李賦》，受詔便成，文不加點。梁武帝甚稱賞之。”當爲少時作。

一度相當繁榮。不過在現存的資料中，官員獻賦仍占據了主要部分，這可能是由於他們的作品整體質量較高，并且有更多的機會留存下來，而庶民獻賦的數量雖然亦不在少數，但質量參差不齊，且通過獻賦獲得官職的人并不多，因此大量的作品湮没無聞。

（一）唐代官員的獻賦

從隋至唐初，文化傳統在很大程度上仍然沿襲六朝舊例，皇室成員積極招納汲引優秀文學家，相與唱酬，大量文學作品都在這個背景下産生。因此這一時期文學的中心場域仍在宫廷，獻賦活動也主要在宫廷文化圈内。

在隋代，儘管隋文帝懲南朝覆滅之前鑒，崇尚節儉，貶抑浮華，對官員之文辭華艷者甚至以論罪處置[①]，這在一定程度上影響了賦的創作，但隋宗室成員中多有愛好文學者，如文帝諸子廢太子楊勇、煬帝楊廣、齊王楊暕、秦王楊俊、晋王楊焘，及文帝之弟滕穆王楊瓚、其子楊温等。尤其是煬帝本人即有較高的文學才華，又特好招納才士，他爲晋王時“好文雅，招引才學之士諸葛穎、虞世南、王胄、朱瑒等百餘人，以充學士”[②]，他的態度無疑爲隋代的賦體創作提供了良好的支持。因此，當時在諸王身邊應當也有不少獻賦活動，只是由於文獻缺失，在今天已經大半湮没了。

至唐初，召集文士、相與唱酬的風氣仍盛行於宫廷及諸王府，且經常沿用南朝宫廷開設文館的舊例，太子和諸王府中長於文學、學術的屬官往往也是文館成員。文館制度在初唐進一步發展，唐高祖武德四年（621），皇太子及秦王、齊王都獲準在王府開館置學士，類似於南朝時圍繞太子或諸王形成的較隨意鬆散的文人集團，是對南朝風氣的繼承；同年，設修文館（嗣後名稱多次變動，亦稱“弘文館”“昭文館”），隸屬門下省，則是文館國家化、制度化的開端。[③] 此後，初唐又設置了多個文館，例如隸屬中書省的集賢院和史館、太子東宫中的崇文館、武后朝宫中的奉宸府等。

---

① 《隋書》卷六十六《李諤傳》載李諤《請革文華疏》云：“及大隋受命，聖道聿興。屏黜輕浮，遏止華僞……開皇四年，普詔天下，公私文翰，并宜實録。其年九月，泗州刺史司馬幼之文表華艷，付所司治罪。”同書卷七十六《文學傳序》云：“高祖初統萬機，每念斲雕爲樸，發號施令，咸去浮華，然時俗詞藻，猶多淫麗，故憲臺執法，屢飛霜簡。”

② 《隋書》卷五十八《柳䛒傳》，第1423頁。

③ 參李德輝《唐代文館制度及其與政治和文學之關係》第二章第一節，上海古籍出版社，第34頁。

文館聚集了一批優秀的作家和學者，對於學術文化的發展影響重大，他們不但編纂圖籍、參與軍政謀劃，也陪同君主遊宴，創作詩賦、相與酬唱，是初唐文學的主要創作者。就獻賦而言，初唐賦家如太宗朝賦家薛收、虞世南、魏徵、謝偃、許敬宗、顏師古等，高宗朝的劉允濟、盧照鄰、駱賓王、楊炯、王勃、鄭惟忠等也都有王府侍從或館職經歷，以及稍後如張説、沈佺期、宋之問、馬吉甫、徐彦伯、劉知幾等初唐賦家亦均有館職經歷。從現存的資料來看，太宗與高宗朝的賦作大部分都出自這些文館學士之手，其中獻賦作品占了極大的分量；到武后至玄宗朝，作家群體逐漸壯大，但文館學士仍然掌握了整個時代的賦作和獻賦活動的主導權，他們是初唐及盛唐獻賦的主要力量。

不過，與魏晋南北朝的文館一樣，唐代的文館不是正式的國家機構，而是臨時性質的文化機構，依照君主的需要而臨時匯集人員，處理事務。《陔餘叢考》卷二六“學士”條云：“六朝時或省或觀，或殿或館，隨所用各置學士。其時所謂學士者，無定員，無定品。”① 文館像是宫廷文學圈的實體化。唐代文館沿襲了這種性質，不但諸王府中的文館是隨意性的，隸屬中書和門下的集賢院、史館和弘文館也是如此。文館學士并非職事官，没有定員、定品和工作年限方面的統一規定，因此他們都有其他的官職，進入文館工作只能算是借調使用②，錢大昕《廿二史考异》已指出了這一點。③

李德輝在《唐代文館制度及其與政治和文學之關係》第二章第三節中説明了文館學士的主要來源：“學士相應地從國家的學術科研機構、禮儀教育機構選擢，其次是中央的政務決策機構，即中書、門下兩省，再次是分散在中央其他各部門的能勝任工作的人員。”④ 他還列出了唐代天寶以

---

① （清）趙翼著，欒保群、吕宗力校點《陔餘叢考》卷二六，河北人民出版社，1990 年，第 431 頁。

② 參李德輝《唐代文館制度及其與政治和文學之關係》第二章第二節，第 56 頁。

③ （清）錢大昕《廿二史考异》卷五八“職官志考异”條云：“翰林學士、集賢、史館諸職，亦繫差遣，無品秩，故常假以他官。有官則有品，官有遷轉而供職如故也。”見錢大昕撰，方詩銘、周殿杰校點《廿二史考异》，上海古籍出版社，2014 年，第 849 頁。

④ 參李德輝《唐代文館制度及其與政治和文學之關係》，第 61 頁。

前文館學士常見的原部門和原官職[①]，從現存的初盛唐獻賦資料來看，當時的獻賦作者多出自這些職位，例如：

（貞觀）五年，又獻五色鸚鵡，太宗异之，詔太子右庶子李百藥爲之賦。[②]

太宗（征遼）還至中山，起爲中書舍人，尋兼檢校刑部侍郎。太宗幸翠微宫，仁師上《清暑賦》以諷。[③]

累遷太子司議郎。儀鳳四年五月，詔皇太子賢監國……又嘗爲《諭善箴》以獻太子，太子善之，賜物甚厚。承慶又以人之用心多擾濁浮躁，罕詣冲和之境，乃著《靈臺賦》以廣其志。[④]

入爲工部侍郎，尋除衛尉卿，兼昭文館學士。景龍三年中宗親拜南郊，彦伯作《南郊賦》以獻。[⑤]

安史之亂後，唐代的文館和獻賦都蕭條了許多，不過皇帝身邊較爲親近且長於文辭的官員仍時有獻賦，例如翰林學士、中書舍人等以草擬朝廷文書爲重要職責，也往往要承擔儀典或宫廷宴會時的獻賦任務，如長慶元年（821）正月，穆宗祭祀於南郊，元稹時爲祠部郎中、知制誥，隨行并作《郊天日五色祥雲賦》以獻[⑥]；《新唐書·陸扆傳》記載："累遷翰林學

① 參李德輝《唐代文館制度及其與政治和文學之關係》第61頁。爲方便查看，現引用於下：

門下省：門下侍郎、左散騎常侍、給事中、諫議大夫；
左補闕中書省：中書侍郎、右散騎常侍、中書舍人、起居舍人；
右補闕尚書省：駕部郎中、兵部侍郎、刑部尚書、考功員外郎、贊善大夫；
衛尉寺：衛尉卿；
太常寺：太常博士、太常少卿；
大理寺：大理評事；
國子監：國子祭酒、國子司業、國子博士、四門博士、太學博士、太學助教；
東宫：太子左右庶子、太子賓客、太子洗馬、太子司議郎、通事舍人。

② （後晋）劉昫等《舊唐書》卷一九七《南蠻西南蠻傳》，中華書局，1975年，第5270頁。

③ 《舊唐書》卷七四《崔仁師傳》，第2622頁。

④ 《舊唐書》卷八八《韋承慶傳》，第2864頁。

⑤ 《舊唐書》卷九十四《徐彦伯傳》，第3006頁。

⑥ 賦云："臣奉某日詔書曰：'惟元祀月正之三日，將有事於南郊，直端門而未出，天錫予以雲瑞。是何祥而何吉?'臣拜稽首敢言其實……越明日臣稹詠霈澤於鷄竿之前……"（見《元稹集》卷二十二，中華書局，2010年，第375頁）又《元氏長慶集》有詩題云："爲樂天自勘詩集，因思……長慶初，俱以制誥，侍宿南郊齋宫……"（見《元稹集》第290頁）可知賦當作於是時。

士、中書舍人……帝（昭宗）嘗作賦，詔學士皆和，獨扆最先就”①，都是其例。作爲“詞臣”，獻賦是他們不成文的職責之一。此外，擅長文辭的宰臣也偶爾有獻賦作品，如武宗朝李德裕也因武宗賜朱橘而獻《瑞橘賦》；德宗貞元九年冬至日舉行儀典，陸贄時爲宰相②，作《冬至日陪位聽太和樂賦》以獻等。宰相地位尊崇，獻賦不是他們的日常職責，但作爲天子的近臣，他們獻賦或與皇帝往來唱酬，是親密和尊敬之意的體現。

（二）唐代平民的獻賦

唐初，中央政府爲了招攬人才，屢次下詔要求地方推薦有“奇才异行”者，并鼓勵自舉。高祖武德五年二月詔云：“招選之道，宜革前弊，懲勸之方，式加恒典。苟有才藝，所貴適時。潔己登朝，無嫌自進……其有志行可録，才用未申，亦聽自舉。具陳藝能，當加顯擢，授以不次。”③此後，進獻文章以“自舉”就成爲唐人入仕的一種手段。自武德元年起，貞觀十九年、顯慶五年、嗣聖元年、證聖元年等均有“上書拜官”者的記録。④ 武后垂拱年間更設匭函制度，方便士人投進文書，以鼓勵自舉。關於這一制度，《唐會要》《唐六典》《舊唐書·刑法志》《資治通鑒》等都有記載，其中以《唐會要》記之最詳，且與武后最初下達的詔書關係密切。⑤ 其内容爲：

> 垂拱二年六月，置匭四枚，共爲一室，列於廟堂……有能告朕以養人及勸農之事者，可投書於青匭，名之曰“延恩匭”……有能正諫論時政之得失者，可投書於丹匭，名之曰“招諫匭”……有欲自陳屈抑者，可投書於素匭，名之曰“申冤匭”……有能告朕以謀智者，可投書於玄匭，名之曰“通玄匭”。⑥

由此看來，最初設匭函制度時并未將投獻詩賦作爲重要的内容。玄宗

---

① 見《新唐書》卷一百八十三，第5383頁。

② 參考趙望秦《陸贄年譜》，收入黄永年編《古代文獻研究集林》第1集，陝西師範大學出版社，1989年，第96頁。

③ 《京官及總管刺史舉人詔》，（宋）宋敏求編《唐大詔令集》卷一百二，商務印書館，1959年，第518頁。

④ 參見（清）徐松撰《登科記考》，中華書局，1984年。

⑤ 據楊一凡、劉篤才《中國古代匭函制度考略》，《法學研究》，1998年第1期，第77～89頁。

⑥ （宋）王溥撰《唐會要》卷五五《省號下·匭》，中華書局，1958年，第956頁。

時編纂《唐六典》，内容則與之不同，《唐六典》卷九“匭使院”條云：

> 匭使院知匭使一人。垂拱元年置。……立匭之制，一房四面，各以方色。東曰“延恩”，懷才抱器希於聞達者投之；南曰“招諫”，匡正補過裨於政理者投之；西曰“申冤”，懷冤負屈無辜受刑者投之；北曰“通玄”，獻賦作頌，諭以大道及涉於玄象者投之。①

如此，則“延恩”於“通玄”二匭都可以用來投進詩賦，以求聞達。不過，從當時的記載來看，獻賦頌者多經“延恩匭”投進。例如《全唐文》卷三七七載楊譚《進孝烏頌表》末云：“謹投延恩匭，奉表進賦以聞”；杜甫獻《雕賦》、《封西嶽賦》、三大禮賦，也都在賦中或進賦之表中寫明，此賦投延恩匭。後來《舊唐書·刑法志》和《資治通鑒》的記載也都將投進詩賦歸爲延恩匭的職能範圍。

需要提及的是，《資治通鑒》又説明武后設匭“命正諫、補闕、拾遺一人掌之，先責識官，乃聽投表疏”②，胡三省注云：“識官，猶今之保識”，就是説若無官員保舉，則不可向延恩匭中投獻詩賦。不過，現存的資料似乎還無法證明這一點，考慮到唐代史料中關於匭函制度的記載也有前後的變化③，或許我們可以認爲，這個“先責識官，乃聽投表疏”也是某個階段的規定，未必始終約束了唐代平民通過匭函制度進獻詩賦的行爲。

匭函制度設立之後，士人上書獻賦的熱情高漲，自武后至玄宗朝，有不少投匭獻書的記載。而除了投延恩匭之外，唐人還可在皇帝出行時獻賦，例如玄宗封禪泰山或是駕幸温泉時都有大量賦頌獻納。這些行爲也都受到朝廷的鼓勵，《全唐文》卷八《封禪詔》云：“有學藝優洽、文蔚翰林、政術甄明、才膺國器者，并宜知日申送。限以來年二月一日總集太山。庶令作賦擲金、不韞天庭之掞；被褐懷玉，無溺屠釣之間。務得英奇，當加不次。”④《舊唐書·禮儀志》記載：“（開元十三年十一月）壬

---

① （唐）李林甫等撰，陳仲夫點校《唐六典》卷九，中華書局，1992年，第282頁。

② 《資治通鑒》卷第二百三《唐紀十九》，中華書局，1956年，第6438頁。

③ 唐代關於投入匭函的文書是否應該先遣官員審閲再上奏的問題，也曾有多次制度上的變化反復，參考黄純艷《唐宋登聞鼓制度》，見《唐宋政治經濟史論稿》，甘肅人民出版社，2009年，第5～6頁。

④ （清）董誥《全唐文》卷八，中華書局，1983年，第99頁。

辰，玄宗御朝覲之帳殿，大備陳布。文武百寮，二王后……岳牧舉賢良及儒生文士上賦頌者……咸在位。”① 可見獻賦被視作封禪禮儀的一個部分，受到重視。

唐人獻賦後，一般要經過考試，合格者方可授官，如杜甫“天寶末獻三大禮賦，玄宗奇之，召試文章，授京兆府兵曹參軍”②。《封氏聞見記》“制科”條云：“常舉外復有通五經、一史，及進獻文章，并上著述之輩，或付本司，或付中書考試，亦同制舉。”③ 皇帝有時親臨現場，以示鼓勵，《册府元龜》記載，開元十四年（726）“七月癸巳，（玄宗）御洛城南門樓，親試岳牧舉人及東封獻賦舉人”④；開元十五年（727）“九月庚辰，帝御洛城南門，親試沉淪於草澤，詣闕自舉文武人等”⑤。

唐代政府對於“自舉”的鼓勵使得當時的很多士人都曾獻納詩賦文書等。但必須指出的是，如果没有朝中官員的舉薦，僅通過投獻延恩匭或是在舉行封禪、駕幸温泉等儀典時“自舉”獻賦，得中的概率并不高，如綦毋潛《送章彝下第》“獻賦温泉畢，無媒魏闕深”⑥；劉長卿《温塘客舍》“君門獻賦誰相達?”⑦ 都是感嘆在没有舉薦者的情况下，獻賦也無從獲得賞識。⑧ 可見唐代的匭函制度等雖然爲平民提供了一種由文學入仕的途徑，但這條途徑并不寬闊，能獲得回饋的獻賦多數仍然與宫廷關係密切。

---

① 《舊唐書》卷二三《禮儀志三》，第900頁。

② 《舊唐書》第一百九十卷下《文苑下・杜甫傳》，第5054頁。

③ （唐）封演《封氏聞見記》卷三《制舉》，中華書局，2005年，第19頁。

④ （宋）王欽若等編纂，周勛初等校訂《册府元龜》卷六四三《貢舉部（五）・考試》，鳳凰出版社，2006年，第7426頁。

⑤ （宋）王欽若等編纂，周勛初等校訂《册府元龜》卷六四三《貢舉部（五）・考試》，鳳凰出版社，2006年，第7427頁。

⑥ （清）曹寅，彭定求編《全唐詩》卷一百三十五，第1369頁。

⑦ 《全唐詩》卷一百五十一，第1570頁。

⑧ 參考王劉純《唐人獻詩上書考略》，《信陽師範學院學報（哲學社會科學版）》，1994年第2期，第55～58頁。

四、宋代獻賦者的身份和獻賦方式

（一）宋代官員的獻賦

宋代的許多文化制度都是承接唐代而來，宋代的獻賦活動也在相當程度上可以視作對唐代獻賦的繼承，例如文館等機構的官員是唐代獻賦的重要力量，而宋代的獻賦同樣大量出自負責草擬詔書的兩制“詞臣”和負責校理、編纂圖書的館閣官員之手。

宋代的兩制指翰林學士和中書舍人（或知制誥）受命起草朝廷詔書，分别稱爲“内制”和“外制”，其辦公地爲學士院及舍人院。宋代的館閣指昭文館、史館、集賢院（合稱“三館”）和秘閣，是朝廷藏書、校理、編纂圖籍的機構。三館基本沿襲了唐代的弘文（修文/昭文）館、史館、集賢院的設置，三館建於同一院落内，故稱“崇文院”，後秘閣亦建於崇文院内。元豐五年（1082）神宗改革官制，改崇文院爲秘書省，因此在不同時期，“館職”所指代的具體官職也不同①，但其基本職責不變，都是校理、編纂皇家圖書。

唐代的文館是臨時性質的文化機構，宋代的館閣則是正式的國家機構，館閣官員和兩制的詞臣是宋代宰輔的重要來源。宋代詞臣的進階有固定的程序：初級館職—高級館職—中書舍人（知制誥）—翰林學士—宰輔。其中兩制官員特别受到皇帝的信任和尊重，有日常顧問之責，尤其是負責草擬内制的翰林學士被稱作“天子私人”，往往是宰輔的預備，位屬清要；館職則是較低等級的詞臣，涉及朝廷典章禮儀時，亦有顧問議政之責，是兩制的來源，地位清俊。兩制、館職長於文辭②，且學士院、舍人

---

① 龔延明在《〈宋史・職官志〉補正》之“秘閣”部分詳細整理了“館職”的含義（浙江古籍出版社，1991年，第210～212頁）。

② 宋代館職的准入標準很高，首先，進士是館職的主要來源；其次，進士名列前茅或制科及第者方可；最后，必須考試合格才能成爲館閣官。因此館職是宋代文官中文辭特優者。參考陳元峰《北宋館閣翰苑與詩壇研究》第三章。

院和崇文院都地處宫廷之内，與皇帝接近，因此經常參與宫廷宴會[①]，并受命作詩賦，例如：

> 天聖四年四月内出雙頭牡丹芍藥花畫圖，示宰臣，令三館各進詩賦。[②]（《宋會要輯稿·瑞异一》）
>
> （天聖）六年六月陳州獻瑞麥圖兩歧共秀，命兩制館閣賦詩。[③]（《宋會要輯稿·瑞异一》）
>
> 皇祐三年三月二十二日甲戌，召輔臣、兩制、館閣官觀後苑瑞竹，其竹一本兩莖。退多爲賦頌以獻。[④]（《玉海》卷一九七《祥瑞·植物》）

除了宴會等場合，遇到朝廷重大事件時，兩制和館職也是獻賦的主要來源，例如宋仁宗皇祐二年（1050），皇帝下詔祭祀明堂，《宋會要輯稿·禮二四·明堂御札》記載是年“兩禁館閣及中外官以次上詩賦頌，凡奏御者三十有八人，皆優詔褒答”[⑤]。此類獻賦多以都城或朝廷的重要儀典爲主題，是傳統上發揮鴻猷的頌美之作。

順帶一提，徽宗朝李質、曹組奉命作《艮嶽賦》時，均任“睿思殿應制。”這個職位是宋徽宗新設的，與南朝蕭梁時期直華林省、文德省者稱“待詔”的情況相似，機構都是臨時性的[⑥]，職位的工作性質應當也基本一致。

獻賦作者長於文辭、工作場所接近君主、工作内容包含顧問應對，這些都是此前幾個時期近侍官員獻賦的共同特徵。宋代獻賦作者以兩制與館閣爲主，是漢代以來近侍官員獻賦傳統的延續，也是對魏晋南北朝以來貴族文化中宫廷集會模式的繼承。不過，從現存的宋代獻賦資料來看，宋代

---

① 館職分三等，第一等是修撰、直館、直院、直閣；第二等是校理；第三等是校勘、檢討。前二等是正館職，第三等是準館職。宋初的宫廷宴會，第二、三等者只能獻詩而退，不能與坐享受宴樂，太宗淳化元年（990）起，第二等的校理也獲得坐席，全程參與宴會。參考陳元峰《北宋館閣翰苑與詩壇研究》第十二章，第179頁。

② （清）徐松輯，劉琳、刁忠民、舒大剛校點《宋會要輯稿》，上海古籍出版社，2014年，第2596頁。

③ 《宋會要輯稿》，第2596頁。

④ （宋）王應麟輯《玉海》，廣陵書社，2003年，第3614頁。

⑤ 《宋會要輯稿》第1155頁。

⑥ 《宋史》卷三百七十九《曹勛傳》：“父組，宣和中以閤門宣贊舍人爲睿思殿應制”，由此看來，睿思殿應制并非正式、常設的職務。

獻賦的對象全是皇帝，皇室成員中雖有擅長作賦者[①]，却没有他們作爲獻賦對象的記録。也就是説，魏晋以來諸王或高級官員在府邸聚集文士、獻納唱和的傳統在此時已逐漸消歇，宫廷獻納聚焦到了皇帝這一個中心點上。這是中央集權制度進一步强化的結果。

除了以兩制、館閣爲主的宫廷獻賦之外，宋代在京和外任的年輕官員也有不少獻賦者，這是宋代獻賦明顯區别於前代的地方。從現有的唐代獻賦資料中，緣於文獻的不足，我們無法確定當時官員在外任情況下是否有獻賦[②]，但也説明唐代外任官員的獻賦至少不那麼頻繁；而宋代的資料則顯示，在京或外任的官員也是當時重要的獻賦作者群。[③] 對年資較淺、官職較低的官員來説，獻賦可能會獲得破格晋升的機會，優秀者還能被拔擢到館閣，成爲天子近臣，因此這是一條捷徑。此類情況在宋初太宗、真宗時尤其多：

> 乃授融太府卿，賜第京城。乾德初郊祀，融獻《郊禋大禮賦》，改司農卿。[④]（《宋史》卷四百八十二《衛融傳》）
>
> 淳化中，博士吴淑進《事類賦》百篇於朝，太宗嘉其精贍，因命注釋之，擢爲水曹郎。[⑤]（宋刻本《事類賦》卷首載邊惇德《事類賦序》）
>
> 咸平三年，交趾獻馴犀，府君（楊大雅）以秘書丞監在京商税院，因奏《犀賦》，真宗嘉之，召試學士院，遷太常博士……明年，

① 例如趙德文是太祖、太宗之侄，擅長文辭。“帝封泰山、祀汾陰、幸亳，德文必奏賦頌；帝每賜詩，輒令屬和。”参见《宋史》卷二百四十四《趙德文傳》，中華書局，1977年，第8675頁。

② 唐代中後期有大量官員出身進士、嫻於賦作，且當時的郵驛系統也較爲便利，在傳遞官方文書之外，還能支持士大夫進行异地詩歌唱和（官方默許這種行爲。關於唐代郵驛制度與文學之關係，參考李德輝《唐代交通與文學》，湖南人民出版社，2003年；吴淑玲《唐代驛傳與唐詩發展之關係》，《文學遺産》2008年第6期），在這種情況下，外任官員獻賦的情况很可能存在過。現存中晚唐的獻賦作品有若干篇不能判斷創作時間或作者當時的任官情況，其中未嘗没有從京城外獻賦的可能。不過，安史之亂後，獻賦活動整體上變得蕭條，也降低了這種可能的存在概率。

③ 宋代明文允許官員利用官方郵驛系統傳遞私人信件（參考曹家齊《宋代交通管理制度研究》，河南大學出版社，2002年，第144頁），可以想见，官員通過郵政來獻賦應當是比較便利的。

④ （元）脱脱等撰《宋史》卷四百八十二，中華書局，1977年，第13942頁。

⑤ 曾棗莊、劉琳、四川大學古籍所校點《全宋文》卷四五八一，上海辭书出版社、安徽教育出版社，2006年，第206册，第359頁。

又上書自薦，獻所爲文二十餘萬言，乃直集賢院，知袁、筠二州。[①]（歐陽修《諫議大夫楊公墓志銘》）

除均州參軍。大中祥符四年，祀汾陰，獻《三盛禮賦》，召試中書，改烏江縣主簿。[②]（《宋史》卷四百四十一《許洞傳》）

太宗、真宗朝皇帝的鼓勵態度促成了獻賦的迅速繁榮，這種繁榮甚至一度導致了對獻賦的限制。太宗淳化五年（994）八月十五日詔曰："昔漢武之時，上書闕下衒鬻者以千數。枚皋徒以作賦，遂拜爲郎。東方朔敢肆大言，亦得待詔，朕甚不取也。蓋以自衒自媒者，士女之醜行；難進易退者，賢達之令猷。適足以長躁競之風，非可以取敦樸之士。自今京朝官，不得輒獻詩賦雜文。如有時政闕失、民間利濟及直言極諫，即許投進。其宏材奥學爲人所稱者，令於中書建議，丞相以聞，别聽進止。"[③]

這道詔書强調官員争獻詩賦會助長躁進風氣，實際上皇帝擔憂的應當是它會破壞正常的官員升遷秩序。這從反面説明此前朝廷對官員獻賦的政策是頗爲優容的。此後宋代仍有不少此類獻賦，如《宋會要輯稿·帝系四》云"（至和二年五月二十八日）以右武衛大將軍永州團練使宗懿上所撰詩賦……特遷宗懿領和州防禦使"[④]，《建炎以來繫年要録》記載"（紹興十五年十一月十一日）歸州文學高衮獻《二都賦》，詔與教官差遣"[⑤]等。至於其繁榮與否，則視朝廷的態度而逐時變化。

（二）宋代平民的獻賦

平民獻賦在宋代比較少見。這主要是因爲科舉制度在宋代已逐步完善，成爲平民晋身仕途的最主要和最有力途徑，朝廷必須維護這個途徑的權威性和獨特性。因此，通過進獻詩文而獲得恩賞晋升的機會，在宋代主要被留給官僚群體，平民通過獻納詩文而入仕的情況相當少。《宋會要·選舉九》記載了大量宋代"賜出身""賜及第"等的資料，其中有不少是進獻詩文并通過了特别的考試的結果，當然也包括獻賦的情況。從這些記

---

① 洪本健《歐陽修詩文集校箋》，上海古籍出版社，2009年，第1618～1619頁。

② 《宋史》卷四百四十一，第13044頁。

③ 宋太宗《不許獻詩賦雜文詔》，見司義祖整理《宋大詔令集》卷一百九十八《政事五十一·禁約上》，中華書局，1962年，第733頁。

④ 《宋會要輯稿》第104頁。

⑤ （宋）李心傳《建炎以來繫年要録》卷一百五十四，中華書局，1988年，第2492頁。

載來看，平民獲得“賜出身”“賜及第”等機會很少，獲此等恩賞的大多是在任官員無進士科名者，例如“仁宗天聖五年八月十四日，賜衛尉寺丞趙良規進士及第，以上《乾元節禰聖壽古賦》，召試學士院中第，命之”①，或是官員子弟，例如“（大中祥符）六年十一月一日，賜大理評事李昭迥進士及第。昭迥，故相昉之孫，獻文求賜，故命之”②。這兩種情況占了賜出身、賜及第記載的一大半。由此可見，宋代朝廷并不特别鼓勵平民通過獻納詩文來獲得仕進。

從整體上來看，宋代平民獻賦的途徑較唐代變得更狹窄了。在宋代，平民以文章才學出衆而獲得出身、及第恩遇的，一種情況是由在任的重要官員舉薦，例如蘇洵於宋仁宗嘉祐五年（1060）授秘書省試校書郎③，起因是歐陽修向朝廷進呈蘇洵作品，宰相韓琦命召蘇洵至學士院考試，這本是常規的步驟，而蘇洵拒絶考試，後得成都府路轉運使趙抃等舉薦，免試授職。

另一種情況是上書自薦，例如《宋會要輯稿·選舉》記載：“（景德元年）十月九日，賜進士張起同出身，爲壽春縣主簿。起詣登聞上書，論邊事，帝覽而嘉之，始賜出身，復有是命。”④張起通過向“登聞院”的檢函中投納文書，自薦成功。咸平年間邱續、張嵩二人也是以上書言事獲得了出身，據《宋會要輯稿·選舉》記載：“真宗咸平二年閏三月二十八日，賜草澤邱續同進士出身。續上書言事，召試舍人院，而有是命。”⑤“（咸平三年）八月十一日，賜草澤張嵩同進士出身。嵩上書言事，召試舍人院，而有是命。”⑥《宋會要》没有説明邱、張二人以何種途徑上書，以上兩種情況均有可能。

還有一種情況是皇帝到太學巡視，太學生也通常要集體作賦，其中的優秀者也可以在接受考試後獲得出身，甚至直接被授予官職，例如《續資治通鑒長編》卷三四四“元豐七年（1084）三月壬戌”條下云：“詔：太

---

① 《宋會要輯稿·選舉九·賜及第》，第5436頁。

② 《宋會要輯稿·選舉九·賜及第》，第5433頁。

③ 據李燾《續資治通鑒長編》卷一百九十二記載，中華書局，2004年。另《宋會要輯稿·選舉》三四之三九載其授職爲“秘書省校書郎”。

④ 《宋會要輯稿·選舉九·賜出身》，第5435頁。

⑤ 《宋會要輯稿·選舉九·賜出身》，第5435頁。

⑥ 《宋會要輯稿·選舉九·賜出身》，第5435頁。

學外舍生周邦彦爲試太學正，寄理縣主簿尉。邦彦獻《汴都賦》，上以太學生獻賦者以百數，獨邦彦文采可取，故擢之。”① 可知這次獻賦是太學學生的集體行爲，很可能是皇帝巡視太學的結果。②

從整體上來看，有官員推薦和以太學生身份獻賦仍然是較少數的情況，大多數平民無法獲得這兩種機會，這樣就只剩下一種方法：像張起那樣通過登聞系統自薦，類似於唐人投獻詩文於延恩匭中。不過，唐人投匭獻賦已是不能如意者居多，而與唐代的匭函制度相比，宋代的登聞體系對獻賦的支持又削弱了不少，因此這實際上也没能成爲庶人獻賦的有力途徑。

宋代的登聞制度繼承前代傳統而來，其中與獻賦關係密切的首先是登聞檢院。登聞檢院的名稱及運作方式在宋初經歷了幾次調整：五代及宋初沿襲唐制，設置匭院，至宋太宗雍熙元年（984）將匭院改爲“登聞院”：“雍熙元年改匭爲檢，東延恩曰崇仁，南招諫曰思諫，西申冤曰申明，北通玄曰招賢。改匭院爲登聞院。”③ 匭函變爲檢函，尚且只是名稱上的變動，至真宗景德四年（1007）又將“登聞院”改爲“登聞檢院”，并且在檢院中設鼓④，此後登聞檢院各類書狀的投進方式就不再是放入匭、檢中，而是擊鼓求見，有司收取。⑤

宋代的登聞系統中除了登聞檢院外，還包括“登聞鼓院”和“理檢院”。關於前者，自西晋開始就設有“登聞鼓”，爲鳴冤的特殊途徑，後來的朝代傳承這一制度，并將之不斷豐富完善，但直到宋代才專門爲其設置一個機構，最初稱爲“鼓司”，景德四年（1007）改爲“登聞鼓院”。關於後者，宋太宗淳化三年（992）在鼓司和登聞院之上又設置了“理檢院”，主要是爲了給在鼓司和登聞院得不到滿意答復的鳴冤者提供途徑。⑥ 至道三年（997）理檢院一度被廢除，仁宗天聖七年（1029）又恢復設置，職

① 《續資治通鑒長編》，第 25 册，第 8266 頁。

② 見薛瑞生《周邦彦别傳：周邦彦生平事迹證稿》，三秦出版社，2008 年，第 90 頁。

③ 《宋會要輯稿·職官三》，第 3078 頁。

④ 《續資治通鑒長編》卷六十五記載：“（景德四年五月）戊申，詔以鼓司爲登聞鼓院，登聞院爲登聞檢院……檢院亦置鼓。”

⑤ 參考黄純艷《唐宋登聞鼓制度》，見《唐宋政治經濟史論稿》，甘肅人民出版社，2009 年，第 4 頁。

⑥ 《職官分紀》卷一四《理檢使》：“淳化三年置院……令登聞、鼓司進狀任有稱冤濫沉屈者即引送理檢院審問。”

責是審問鼓院、檢院未能解决的冤情訴求等，同時重新使用檢匣，接收“常程公事”以外的書奏：“應諸色人除奇巧技術、邪妄不干正道事件不得上言，及常程公事自依久來體式，令逐處官司鼓院收接外，如有指陳軍國大事、朝政得失、大改冤枉、累經訴理未獲辨明，或事干機密，并許詣檢投進。”①

登聞鼓院、登聞檢院及理檢院構成了三級受狀機構②，即進狀必須先至登聞鼓院，若不接受，方可至登聞檢院，在鼓院和檢院不能得到受理的又被送到理檢院審問；但從天聖七年的詔書來看，重要的諫章、自薦的訴求和機密文書等可以直接投獻到理檢院的檢函中。到這三個機構擊鼓投訴或是獻納文狀都是當時自薦求進的途徑。宋人通過登聞系統求進的資料現存四條：

（盧之翰太平興國四年）舉進士，不得解，詣登聞自陳。詔聽附京兆府解試。③（《宋史·盧之翰傳》）

雍熙初，子炤罷徐州觀察推官待選，以貧詣登聞求注官。④（《宋史·劉温叟傳》）

（景德元年冬十一月庚申）開封府落解士人百余擊登聞鼓，自陳素習武藝，願備軍前役使⑤。（《續資治通鑒長編》卷五八）

（景德元年）十月九日，賜進士張起同出身，爲壽春縣主簿。起詣登聞上書，論邊事，帝覽而嘉之，始賜出身，復有是命。⑥（《宋會要輯稿·選舉》）

景德元年（1004），只有鼓司設登聞鼓，開封府落解的百餘個武人就是到鼓司擊鼓自薦的；其他三個是文人，更有可能是到當時的登聞院投書

① 《宋會要輯稿·職官》三之六二記載是年閏二月二十三日詔書：“其登聞檢院依舊外，宜置理檢使，甌匣爲檢匣，應諸色人除奇巧技術邪妄不干正道事件不得上言，及常程公事自依久來體式，令逐處官司鼓院收接外，如有指陳軍國大事、朝政得失、大改冤枉、累經訴理未獲辨明，或事干機密，并許詣檢投進……如檢院、鼓院進狀人有稱寃濫況屈，及爲鼓院、檢院遲滯者，晝時引送理檢，使子細讅問。”

② 參考黄純艷《唐宋登聞鼓制度》，第7頁。

③ 《宋史》卷二百七十七，第9423頁。

④ 《宋史》卷二百六十二《劉温叟傳》，第9074頁。

⑤ 《續資治通鑒長編》第5册，中華書局，1980年，第1281頁。

⑥ 《宋會要輯稿·選舉九·賜出身》，第5435頁。

於檢中，從而上達天聽。另外，劉炤是大臣之子，且曾經爲官，不算白衣平民，其他三條涉及的都是庶人。

從文獻資料來看，宋代政府并不特别鼓勵這樣的自薦。這幾條資料記載的都是宋初太宗、真宗時期的事情，可見此後官方抑制這種求取仕進的做法。這一點與史料文獻對登聞系統的介紹也一致，即其中没有“求才納賢”的明確記載。并且，以上四條中没有一條是獻賦而獲得仕進的例子，這也與宋初的官方文件一致，宋太祖乾德四年（966）六月二十三日詔書中規定了投匭文章的内容標準，但其中没有提及詩賦一類文學作品，只有策、論和申冤的文狀：“今從應諸色進策人，并須事關利害、情絶虚浮、益國便民、言直事當者，方可爲策。即不得亂引閑詞，其所進事條仍不得過五件已上……其餘申冤論事不在此限，亦不得膳越……”① 可見，與唐代的匭函制度相比，宋代的登聞體系更不支持平民以獻賦自薦進入仕途。這是當科舉制度真正完備之後，官方爲了維護其選拔人才的權威性和獨特性必然會作出的决定。

五、餘論

從漢至宋初，獻賦的主要作者群體始終是皇帝身邊的親近之臣，在不同的時代，他們的政治職責略有差别，但通常要承擔隨侍、應對、顧問以及圖書整理和編纂等工作。獻賦作者的天子近臣身份使得獻賦在很長的時間段内都以宫廷爲主要的創作場域，但在不同時期，宫廷場域中的獻賦中心也各有差别，大致而言，到初唐爲止，宫廷獻賦的對象往往不局限於皇帝，也包括諸王、外戚，以及獨立開府的上層貴族等；此後的獻賦則基本只圍繞着皇帝本人。這應當是唐宋時期專制主義皇權加强的結果。

東漢至唐初的獻賦者大多出身高門，而西漢以及初唐之後則有許多平民獻賦的例子。這與官方是否鼓勵平民獻賦也是相應的：在高門貴族占據官僚體系中樞、掌握國家政治之根本的時候，精英文化也由貴族主導和掌控，文學是他們區分自己和其他階層成員、維持階層固化現狀的有力工具，因此這個時期的獻賦作者通常是圍繞宫廷形成的貴族文學圈内的成

① 《宋會要輯稿·職官》三之六二，第3079頁。

員，并且朝廷也不鼓勵平民獻賦。而當官僚體系由更多元出身的成員組成時，文學本身就是造成這種階層流動的重要手段，獻賦成爲發現人才的一種方式，獻賦官員的出身就變得多元化，而平民獻賦也就受到政府的鼓勵。不過，由於唐代開始以律賦作爲科舉考試的科目，平民獻賦逐漸失去了發現和選拔人才的重要作用，而且有可能破壞科舉考試所建立的正常秩序，所以，當科舉考試制度在宋代真正完備、成爲最主要的官員選拔制度時，平民的獻賦又被抑制了。

與獻賦作品之形態有關的重要變化是在宋初之後的官員獻賦中顯現出來的。儘管宋代的平民獻賦受到了限制，但科舉考試制度有效地推動了唐宋時期的階層流動，也使精英文學的創作者從宫廷作家群擴展到了更大的科舉出身的文官群體。與之相應的是外任官員獻賦在宋初之後成爲常事。

儘管受到了抑制，但宋初之後京官和外任官員的大量獻賦仍是一個值得注意的現象，因爲它顯示出獻賦者的身份及作品的創作場域發生了變化。此前的獻賦活動主要發生在“宫廷”場域，而京官和外任官員的大量參與擴大了這個場域的範圍，將“朝廷”也包括進來。與之相應的是獻賦作者群也不再以君主身邊擔任秘書類職務的近臣爲主，而是將以宰相爲首的官僚系統成員大幅納入，從而減弱了獻賦活動的“私人”性質，一定程度上加强了“公共”的性質。

之所以這樣説，是因爲如上文所提及的，宋代的兩制和三館都是從宫廷中分離出去的，成爲正式的朝廷機構，因此兩制三館的獻賦作者從身份上來説并不能算真正的天子私臣。但從實際情况來看，他們的這種身份變化并没有明顯影響其獻賦行爲和作品，這可能是因爲他們仍然與宫廷和君主關係近密，前代流風所及，君臣都較多地依循傳統，所以獻賦活動實際上仍保持了較多的宫廷文化特質。

而任其他職務的京官及外任官員的大量獻賦則顯然與宫廷行爲不同，他們往往缺乏接觸君主的機會，因此更重視以賦作引起君主的注意，從而獲得晋升。因此其獻賦作品中也較少涉及宫廷宴集等内容，而更多地表達與朝廷重要儀典或政務有關的主題，更注重體現作品對於國家政治的意義。從這個意義上來説，他們爲獻賦活動增加了“公共”性質。

當然，這種“公共”性質在唐宋時期平民獻賦作品中也有體現，但平民的獻賦既然整體上受到抑制，則能爲獻賦活動增加“公共”性質的主要還是在宋代受到優遇的官僚士大夫群體。獻賦活動性質的變化必然會影響獻賦作品的具體形態，但這是另一篇文章要討論的内容了。

關於唐宋時期的獻賦方式還有一點值得説明，即獻賦時間的問題。獻賦時間與賦作的主題有關。通常情况下，獻賦是在事件發生後纔進行的，例如异域獻來珍稀的動物，或是某地出現了祥瑞之兆，抑或帝王行爲有需要規諫之處等。但如果涉及政府的儀典性活動，尤其是最高規格的儀典性活動，那麽獻賦時間就未必在事件之後，而有可能在事件之前。這是因爲衆人的獻賦也成了儀式的一個組成部分，因此事先可能需要審查與選擇，再將合格者組織在一起以參與儀式。

張忠綱《杜甫獻〈三大禮賦〉時間考辯》① 認爲玄宗於天寶十載（751）舉行朝獻太清宫等三項祭祀典禮，而杜甫《三大禮賦》獻於天寶九載，是預先獻納，并舉出開元十三年（725）封禪泰山前後的史料爲例，指出開元十二年（724）就有爲封禪而“獻賦頌者”。《舊唐書·禮儀志》云：“玄宗開元十二年，文武百寮、朝集使、皇親及四方文學之士，皆以理化升平、時谷屢稔，上書請修封禪之禮并獻賦頌者，前後千有餘篇。”② 其次，封禪的儀注也早就宣告天下，所以即使是提前寫作，也可以使日期與實際情况吻合。

可以作爲補充的是，上文已經提及，在開元十三年的封禪儀式上，儒生文士獻賦頌很可能本身就是典禮的一個部分：“（開元十三年十一月）壬辰，玄宗御朝覲之帳殿，大備陳布。文武百寮，二王后……岳牧舉賢良及儒生文士上賦頌者……咸在位。”③ 而在此之前，朝廷就詔令各地將有文學和政務才能的人提前申送到泰山，目的則是借助他們的文學才能，爲封禪儀式錦上添花：“庶令作賦擲金、不韞天庭之掞；被褐懷玉，無溺屠釣之間。務得英奇，當加不次。”④

所以，預先寫作并獻納，由相關官員組織引導參與典禮是很可能的。還可以引爲例證的是，北宋皇祐二年（1050），宋仁宗舉行明堂祭祀，《宋會要輯稿·禮二四·明堂御札》記載，九月二十七日皇帝親自舉行明堂禮

① 見《文史哲》2006年第1期，第66～69頁。
② 《舊唐書》卷二十四，第891頁。
③ 《舊唐書》卷二三《禮儀志三》，第900頁。
④ 《全唐文》卷八《封禪詔》，第99頁。

後，“中書、樞密院文彦博等六人各進《大饗明堂禮畢》詩一首，兩禁、館閣及中外官以次上詩賦頌，凡奏御者三十有八人，皆優詔褒答”[①]。顯然這些在儀式當天獻上的詩賦頌也是預先寫好的，只不過因爲是官員獻納，所以未必需要像平民那樣先行投進，接受篩選審查。

① 《宋會要輯稿》，第 1155 頁。

宋人對世界的實用性觀照與詩歌製作新方式*

董　贇

中山大學博雅學院

摘　要： 宋詩中出現大量“詩材”“詩料”的新説法，反映出宋人對自然的“材料化”認識，標志着物我關係及其投射在詩歌情景結構方式上的新變。宋人以“詩囊”指代“詩料庫”，形成“詩料→詩料庫→詩歌”的詩歌製作新方式。這都緣於宋人實用性的世界觀照方式，向自然與書本中尋找、揀汰、積聚可“供詩用”的詩材，顯示出極强的主觀性、目的性和理性。同時，詩材内容和特性上的强制性因素限制了詩歌表達，規定了作詩方法的演進，取材向度的差异一定程度上造成南北宋詩歌的不同風貌。

關鍵詞： 詩材　詩囊　宋詩　自然　實用性

日本學者淺見洋二先生敏鋭地發現宋詩中首見并流行的新説法，即以“詩本”等詞語爲代表的新興術語，巧妙地揭示了其反映出的獨特詩學觀

* 本文爲教育部人文社會科學研究青年基金項目“詩畫互文：宋元‘荒寒’藝境的生成與嬗變研究”（項目編號：20YJCZH022）階段性成果。

念，尤其是對詩人如何處理内部世界與外部世界關係問題的討論極具啓發。① 宋詩中大量出現的“詩材”等書寫，確實是一個饒富趣味的話題。關鍵在於“詩材”所指示的對待詩歌材料及風景、世界的態度，對詩歌創作過程的認識，以及如何將這些觀念以詩的方式表達出來，正是宋人獨特詩學觀的反映，能從根本上解釋宋調的某些特質。這些問題有待進一步討論。本文擬梳理宋詩中的“詩材”“詩囊”書寫，揭示宋人對世界的“詩用”觀照方式。

一、詩材：自然“材料化”下新的物我關係

“詩材”等具有“詩歌素材”意義的詞語顯示出一種宋代新見并普遍流行的觀念形態，以下詩句較具典型性：

花鳥皆詩料，江山即畫圖。
窗間對了添詩料，郭外移來費俸金。②
願言片片皆詩料，吐吞造化歸毫端。
親顔悦萱草，詩料有梅花。
湖山羅畫笥，風物獻詩材。
策驢風雪中，東君獻詩料。
似慮詩材少，慇勤分外供。
詩翁繞階未得句，先送詩材與翁語。
詩人長怨没詩材，天遣斜風細雨來。③

① （日）淺見洋二《論“拾得”詩歌現象以及“詩本”、“詩材”、“詩料”問題——以楊萬里、陸游爲中心》，《詩來自何處？爲誰所有？——關於宋代詩學中的“内”與“外”、“己”與“他”以及“錢”、“貨”、“資本”概念的討論》，見金程宇等譯《距離與想像——中國詩學的唐宋轉型》，上海：上海古籍出版社，2013 年，第 434～464、390～412 頁。淺見洋二先生以爲“詩本”“詩材”“詩料”等詞是具有“詩歌素材”意義的詩學術語，表現出近似的觀念形態，并對宋代“詩本”的特指進行了界定。本文在其論斷的基礎上展開討論，所述詩本、詩材、詩料同義。

② 以上兩條分見劉克莊《夢中爲人跋畫兩絶》其二、《栽竹》，王蓉貴等校點《後村先生大全集》，成都：四川大學出版社，2008 年，第 504、168 頁。

③ 以上七條分見趙孟堅《食雪》、王邁《送朱君錫珪尉德化二首》、王炎《九日陪楊秘監遊真珠園屬炎賦詩》、葉茵《水竹墅十詠》其八《得春橋》、曾豐《自懷澤至武仙道之左皆石峰》、楊萬里《郡治燕堂庭中梅花》《瓦店雨作》，北京大學古文獻研究所《全宋詩》，北京：北京大學出版社，1991 年，第 38672、35751、29780、38198、30264、26229、26468 頁。

無論是梅、竹、雪、花鳥、風雨這類單獨物象，還是“江山”“造化”“天”指代的自然萬物，都是詩材的來源。將自然及其變態萬象稱爲“材”“料”的做法，本身就意味着主體已將對方看作客觀對象，并在審美心理上與對象保持冷静的距離。當“詩人”“詩翁”以“得句”爲目的審視風光時，萬象被“材料化”，這意味着詩人刻意區分了内心世界與外部風光，試圖以一種更趨客觀理性的思維觀照自然，并從中獲取“詩歌材料”。

自然界“獻”“供”“送”“遣”詩材的描述似乎使造物具備了一種擬人化的主動性。實際上，天“送”詩歌素材的説法也是由詩人提出的，也就是説，歸根結底是詩人以何種眼光看待自然及萬象的呈現。在“詩材”的語境中，作爲觀賞主體的詩人與作爲對象的自然間發生新變，體現爲心（意、志）與物的二元關係。傳統詩歌多因“睹萬物而思紛”而作，“應物斯感，感物吟志”是最典型的創作模式，致力於再現自然、表達心緒，在情與景的結構方式上表現爲神與物遊、物我兩契，主客體之間有着緊密的融合關係。相較於這種排除知性的純粹感發型詩歌，宋人以自然爲材料的創作不再黏著於純粹審美體驗的傳遞，而是刻意將心與物對立，詩人與自然是觀察與被觀察的關係，表現出明顯的剥離。并且，詩人在觀照自然時伴隨着理性的思慮，總在思考對象是否屬於詩材，能否用於詩。因此，面對自然産生的各種心理經驗都被限制在“理”的区域中，以身觀物，純粹的審美感發遭到遏制。這一點，從那些涉及“材”“料”的宋詩中可以明顯感受到。總之，在處理我與物的關係上，詩人從被動的欣賞、感發變成了有意尋找自然中可爲詩所用的元素，這在“詩材”的説法上體現得尤爲充分。

“物色盡詩材，筆底隨指呼”①，宋人以“物色”爲詩材并在詩中隨意調遣的表達充分反映了他們在認識自然甚至操縱客觀事物上的自信。當談論物是否可用時，潛在的話語是對“我”來説是否有用，“詩材”“隨指呼”的説法帶有極强的主觀性。簡言之，將自然物視爲材料的做法顯示出宋人“平生俯視造物兒”②的心態，在物我關係中詩人處於中心地位，如

---

① 王炎《舟行過白石見將使夜宿毛家林翌日到□我却回和清老》，《全宋詩》，第 29814 頁。

② 黄庭堅《書蔡秀才屏風頌四首》其三，劉琳等校點《黄庭堅全集》，成都：四川大學出版社，2001 年，第 615 頁。

何觀察自然、選取物象、處理詩材，都顯示出主體調配萬物的主導作用。[①]“眼底得詩料”“過眼盡詩材”“眼中無適不詩材”“春來觸物皆詩料”[②]，這樣的描述隨時都在提示正是詩人的目力所至决定了詩歌素材的内容與多寡。相反，“卧病窘詩料，坐貧羞酒錢”[③]“是中紫翠皆詩料，病起無聊著句難”[④]“百日京塵中，詩料頗闕供”[⑤]的描述表明，若因常處室内（“卧病”“病起”）或居於城市（“京塵”）等原因脱離自然，則可能缺乏詩料。所以，宋人那“詩料自來尋老子”[⑥]的觀念實際有這樣一層潜臺詞：儘管自然界中藴藏着詩材，但只有當詩人智性地、有目的地觀察自然時，詩材才能自獻。

宋人有着擴充題材的强烈願望，宋詩的整體風貌顯示出他們在尋找新鮮事物或感覺入詩方面的努力，而新材料的發現是新題材、新詩風的基礎。“詩材苦欠新”[⑦]，數量之外，詩料的品質也是詩人重要的考量標準。伴隨着這種願望，宋人展開了自由奇警的觀察，不僅擴大了體驗自然的範圍，也將觀察的視角深入生活各個角落，此前詩人未曾注意到的物象、風光都成爲詩材。除了對新鮮物象的欣賞，宋人也展開了對習見物象异常狀態的凝視，如醜石、枯松、老梅等不合於傳統審美趣味的物象都被宋人寫進詩歌，其根本原因在於宋人以新的眼光觀察萬物，從而能從傳統物象中發現其富有詩意的、具有審美價值的一面。如陸游《冬夜吟》：“昨夜凝霜皎如月，碧瓦鱗鱗凍將裂。今夜明月却如霜，竹影横窗更清絶。造物有意

① 淺見洋二先生曾揭示宋人對待“萬象”的這種特殊態度：“詩人對於‘天’（‘造物’）及其在這個世界創造的‘萬象’是處於上位或是同等地位上的”，“换句話説，它反映了詩人優越於‘萬象’的觀念”（《論“拾得”詩歌現象以及“詩本”、“詩材”、“詩料”問題——以楊萬里、陸游爲中心》，《距離與想像——中國詩學的唐宋轉型》，第 462 頁）。相應的，“宋人詩中的自然物象開始從引發詩人情感的‘觸發型意象’，逐漸轉變爲一種聽從詩人調遣的‘僕役型意象’”。參見周裕鍇《法眼與詩心——宋代佛禪語境下的詩學話語建構》，北京：中國社會科學出版社，2014 年，第 171 頁。

② 以上四條分見陳鑒之《到三聖廟坐池亭久之記以四十字》、毛滂《累蒙周開祖使君貺示佳章才拙思荒愧不能報謹勉次韻一篇少叙敬避老匠之意》、趙蕃《斯遠兄入城見使君郎中且謁尚書韓先生提屬李丈題詩以贈四首》其一、楊炎正《送柬箋與人》，《全宋詩》，第 36075、14080、30830、31038 頁。

③ 范成大《中秋卧病呈同社》《全宋詩》，第 25762 頁。

④ 白玉蟾《次韻王將仕二首》，《全宋詩》，第 37598 頁。

⑤ 錢仲聯《陸游全集校注・劍南詩稿校注》，杭州：浙江教育出版社，2011 年，第 322 頁。

⑥ 史彌寧《新喻道上》，《全宋詩》，第 36058 頁。

⑦ 方回《二月三十日》，《全宋詩》，第 41476 頁。

娱詩人，供與詩材次第新。”① 寂寂冬夜，涷瓦竹影這類細微却經見的物象不僅爲詩人所察覺，并且從中咂摸出美感，同樣的地點、類似的場景，在昨夜與今日的短暫時序中亦能翻新出詩意。可以説，這其中灌注着詩人極强的審美主體性和藝術創造力。當然，詩材不僅指單獨的物象，宋人經常能發現富有詩歌韻味的物象組合：“春鋤似厭覓詩材，飛向溪心唤不回。賴有漁翁相尉薦，雨中撑得一篇來。”② 尋覓詩材的是飛鳥還是詩人？寫成詩篇的是漁翁還是觀者？春鋤、溪流、漁翁於雨中構成和諧連貫的詩意畫面，眼前所見之自然景色形成詩的結構。可以説，景物可爲詩材的詩意是由詩人之眼發現的，在物象的巧妙組合中完成并超越創作。

在宋代，“詩材”成爲一種普遍的詩學眼光，詩人習慣以“材料化”的方式觀察萬象，這種知覺理性的導入使他們對自然産生了一種詩性的敏鋭。因此，宋人所謂之“新”詩材，主觀性極强，只要詩人以“詩眼”詳察萬物，關注它們的不同狀態，并將之進行新的組合，自然界就成爲無窮盡的詩材來源，正是“不愁眼裏無詩本，却要胸中有畫師”。從“林壑富詩材”“夢闌詩料滿山林”“多少江山足詩料”，到“撩人野興皆詩料”“悠然到處皆詩本”③，詩人索取詩材的範圍逐漸擴大，直至發出“亦知詩料無窮盡”“吾行在處皆詩本”④ 的感慨。面對四時變化的自然，宋人深信主體意識的作用，“心清詩料多”，相反，“苦乏詩材無可借，更嫌緑酒病有餘酲。算來豈是因名利，才有關心便不清”。又稱，“學詩如學禪，所貴在觀妙……但以此理參，而自足詩料”。所謂“心清”“觀妙”，關鍵都在於詩人主觀意識的强烈和態度的積極，以詩眼觀萬物而無所不適。所以，即便是面對“野童緑草牧鵝群”的尋常鄉村景象，詩人也能“得幾分”詩料，“俯仰縱横皆合律，雲如層樹樹如雲”⑤，感受到詩與自然呼應的藝術趣味。

---

① 陸游《冬夜吟》，《陸游全集校注·劍南詩稿校注》，第 41 頁。

② 史彌寧《雨中覓句》，《全宋詩》，第 36052 頁。

③ 以上六條分見黄彦平《約建德蔡令遊梅山晨起微雪》其二、盧襄《接山堂》、陳著《宿靈石方丈》、趙希逢《和山居》、徐經孫《秀岩》其一、趙蕃《松原山行七絶》其三，《全宋詩》，第 19201、16219、40182、38942、37183、30810 頁。

④ 以上兩條分見陸游《縱遊》《梅雨初晴迓客東郊》，《陸游全集校注·劍南詩稿校注》，第 58、288 頁。

⑤ 以上四條分見胡仲弓《題水竹居》、施樞《春多日》、張汝勤《戲徐觀空》、張鎡《行次下渚湖二首》其二，《全宋詩》，第 39772、39095、43145、31642 頁。

二、詩囊："詩料庫"與詩歌製作新方式

自然中充滿詩料，仍需詩人以詩眼去察覺，找尋詩料後有所得的經歷常被刻意寫在詩中，成爲符合詩人身份的日常行動，"行吟注意搜詩料""詩料滿前收不盡""收盡詩材子始回""詩材滿眼不能收""采盡詩材始放還""挑燈拭眼聚詩材"①。搜、收、采、聚等都是對獲得、儲存詩料動作的模擬，似乎作爲對象的詩材可以像茶葉、水果等實物一樣被采集。

如果將詩材看作實物，這些材料通常不能即刻生成"詩"，可被存儲以備用，宋詩中常以囊裝帶詩料，如詩寫"剩帶錦囊詩料去""錦囊先喜助詩材""歸囊强半詩材具"②。"囊"是一種盛裝物，在李賀騎驢佩囊後就成爲一種經典的詩性意象。"錦囊""詩囊"在宋詩中廣泛使用，其意義也逐漸擴大化、虚化，與李賀以錦囊置斷稿殘句不同，宋詩中的"詩囊"多非實指，詩材也非可手拿肩扛的實物，所以，以囊裝詩材只是采集裝載詩材過程的比喻。相應的，"詩囊"在宋人語境中多指詩人胸中所蓄，包括從書本和自然中搜集到的詩材，形成作者的知識積累和才學識見。這個過程被詩人記録下來："臺後漫山十里梅，村南村北總詩材。荒寒莫恨無人領，會與奚奴杖屨來。"③ 那漫山野梅你莫嫌荒寒寂寞，正有像我這樣拄杖漫興的詩人識你美態詩意，把這詩材納入奚奴所負之囊。

很多時候詩人并不明確提到詩材，在詩的描繪中直接將景色納入囊中，如"滄海無窮月無盡，從今收拾入詩囊""爛醉眼封多勝概，一時收拾入詩囊""何當領取秋容去，收拾詩囊帶得歸""江山細入騷人眼，好帶詩囊古錦回""包羅風景入詩囊""一天風月詩囊富""坐收萬景一詩

---

① 以上六條分見林希逸《郊行即事二首》其二、姚勉《花下聞鶯》、周孚《寄趙從之》、趙蕃《進之雪中見過明日歸湘潭再用前韻二首》其一、洪咨夔《贈趙同年別》、袁説友《臨安邸中即事且謝誠齋惠詩十二首》其十，《全宋詩》，第 37240、40431、28803、30916、34474、29979 頁。

② 以上三條分見潘琠《送鄭渭濱歸里》、張擴《次韻秦秘監山中觀梅二首》其一、曾豐《送管廷輝歸章貢》，《全宋詩》，第 39928、16084、30296 頁。

③ 林夢英《金石臺》其二，《全宋詩》，第 31050 頁。

囊"①。將"勝概""江山""風月"等包羅納入詩囊，在風景與詩囊之間似乎省略了詩材這一步，實際上，在將自然"材料化"的眼光下，宋詩中的詩材已經成爲風景的同義詞，以詩囊容納景物就意味着裝入了詩材。

因爲其虛擬性，詩囊可納置各種類型、數量的詩料，并能被隨身"携帶"，成爲詩人的"詩料庫"②。對詩人來説，除了書本所得，向自然搜尋來的元素也是詩料庫的重要内容。"空疏者窘材料"③，材料不足會影響詩人創作，詩料庫的豐富程度可以决定詩歌語言是否生動，詩歌風貌是否新鮮。因此，詩人常刻意尋找詩料以豐富知識儲備，完成詩歌創作的準備活動，"散策尋詩料""嘗引我來尋詩料""詩翁到處尋詩料"。④ 詩人對詩料的刻意搜集、儲存正反映了他們對構建個體"詩料庫"的重視。同時，詩材的儲備也非一勞永逸，而需要詩人反復地深入生活、觀察自然，不斷更新"詩料庫"。

如果説自然是最原始狀態的對象，詩料是處於寫作準備階段的物象，在未經作者擇汰加工時被置於"詩料庫"中，需要時稍加調遣即可成詩，詩歌寫作似乎變成了這樣一種"製作"⑤過程，那麼作者在獲得後如何處理詩料便成爲關鍵問題。試看以下宋詩：

> 詩材頻料理。
>
> 詩材入意底，妙斲寄毫端。
>
> 詩材動鄉邑，點檢欠經營。

---

① 以上七條分見方信孺《金牛山》、歐陽澈《招顯道世弼飲》、華嶽《惜秋》其二、員興宗《走筆送王省幹》、王阮《九日途中有感一首》、史彌寧《和黄倅懷歸》、强至《辛亥九日晚登騎山樓》，《全宋詩》，第34760、20668、34429、22558、31141、36050、7024頁。

② 事實上，宋詩中已有大量將知見、學識比作"庫"的描寫，并將寫詩作文的過程以"開武庫"比擬："筆端百斛鼎，胸中九經庫"（王庭圭《寄黄子龐兼簡鄒德裕》，《全宋詩》，第16735頁），"諸卿相與望此府，詩筆縱横武庫開"（劉攽《奉詔再任諸掾曹有詩因次其韻》，《全宋詩》，第7229頁），"胸中武庫森戈矛，筆下倒瀉三峽流"（劉宰《送趙玉甫赴穿山鹽場》，《全宋詩》，第33414頁），"深衣褒帶山澤臞，經史百家羅府庫"（劉黻《哭藝堂湯先生》，《全宋詩》，第40681頁），"學如開武庫，材可壯明堂"（孫應時《挽徐居厚寺簿》其一，《全宋詩》，第31760頁）。從這個意義上講，"詩囊"正是詩人"胸中庫"的另一種表達，故以"詩料庫"擬之。

③ 劉克莊撰，王秀梅點校《後村詩話　前集》卷二，北京：中華書局，1983年，第31頁。

④ 以上三條分見胡仲弓《散策郊行有懷社友》、趙方《幽谷》、家鉉翁《隱者圖》其一，《全宋詩》，第39753、31356、39958頁。

⑤ 與西方詩學中從理論原點上將詩看成是生産系統意義上的製作不同，本文中詩的製作主要就成詩過程而言，取其將原料做成製品之義。

秋來饒景物，斟酌費詩材。

詩材工捃摭，意匠極雕鎪。

詩材滿眼費驅使。①

吾行在處皆詩本，錦段雖殘試剪裁。②

在以上用例中，詩材需經“料理”“妙斲”“經營”“斟酌”“雕鎪”“驅使”“剪裁”以成詩，這些詞都帶有安排處理、調遣使用、思忖琢磨之義，指向作者的智性行爲，用在詩歌的寫作上則特指藝術構思、處理材料、修飾文辭的過程。

總之，從自然變爲詩歌的過程在宋人手中産生了變化，詩人從自然中獲得詩料，儲存在詩囊中形成“詩料庫”，在需要詩歌這一“成品”時便從庫中調遣材料剪裁以“製作”成詩，經過這樣幾個階段：

自然→詩材（材料）→詩囊（材料庫）→詩歌（藝術作品）

可以説尋找詩材成爲宋人把握風景時的一個關鍵目的，詩囊成爲保存自然風光的重要方式，最終以詩的形式表現出來，其中起到關鍵作用的是作者之“意”與“才”。這表明材料的得來是刻意搜集、積累的過程，相應的，創作是理性的安排，不是感性的抒發。在這樣的詩學框架下，詩人不再直接受自然的强烈感發，詩歌不再是天才的自然流淌，詩歌創作過程被工藝化。詩歌的“製作”過程似乎指示着只要作者從自然中搜集到足够的素材，在掌握一定的詩歌創作技巧後就能將其加工製作爲“詩”這一成品。這樣的思維方式打破了詩歌創作的神秘性，更强調詩材的搜集儲備與作者的才藝水平。

三、詩用：實用性的世界觀照方式

宋人“自然→詩材→詩囊→詩歌”的作詩階段不僅在創作方式上表現出獨創性，反過來看，“詩歌→詩囊→詩材→自然”的思維過程其實也體

① 以上六條分見王諶《贈茅也休》其一、吕天策《詠洗心堂得鳥鳴山更幽》其三、趙蕃《早發建德》、戴昺《項宜父涉趣園》、方回《送徐如心如婺源三十韻》、趙蕃《雨中遣興呈遠齋父子孫丈昆仲》，《全宋詩》，第 38807、14963、30581、36976、41707、30405 頁。

② 陸游《梅雨初晴迓客東郊》，《陸游全集校注・劍南詩稿校注》，第 288 頁。

現出宋人在把握自然時的獨特性。中晚唐時期，“詩歌這一藝術産品的框架開始逐步融入詩人們把握風景的意識視野之中”①，其中一方面的表現是“江山入好詩”② “柳色供詩用”③所體現的風景可“入詩”“供詩用”的態度。這種觀念在宋代變得十分顯著，并且擴大了采擷物象入詩的範圍：“江山到處供詩筍”“江山如畫供詩眼”“眼前何事不供詩”“無一不可供詩眸”“水光山氣總供詩”，④ 整個外部世界都可“供詩用”。

這意味着宋人已經不可能單純地欣賞風光，因爲“欣賞”意味着被動，宋人把握自然的典型眼光帶有强烈的主動性，以“供詩用”爲目的。“一萬里江天，供君作詩用”⑤，詩人不僅要從自然中發掘可用於詩歌的元素，甚至風景本身就是爲“詩用”這一目的而存在。無論是把“觸目”“行在”所見的内容視作詩料，還是主動尋詩料，都表現出宋人在觀賞風光時的一種主動性，即“詩用”的眼光。更進一步講，宋人的集體書寫表現出一種此前未普遍存在的、新的風景觀看方式，即，以詩歌的框架來把握自然的藝術實用價值（而不僅是風景），以“材料化”的眼光審視風景，發掘萬象的“實用性”。這種觀念的特出之處在於宋人不僅以“詩”的框架把握風景，更是以“詩用”的思維習慣審視自然。當詩歌自覺地表現自然時，風光本身就成爲藝術的元素，但當藝術家主動將之視爲一種材料時，自然便具有了“實用性”。對宋代詩人來説，自然風光的實用價值在於爲他們提供了絶好的創作材料，這種“詩用”的觀照方式帶有明確的目的性、功利性。

在物質利用水準更高的宋代，隨着人們對自然的進一步開發利用，

---

① 參見（日）淺見洋二《“天開圖畫”的譜系——中國詩中的風景與繪畫》，《距離與想像——中國詩學的唐宋轉型》，第19～80頁。據筆者管見，那些在大自然中發現“詩興”“詩情”“詩思”“詩意”的詩歌，仍是延續了“感物”一脉，認爲自然觸發詩興，與以“詩用”的眼光來把握風景有着根本區别。另，與傳統詩學觀念研究中將“詩用”理解爲對詩歌功用的認識不同，本文之“詩用”主要指物象、詩料等外部世界“供詩用”的價值。

② 白居易《江樓早秋》，顧學頡校點《白居易集》，北京：中華書局，1979年，第335頁。

③ 岑參《送盧郎中除杭州赴任》，廖立《岑嘉州詩箋注》，北京：中華書局，2004年，第680頁。

④ 以上五條分見王之道《和張安國舍人》、王炎《湘中雜詠十絶》其三、許及之《再用韻酬才叔》、李呂《次韻令裕言詩》、李彌遜《和學士秋懷》其七，《全宋詩》，第20207、29733、28368、23822、19326頁。

⑤ 項安世《次韻謝王桌秀才四首》其四，《全宋詩》，第27216頁。

“物”在生活日用上的使用價值已成爲固定觀念，“物莫不有用”①。如果將詩歌視爲人類的精神創造，那麽“詩用”的理念表明宋人對物“實用性”的關注已從物質轉移到精神層面：

屏居泉石間，所樂在閑縱。山田與山果，皆吾手自種。禾穗已垂穎，栗包初拆縫。一飽既可期，肯複作詩用。②

山間物産在滿足“一飽”的食用及其他日用功能之後，“詩人”這重身份及其帶來的思維方式和生活構成使“手自種”者不可避免地要考慮其“詩用”價值。此“詩用”觀的根本在於發現客觀物的藝術實用性，這與事物可供使用的實用性大爲不同：“均爲世上一草木，有用無用乃如許。木綿有用稱者稀，楊花蘆花千古傳聲詩。”③ 可供紡織利用的木棉雖有使用價值却難獲詩人稱贊，楊花、蘆花看似無用却大有“詩用”。從心理感覺來説，人與自然具有天然的互動、依戀關係，農人通過勞作從自然中獲得“可用”的積極回饋，對行處鄉間的詩人來説，不能通過勞動直接獲得感情回饋，反而能在發現自然的“詩用”價值時獲得心理補償，找到自己的“有用性”。

當然，宋人考察“詩用”價值的對象并不僅限於自然，文化典籍中的內容也是宋人作詩的語言材料。詩是語言的構成、思想的熔鑄，前人、他人的文化創造自然也能構成“詩歌素材”，江西詩派更是將“資書以爲詩”發揮到極致。陳師道《後山詩話》引蘇軾語，“孟浩然之詩，韻高而才短，如造內法酒手而無材料爾”④，指出材料對於詩人創作及詩歌面貌的重要性。類似的表述又如黄徹《碧溪詩話》云：“李商隱詩好積故實……以是知凡作者，須飽材料。”⑤“故實”表明，所謂“材料”指書本中的典故事料，“須飽材料”正是指作者“詩料庫”的充實，是“積學”觀念的表現。吴可《藏海詩話》：“‘綠瓊洲渚青瑶嶂，付與詩翁敢琢磨。’善用材料”，

① 王柏《題砥齋》，《全宋詩》，第38004頁。

② 釋文珦《屏居》，《全宋詩》，第39550頁。

③ 宋自遜《看人取木綿》，《全宋詩》，第38832頁。

④ 陳師道《後山詩話》，吴文治主編《宋詩話全編》，南京：江蘇古籍出版社，1998年，第1021頁。

⑤ 黄徹《碧溪詩話》，《宋詩話全編》，第2412頁。

“語雖有出處，亦不當用，須點化成詩家材料方可入用”①。原始語料的搜集積累固然重要，“須點化成詩家材料方可入用”表明仍需詩人以“詩用”觀念構建個人的“詩料庫”，使其符合作者個性，具有詩味。“資書以爲詩”的潛臺詞是，“善用材料”是作詩的關鍵。以上材料表明，宋人對“材料”性質的認識與其“以才學爲詩”的創作傾向有着緊密的關聯。

“詩家材料”已肇端，在宋人的詩學語境中出現了“詩材”一詞，儲備、善用詩材的論述經常出現。葉夢得《石林詩話》稱：“前輩詩材，亦或預爲儲蓄，然非所當用，未嘗强出。”② 黄徹《碧溪詩話》引《蒼梧雜誌》云：“東坡嘗謂錢濟明云：‘凡讀書可爲詩材者，但置一册録之。’亦詩家一助。”又引《唐子西語録》，言：“凡作詩，平居須收拾詩材以備用……《詩疏》不可不閲，詩材最多，其載諺語如‘絡緯鳴，懶婦驚’之類，尤宜入詩用。《樂府解題》須熟讀，大有詩材。”③ 從前人詩文、典籍乃至俗諺語中皆可得詩材，日常的“儲蓄”皆爲“備用”，在作詩“當用”時“入詩用”，不可“强出”，完成了對整個詩歌“製作”過程的描摹和規範。這樣的思路是宋人“文章積學成”④觀念的典型體現，在江西詩派的創作中體現得尤其明顯。

可以説，宋代詩人在觀於書與觀於野時，都潛在地加以“詩用”眼光，留心搜集客觀世界中可用於詩歌創作的材料，在反復的實踐中建構起個人的“詩料庫”，并要在揀擇收拾後製作成詩。蘇軾曾這樣譬喻：“當且博觀而約取，如富人之築大第，儲其材用，既足而後成之，然後爲得也。”⑤ 這個比喻很好地概括了詩材儲備和詩歌創作的過程，喻體（世界→材用→“儲”“足”→大第）對本體（世界→詩料→詩料庫→詩歌）進行了對應式的説明，顯示出宋人對“積學”的重視及其獨特的詩歌製作方式。

當然，以“用”爲追求的行爲可能帶有幾分功利主義色彩，當這種向外搜求的眼光帶有明確目的性時，相應的，被觀看的事物也會在性質上發

---

① 吴可《藏海詩話》，《宋詩話全編》，第5540、5541頁。

② 葉夢得《石林詩話》，《宋詩話全編》，第2694頁。

③ 黄徹《碧溪詩話》，《宋詩話全編》，第10052、10053頁。

④ 張詠《送張及三人赴舉》，《全宋詩》，第527頁。

⑤ 蘇軾《與張嘉父七首》，孔凡禮點校《蘇軾文集》，北京：中華書局，1986年，第1564頁。

生變化。在這種框架下產生了全新的讀書方式，面對詩文典籍時，因爲帶有明確的搜求詩料的目的，條分縷析地拆分式解讀方式不免會削弱讀者的感性認知，閱讀的純粹性被消解，難以達到情感共鳴，正如自然的“材料化”觀看方式使旁觀者很難真正沉浸於風景。在“詩用”的思維方式下，主體心靈始終處於“理”的控制中，“情”遭到壓制，體現出極强的智性。

南宋劉克莊指出：“以情性禮義爲本，以鳥獸草木爲料，風人之詩也；以書爲本，以事爲料，文人之詩也。”① 以“鳥獸草木”等萬象爲詩料者，屬於“風人之詩”；以“事”的書本爲詩材者，歸入“文人之詩”，從取材上區分了詩人之詩與學者之詩。整體而言，宋詩取材主要源於書本與自然這兩個向度，北宋詩人“盡將書傳資詩用”②，南宋作者則以爲“山色長供詩料富”③，在向外部世界的哪一部分取材的問題上，南北宋詩人在整體上表現出各自明顯的傾向性。這也從根本上決定了兩宋詩的不同風貌，因爲詩材本身即包含着不可避免的强制因素，并隨着材料的内容和特性而産生變化，規定了作詩方法的演進，從這個角度講，詩材一定程度上制約着詩人情感，限制了詩歌的表達。在很大程度上，詩材的取向範圍和内容也決定了詩歌革新活動向未知的領域拓展。與北宋相比，南宋詩人取材從書本轉移到自然，南宋詩歌更傾心於自然書寫，在詩歌整體風貌上趨於流利，尤其是那些有意反撥江西風格的詩作已展示出不同於主流宋詩的清新詩風，指示着知識主義在詩學中的衰退。然而，即便南宋詩人主要向自然求詩材，其“詩料→詩料庫→詩歌”的作詩方式仍顯示出强烈的“學者思維”特徵，帶有宋詩模式化的烙印。所以，南宋田園詩、山水詩與唐音相比體現了迥然不同的風貌。

對詩人來説，向外部世界搜集詩材作爲創作儲備是藝術創作的常規思路和行爲，創作完成後，詩材成爲文本的有機構成部分，很多時候難以被識别和分離。作者從詩料庫中揀選材料并加工製作成詩的素材處理手法，即便作者有意向他人透露，也多限於零星的、片段式的感悟。宋人的特别之處在於，他們對作詩思維過程的客觀觀察和理性反思，并以“詩”的特

① 劉克莊《跋何謙詩》，《後村先生大全集》，第 2736 頁。
② 釋文珦《周草窗吟稿號蠟屐爲賦古語》，《全宋詩》，第 39560 頁。
③ 徐元杰《題趙南卿愚山》，《全宋詩》，第 37815 頁。

殊形式對其作詩的取材來源、儲備方式、製作過程進行了普遍展示，這種集體書寫中已透露出宋詩特色的可能來源。可以說，宋代詩人以“實用性”思維觀照世界的同時，也標志著對詩歌甚至繪畫這類藝術認識的新變，他們以一種理性的處理方式削弱了詩歌的感性色彩，帶有極强的“學者思維”慣性，并主要通過宋詩中“詩材”“詩囊”及“詩用”的書寫體現出來。

黄庭堅謫居黔、戎時期的文學理論初探*

趙德坤

宜賓學院文學與音樂藝術學部

摘　要： 謫居黔、戎，是黄庭堅文學理論形成的重要時期，其基本觀念多在此時提出。主要涉及詩歌與散文。雖然有文體之别，但大致均從如下四個層面展開：文學之源，强調修身之意和經世之志的本原性價值；文學之法，主張取徑古人，博采衆長，而獨闢蹊徑；文學之美，崇尚高雅，力避庸俗，標舉平淡自然；文學之境，追求知行合一、道藝一貫、高遠閑曠的精神境界。將此理論置於其謫居西南的人生背景之下，可以清晰地看到黄庭堅堅定的人生信念和執著的文學期待，爲宋代文人文論的塑形，做出了重要貢獻。

關鍵詞： 黄庭堅　謫居黔戎　文學之源　文學之法　文學之美　文學之境

衆所周知，黄庭堅不是職業文論家，但在中國文學理論史上，談到宋代文論，黄庭堅是不能忽略的名字。故中華人民共和國成立以來的重要文學理論著作都以相當的篇幅論析其文學思想。而黄庭堅的諸多觀點都是在其謫居黔、戎時期提出的。當然，這些觀點并非其身居陋室，面壁玄想的結果，而是與四方學子、文人、朋友的文字往來中，在就文學相關問題的彼此交流中逐漸明晰而呈現出來的。從其論述中我們發現黄庭堅從來不孤

* 本文爲四川思想家研究中心課題“黄庭堅被貶四川時期的思想研究”（項目批准號：SC14E052）的階段性成果。

立地談文學，而總是將文學與人生、社會、時代聯係在一起，將文學實踐、道德實踐和社會實踐聯係在一起，從而表現出鮮明的至上性和實踐性。從這個意義上可以説，謫居黔、戎是黄庭堅文學理論形成的重要時期，其基本觀念多在此時提出，主要涉及詩歌與散文。雖然有文體之别，但大致均從如下四個層面展開：文學之源，强調修身之意和經世之志的本原性價值；文學之法，主張取徑古人，博采衆長，而獨闢蹊徑；文學之美，崇尚高雅，力避庸俗，標舉平淡自然；文學之境，追求知行合一、道藝一貫、高遠閑曠的精神境界。將此理論置於其謫居的人生背景之下，可以清晰地看到黄庭堅堅定的人生信念和執著的文學期待，爲宋代文人文論的塑形做出了重要貢獻。本文即循此思路予以論析。

一、文學之源

黄庭堅謫居黔、戎時期，四方學人慕名向學，就文學寫作問題求教於黄庭堅。黄庭堅在與這些晚學後進的交流中，反復致意者，不僅在於藝術技法，更重要的是强調爲文之本。他説：

> 楊明叔惠詩，格律、詞意皆熏沐去其舊習，予爲之喜而不寐。文章者，道之器也；言者，行之枝葉也。故次韻作四詩報之。耕禮義之田而深其耒。明叔言行有法，當官又敏於事，故予期之遠者大者。①
>
> 如子蒼之詩，今不易得，要是讀書數千卷，以忠義孝友爲根本，更取六經之義味灌溉之耳。②
>
> 惠示四頌，詞意高勝，欽嘆不已。然似插無根花滿園，非不照耀風日，但不耐久耳。要須且下十年功夫，識取自己，則有根本。凡有言句，皆從根本中來，殊不與認奴作郎、認賊作子時文章同味也。③
>
> 一二子從予學經術，文詞頗有得意者，而德行往往不美，遇事而發，輒有市井屠沽氣。④

---

① 黄庭堅著，鄭永曉整理，《黄庭堅全集輯校編年》卷中，南昌：江西人民出版社，2011年，第764頁。

② 《黄庭堅全集輯校編年》卷中，第800頁。

③ 《黄庭堅全集輯校編年》卷中，第855頁。

④ 《黄庭堅全集輯校編年》卷中，第893頁。

昨得書，見筆札已眼明，及見詩，嘆息彌日，不謂便能入律如此，可謂江南澤中産此千里駒也。然望甥不以今所能者驕稚人，而思不如舜、禹、顔淵。禹七年三過其門而不入，觀《禹貢》之書，厥功茂矣，然而終不伐，此必有長處。寡怨寡言，是爲進德之階。千萬留意，猶望官下勤勞俗事勿懈。①

余觀仲謀之詩，用意刻苦，故語清壯，持身豈弟，故聲和平。②

黄庭堅認爲，文章爲載道之器，道爲根本，文爲枝葉。枝葉之豐榮葳蕤固然重要，但更爲緊要處則在言之有物。故爲文不應僅僅在文字層面較優劣，而應有更高的追求。要認識到一切言句皆從根本中來，不要認賊作父，認奴作郎，捨本逐末。否則，即便詞藻華美、技藝精湛，也只是無本之木，無根之花，雖然也能光彩照人於一時，却不能持久，實乃速朽之文字。其所謂道，既非道家之道，亦非佛家之道，而是儒家之道，具體内涵指向禮義、忠孝、愷悌。爲文志在存道，而對道的體認則在爲文之先，且應從古圣先賢諸如舜、禹、顔淵等處領悟爲人之道，具體途徑則爲深入廣泛地學習先秦以來的文化經典。習作者只有將儒家内聖外王之道通過學習内化爲自己的精神追求，從而達到高遠的思想境界，發而爲文，才能水到渠成，文情并茂。黄庭堅這種儒道文學觀尤其重視作家的道德情操與思想修養對爲文之本原性的意義，是對秦漢以來，尤其是對孔孟思想與《毛詩序》理論的繼承和闡釋，似乎并無甚新异之處，但其所言并非教條，而是他本人一直以來拳拳服膺并孜孜踐行的爲人之道和爲文之道，因此，其真誠的實踐品格依然具有可貴的價值。

二、爲文之法

在黄庭堅的相關論述中，我們固然能够理解其對道的推崇，但也能深刻感受到其對文學技法的講究。事實上，作爲宋代文壇開宗立派的人物，黄庭堅無論在詩歌還是在散文方面，都非常注意語言藝術的精益求精。

首先，在文的寫作方面，他針對文學青年的習作表達了自己的觀點。

① 《黄庭堅全集輯校編年》卷中，第779頁。
② 《黄庭堅全集輯校編年》卷中，第751頁。

他說：

某去國八年，重以得罪，來禦魑魅。抱疾杜門，屏絶人事，雖鄰州守官者，或不知姓字，如是者三年於兹矣。忽奉來教，乃承官守在閬中，雖寡友朋，藏修游泳，自放文字之間，此亦吏隱之嘉趣也。蒙不鄙昏耄，遠寄述作，璆琳琊玕，森然在列，如行山陰道中，風光物采，來照映人，顧接不暇。……凡足下所作文字詩句，皆有追風之逸氣，於今良不易得。①

周彦之爲文欲温柔敦厚，孰先於《詩》乎？疏通知遠，孰先於《書》乎？廣博易良，孰先於《樂》乎？潔静精微，孰先於《易》乎？恭儉莊敬，孰先於《禮》乎？屬辭比事，孰先於《春秋》乎？讀其書，誦其文，味其辭，涵容乎淵源精華，則將沛然決江河而注之海，疇能禦之？②

策問十篇，思深慮遠，佳作也，亦恨雕文勝耳。③

足下誠勤篤不忘，探經術以致其深，考史傳以致其博，雖觀先王之言，而以事明之，古人不難到也。《燕默傳》甚有思致，他日不已，安知足下不爲二班耶？但願勿求小成自足耳。④

承問學不懈，何慰如之！所作賦殊進，更少加尺寸功，可以横行場屋中矣。賦語要深切著明，不欲一句閑慢。譬如善舞者，剜刻出拍掘爾。吴生與衆工同用筆墨，而獨能妙者，以下筆便能寫物之情性爾。⑤

所惠示文字，義理貫穿，自作語亦工，舉子中足下爲長雄也。如對策，更須熟觀班固《漢書》論事之文，論則須令有關鍵，則百發百中，如養叔之射矣。⑥

蒙惠示舊文一編，三復增嘆，詞意邁俗，逃空虚藜藋而知有崇珍，少加琢磨，當不愧於元次山矣。⑦

① 《黄庭堅全集輯校編年》卷中，第 797 頁。
② 《黄庭堅全集輯校編年》卷中，第 880 頁。
③ 《黄庭堅全集輯校編年》卷中，第 940 頁。
④ 《黄庭堅全集輯校編年》卷中，第 997 頁。
⑤ 《黄庭堅全集輯校編年》卷中，第 1006 頁。
⑥ 《黄庭堅全集輯校編年》卷中，第 1029 頁。
⑦ 《黄庭堅全集輯校編年》卷中，第 776 頁。

從上所引可知，這一時期黄庭堅對辭賦、策問、對策、史論、史傳、頌等文類發表了自己的見解。他認爲辭賦寫作語言要深切著明，不出一句閑慢之語，實爲對陸機《文賦》中關於賦“體物而瀏亮”觀點的繼承，要求作者深刻研究物象特徵，并能够用簡明準確之語予以描述，以“寫物之情性”。策問的寫作最能反映作者的現實洞察力與歷史見識，所以，黄庭堅認爲好的策問應該達到“思深慮遠”。對策之文重在論事，而論事則須目標明確，觀點鮮明，應獨到深刻，一語中的，做到邏輯嚴謹，説服力强而義理貫穿。而史論則考量作者洞燭幽微、明辨是非的眼光，要有以古證今、因事明理的立意與旨趣。而無論哪一種文類，要寫得超塵拔俗，就應該取法先秦文化典籍：從《詩》體察温柔敦厚之旨趣，從《書》培養疏通知遠之眼界；從《樂》感受廣博易良之效用；從《易》鍛煉潔静精微之思想；從《禮》涵泳恭儉莊敬之意蘊；從《春秋》獲得屬辭比事之技法。從其所論之文類及其所持之觀點，可見黄庭堅對文章的寫作非常重視，他既强調爲文技法的重要，更重視文章立足當下、經邦治世之意，可謂志存高遠，犖犖大端。但毋庸諱言，其所持論過於强調取法古人的重要性，而對現實生活之於文學的意義，認識似乎有所不足。

其次，在詩歌寫作方面，作爲一代詩匠，黄庭堅這一時期虽然诗歌创作数量大大減少，但发表了丰富的詩歌藝術觀點。這是他的經驗之談，也是對青年後進的點撥之語。他説：

> 楊明叔惠詩，格律、詞意皆熏沐去其舊習，予爲之喜而不寐。[①]
>
> 庭堅老懶衰惰，多年不作詩，已忘其體律。因明叔有意於斯文，試舉一綱而張萬目。蓋以俗爲雅，以故爲新；百戰百勝，如孫、吴之兵；棘端可以破鏃，如甘蠅、飛衛之射。此詩人之奇也，明叔當自得之。[②]
>
> 詩者，人之情性也。非若諫争於廷，忿詬於道，怒鄰駡坐之爲也。其人忠信篤敬，抱道而居，與時乖逢，遇物悲喜，同床而不察，并世而不聞，情之所不能堪，因發於呻吟調笑之聲，胸次釋然，而聞者亦有所勸勉，比律吕而可歌，列干羽而可舞，是詩之美也。其發爲

① 《黄庭堅全集輯校編年》卷中，第 764 頁。
② 《黄庭堅全集輯校編年》卷中，第 764 頁。

訕謗侵陵，引頸以承戈，披襟而受矢，以快一朝之忿者，人皆以爲詩之禍，是失詩之旨，非詩之過也。故世相後或千歲，地相去或萬里，誦其詩而想見其人所居所養，如旦莫與之期，鄰里與之遊也。①

賦自是中郎父子舊業，更須留意作五言六韻詩，若能此物，取青紫如拾芥耳。……大體作省題詩，猶當用老杜句法，若有鼻孔者，便知是好詩也。②

辱手書勤懇，并寄詩文，意氣駸駸，翼翼出門，已無萬里。……往在元祐初，始與秦少游、張文潛論詩，二公初不謂然。久之，東坡先生以爲一代之詩，當推魯直，而二公遂捨其舊而圖新。方其改轅易轍，如枯弦敝軫，雖成聲，而疏闊跌宕，不滿人耳。少焉，遂能使師曠忘味，鍾期改容也。如足下之作，深之以經術之義味，弘之以史氏之品藻，合之以作者之規矩，不但使兩川之豪士拱手也。③

所寄詩醇淡而有句法，所論史事不隨世許可，取明於己者而論古人，語約而意深。文章之法度，蓋當如此。④

所送新詩，皆興寄高遠，但語生硬，不諧律吕，或詞氣不逮初造意時。此病亦只是讀書未精博耳。長袖善舞，多錢善賈，不虚語也。⑤

士大夫多報吾甥擇交不妄出，極副所望，詩政欲如此作。其未至者，探經術未深，讀老杜、李白、韓退之詩不熟耳。⑥

黄庭堅作爲江西詩派的創立者，自少年時代即開始操觚作詩，其作品由於極爲重視創新，而其創新的主要途徑則是向古人學習，故具有濃郁的書卷氣。在與文學青年的交流中，豐富的寫作經驗就轉化爲詩藝理論。他認爲，詩歌是情性的流露與表達，而不是諫争忿詬之具，更非怒鄰駡坐者之所爲，其基本原則是温柔敦厚。詩人應該忠信篤敬，抱道而居，與時世乖逢之際，於運命順逆之間，爲物所感，情動於衷，形於歌詩，胸次釋

---

① 《黄庭堅全集輯校編年》卷中，第 838 頁。
② 《黄庭堅全集輯校編年》卷中，第 779 頁。
③ 《黄庭堅全集輯校編年》卷中，第 881 頁。
④ 《黄庭堅全集輯校編年》卷中，第 947～948 頁。
⑤ 《黄庭堅全集輯校編年》卷中，第 939 頁。
⑥ 《黄庭堅全集輯校編年》卷中，第 856 頁。

然。而且可歌可舞，樂而不淫，哀而不傷。此論直接源於《詩大序》，而出自儒者黄庭堅之胸臆，并不使人感到迂腐和高調，而是那樣的自然親切。這是一位雅亮高潔的詩人謫居於蠻荒之地時所言，更是其詩歌創作所一貫奉行的基本精神。正因如此，黄庭堅諄諄告誡青年向古人學習，一學思想境界，二學作詩法度。“深之以經術之義味，弘之以史氏之品藻，合之以作者之規矩”，明確了取法的對象和維度，即以經術之思想意蘊深化作品之内涵，以史家之卓識眼光拓展作品之視野，與此同時，熔鑄作者之技法。此即黄庭堅所謂“以俗爲雅，以故爲新”。關於此論的依據，他在《與洪駒父書》中説，好詩到唐代已經作完，他本人以及宋代其他詩人所推崇的杜甫，其實也是從古人作品中獲得靈感。細細品味杜詩，會發現無一字無來處，只是後人讀書少，不能察覺而已。因此生活在唐代以後的宋代詩人，要有所成就，别無選擇，只能向古人學習。不入虎穴，焉得虎子，將古人的作品拿來，通過“奪胎换骨”和“點鐵成金”之術，以奏“以故爲新”、化腐朽爲神奇之效。而“以俗爲雅”也是黄庭堅主張的重要詩學理論。周裕鍇先生説：“首先提出‘以俗爲雅’的是蘇軾和黄庭堅。……一是指題材的世俗化，與禪宗多舉日用事的宗教實踐觀有關；二是指語言的通俗化，俚詞俗語入詩，其根源來自禪籍俗語言風格的啓示。”[①] 看來，“以故爲新”是乞靈於古人，當爲“雅中求雅”，而“以俗爲雅”則是受到禪語的啓示。前者爲新舊之變，後者爲雅俗之變。究其實質，都反映了以蘇軾、黄庭堅爲代表的宋代詩人在詩歌創新方面的積極嘗試。事實證明，這種實踐的確産生了新奇的效果。使具有學者氣質的宋詩以新的面目呈現於中國傳統詩壇。但也要看到這種創新嘗試要求作者具有斡旋天地的魄力、熔鑄古今的才氣，非平庸淺陋之輩所能为。因此黄庭堅的詩歌道路，既展示了其才大力雄的品格，也爲江西詩派走向衰歇埋下了伏筆。

另外，關於詞的寫作，黄庭堅也有自己的見解。在宋代詞壇，黄庭堅也是頗具影響的大家。乃至於眼光挑剔、持論苛刻的李清照，在歷數柳、晏、歐、蘇、王等諸大家并予以批評之後，説：“詞别是一家，知之者少。

---

① 周裕鍇《以俗爲雅：禪籍俗語言對宋詩的滲透與啓示》，《四川大學學報（哲學社會科學版）》2000 年第 3 期，第 73 頁。

後晏叔原、賀方回、秦少游、黄魯直出，始能知之。”（《詞論》）認爲黄庭堅在辨别詞體和創作實踐上彰顯詞之文類特徵方面，要比同時代及其以前的諸多詞人勝過一籌而值得肯定。關於黄庭堅的詞作，已經有不少學者予以研究，此不贅述。那麽，在詞學理論方面，黄庭堅有些什麽值得注意的觀點呢？他在與郭英發的回信中如是説：“所作樂府，詞藻殊勝。但此物須兼緣情綺靡，體物瀏亮，乃能感動人耳。”① 認爲詞以抒情爲主，而寄情之物要鮮明準確，形神兼備，這樣才能産生感人的效果，這也是李清照認可其作品的原因之一。另外，受到蘇軾的影響，他也主張以詩爲詞，即用詩的語言、結構抒情寫意，詞人以廣博之學問和高尚之境界出之，作品自然意境高遠、出塵脱俗，從而具有了詩的品位和氣質。這是典型的文人士大夫所持之詞學觀點。

三、爲文之美

中國傳統文學理論對文學的期待無外乎兩個層面：教化與審美。前者具有現實功利性，後者則具有超越性。從黄庭堅與學人的交流中，從他對學人作品的評價中，我們約略能够感知其對文學的審美期待。現結合相關文獻予以論析。

> 余觀仲謀之詩，用意刻苦，故語清壯，持身豈弟，故聲和平。作語多而知不雕爲工，事久而知世間無巧。以此自成一家，可傳也。②
>
> 承寄惠長韻詩，去年三月中到涪陵乃得之，詞意高妙，氣極老成，嘆服無已。③
>
> 蒙惠示舊文一編，三復增嘆，詞意邁俗，逃空虚藜藿而知有崇珍，少加琢磨，當不愧於元次山矣。④
>
> 蒙不鄙昏耄，遠寄述作，璆琳瑯玕，森然在列，如行山陰道中，風光物采，來照映人，顧接不暇。……凡足下所作文字詩句，皆有追

① 《黄庭堅全集輯校編年》卷中，第 854 頁。
② 《黄庭堅全集輯校編年》卷中，第 751 頁。
③ 《黄庭堅全集輯校編年》卷中，第 761 頁。
④ 《黄庭堅全集輯校編年》卷中，第 776 頁。

風之逸氣，於今良不易得。[①]

一二子從予學經術，文詞頗有得意者，而德行往往不美，遇事而發，輒有市井屠沽氣。[②]

由子美以來四百餘年，斯文委地，文章之士隨世所能，杰出時輩，未有升子美之堂者，况室家之好耶！余嘗欲隨欣然會意處，箋以數語，終以汩沒世俗，初不暇給。雖然，子美詩妙乃在無意爲文，夫無意而意已至，非廣之以《國風》《雅》《頌》，深之以《離騷》《九歌》，安能咀嚼其意味，闖然入其門耶！[③]

好作奇語，自是文章病，但當以理爲主，理得而辭順，文章自然出群拔萃，觀杜子美到夔州後詩，韓退之自潮州還朝後文章，皆不煩繩削而自合矣。[④]

所寄詩多佳句，猶恨雕琢功多耳。但熟觀杜子美到夔州後古律詩，便得句法。簡易而大巧出焉，平淡而山高水深，似欲不可企及，文章成就更無斧鑿痕，乃爲佳作耳。[⑤]

從上所引可以看到，黄庭堅論詩文常常用到這樣的描述，如“語清壯”“詞意高妙”“氣極老成”“詞意邁俗”“追風逸氣”“興寄高遠”等。在諸多文類中，以對詩的評論爲主。大致説來，黄庭堅認爲詩文之美體現在四個層面，一是語言之美，二是情意之美，三是以雅爲美，四是美在自然。前兩者相輔相成，相映生輝，不可偏廢，後兩者則是在前兩者基礎上的進一步要求。而尤以興寄爲文章之美的前提，即言之有物在先，然後才論及言之有法，最終達到至法無法，妙造自然之境界。因此，在語言方面，黄庭堅强調爲文切忌雕琢，勿作奇語，文章“無斧鑿痕”，“乃爲佳作”，并以杜甫之詩和韓愈之文作爲典範，認爲“杜子美到夔州後詩，韓退之自潮州還朝後文章，皆不煩繩削而自合矣”，所謂“不煩繩削而自合”，并未刻意趨附於爲文之法度，却與古人繩墨不謀而合，這是詩文之美的突出表現。在情意方面要有高遠的情懷和深刻的思考，使得浩懷逸氣

① 《黄庭堅全集輯校編年》卷中，第 797 頁。
② 《黄庭堅全集輯校編年》卷中，第 893 頁。
③ 《黄庭堅全集輯校編年》卷中，第 927 頁。
④ 《黄庭堅全集輯校編年》卷中，第 939 頁。
⑤ 《黄庭堅全集輯校編年》卷中，第 940 頁。

浸潤字裏行間。以雅爲美是儒者黃庭堅對文學格調的要求，其所謂雅是與俗相對的概念，即源於經史、合於先賢、益於修身、利於治世、歸於大道。但并非與俗格格不入，而是入之以俗，出之以雅，以俗爲雅，終歸於雅。黃庭堅對自然之美的標舉有其獨特的內涵，他不是指道家思想的無爲素樸，而是千錘百煉之後達到的自由境界。這裏必須理清雕琢與自然的關係。既要向古人學習，體會其語言技巧，追慕其精神情懷，又要獨出機杼，合於自然，對初學習作的青年來説實在很難。但黃庭堅既指明了爲文之途徑，更提出了爲文之目標。二者之間也許存在遥遠的距離，這恰是有志於文學寫作者須要著力之處。他特別揭出杜甫“到夔州之後”和韓愈“自潮州還朝後”的變化，顯然他要表達這樣的觀點：作家有了最爲痛楚直切的社會閱歷與起伏跌宕的人生體驗，其詩文自然會發生突破性的進展，達到一個新的境界。其實，這是韓愈、歐陽修“不平則鳴”“窮而後工”觀點的例證和闡釋，也是謫居西南的黃庭堅當時的生命感悟和文學實踐。在提倡自然之美的同時，他旗幟鮮明地反對“好作奇語”，他認爲“好作奇語，自是文章病”。造成此病的原因在於習作者缺乏獨到深刻的思想見解，而思想認識的貧乏和膚淺則由於作者對社會和人生的體驗與經歷不够深透。

四、文學之境

在黃庭堅看來，究竟怎樣的文學才是最好的文學？文學應該達到什麼樣的境界？其顯著的標志是什麼？其實，結合上面的分析，我們似乎已經能够理解黃庭堅的文學追求。雖然，文學藝術是終其一生的至愛，更是其生命存在的基本樣態，但黃庭堅從來都没有將文學置於至高無上的地位。每每論及文學，他總是反復强調文學的根本，即作家的精神境界和思想情懷。總是要求青年作者立足當下，以忠信愷悌爲本，懷冰清玉潔之心，養浩然正大之氣，秉松柏不凋之操。表現出知行合一、道藝一貫、高遠閑曠的精神境界。

首先，在藝術層面，文學之境就是從有法到無法，從大巧到無巧。他説：

作語多而知不雕爲工，事久而知世間無巧。以此自成一家，可傳也。①

好作奇語，自是文章病，但當以理爲主，理得而辭順，文章自然出群拔萃，觀杜子美到夔州後詩，韓退之自潮州還朝後文章，皆不煩繩削而自合矣。②

衆所周知，江西詩派是最講究詩法的。黄庭堅爲晚學後進指出了一條具體可行、行之有效的作詩門徑，即前面已經提及的“奪胎换骨”“點鐵成金”“以俗爲雅”“以故爲新”。儘管相對於後來吕本中的“活法”，黄庭堅的詩法被稱爲“死法”，但對初學作詩者來説，的確具有可操作性。而在審閲一些文學青年的作品時，他常常對其過於雕琢、顯露斧鑿之痕的問題表示遺憾。解決這一問題，别無選擇，只有多練。所謂寫得多了，就會慢慢領會文章以不事雕琢爲工，而貴在自然；經歷多了，就會漸漸體悟處事并無訣竅，而以真誠爲本。在黄庭堅看來，飽含人世滄桑的杜詩韓文，其“不煩繩削而自合”的特徵即爲文學的最高境界，亦如儒家所謂“從心所欲不逾矩”的生命境界。也正如馬克思所謂由必然王國進入自由王國的境界。

其次，在意義層面，文學之境就是情與境的不期而遇，妙合無垠，自然天成。他説：

由子美以來四百餘年，斯文委地，文章之士隨世所能，杰出時輩，未有升子美之堂者，况室家之好耶！余嘗欲隨欣然會意處，箋以數語，終以汩没世俗，初不暇給。雖然，子美詩妙乃在無意爲文，夫無意而意已至，非廣之以《國風》《雅》《頌》，深之以《離騷》《九歌》，安能咀嚼其意味，闖然入其門耶！③

黄庭堅及江西詩派對杜甫的文學接受包括詩法和詩意兩個層面。雖然黄庭堅對杜甫在詩歌藝術方面的研究、學習，既深入持久，又有獨得之見，從而將杜甫樹爲一面旗幟，但他并未忽略杜詩中所藴含的强烈深沉的人文情懷。他認爲“子美詩妙乃在無意爲文，夫無意而意已至”。所謂

① 《黄庭堅全集輯校編年》卷中，第751頁。
② 《黄庭堅全集輯校編年》卷中，第939頁。
③ 《黄庭堅全集輯校編年》卷中，第927頁。

“無意爲文”，是説杜甫作詩，尤其是其安史之亂時期的創作，不是流連風月、玩弄文字的藝術遊戲，而是蒿目時艱，胸懷冰炭，爲時代之動蕩、民生之苦難所召唤，文字已然成爲流淌血泪的河流。彼情彼景，遑論技巧！很顯然，在黄庭堅看來，真正有境界的作品，就應該是杜詩那樣的作品，以悲天憫人之胸懷、堅實滚燙之文字，書家國深哀，寫人倫劇痛，映照一個時代，鏡鑒古往今來。而這樣的作品，首先要求作者具有憂患情懷和擔當意識。這種思想高度的鑄就須要作者從《詩經》《離騷》中深入體會，涵泳其時事人生之意味，吸納其抒情寫意之精髓，久而久之才可能漸臻此境。

最後，文學之境，究其實質是文學藝術和生命存在的深情擁抱，是絢爛至極歸於平淡的生命境界。黄庭堅曾説：

> 但熟觀杜子美到夔州後古律詩，便得句法。簡易而大巧出焉，平淡而山高水深，似欲不可企及，文章成就更無斧鑿痕，乃爲佳作耳。①

平淡是宋代詩人共同追求的審美境界。如梅堯臣《依韻和晏相公》云：“微生守賤貧，文字出肝膽。一爲清潁行，物象頗所覽。泊舟寒潭陰，野興入秋菼。因吟適情性，稍欲到平澹。”“作詩無古今，唯造平澹難。”（《讀邵不疑學士詩卷杜挺之忽來因出示之且伏高致輒書一時之語以奉呈》）黄庭堅屢屢論及平淡：“流水鳴無意，白雲出無心。水得平淡處，渺渺不厭深。”（《以同心之言其臭如蘭爲韻寄李子先》）“所寄詩，每開卷嘆息彌日。若齋心服形之功，亦至於此，老舅以爲白首之托也。如甥才秀如此，不患當路諸人不知，但勤官業，懷璧自愛耳。邠老才性極明敏，相與琢磨，去盡少年之色，須用董梧之鉏，痛治之耳。學功夫已多，讀書貫穿，自當造平淡。”（《與洪駒父書六首》之三）結合以上引文，可知黄庭堅及其同時代人所嚮往的平淡，作爲詩美之境界，不是閲歷不深、學識不廣的初學者的率易之作，而是博通古今，融百家之長於一冶，千錘百煉，最終洗盡鉛華呈現出來的精神風貌：語言極簡約，韻味極深厚，風格極自然。這是詩歌之美的極致，更是歷盡人間大悲歡、人生大浮沉而歸於平静安謐

① 《黄庭堅全集輯校編年》卷中，第940頁。

的生命境界。

綜上所述，謫居黔、戎時期是黄庭堅文學理論的成熟期，此時的諸多觀點都滲透着儒者黄庭堅對立德濟世信念的堅守，對文學藝術之美的不懈追求。其所始終奉行的文學觀念和爲後進晚學指出的途徑具有鮮明的特徵，那就是向古人學習，博采衆長，以故爲新，而尤其强調作家的思想境界，對於作品的本源性意義，既與傳統儒家思想相接續，又具有親身實踐所得的深刻見解，是典型的宋代學者詩學理論。但其强調以學問爲詩，而對現實生活作爲文學的源頭活水認識不够，這一點在黄庭堅的詩歌創作中表現得很突出，其偏頗也毋庸諱言。

徙蜀詩人晁公遡的巴蜀地域感知與地域情感

黄楚蓉

長沙理工大學文學與新聞系

摘　要：晁公遡是南渡士人中遷徙到巴蜀地域的代表性詩人，其豐富的巴蜀詩作爲我們呈現了他客寓巴蜀時獨特的地域感知與地域情感，這些感知與情感包括：作爲北客對巴峽异鄉的不適與疏離，對新的政治中心吴越之地的嚮往，南渡士人共同的中原之思、收復熱望及其相伴隨的家族記憶，由流亡飄零帶來的憩心之願，在巴蜀地域漸生的地域歸屬感與認同感等。這些客寓情感倾向具有較强的地域與時代特色，共同融織成晁公遡對巴蜀地域的獨特感知，以及作爲南渡詩人的時代心結。

關鍵詞：徙蜀詩人　晁公遡　巴蜀　地域感知

靖康之亂的爆發使得當時中原的皇室、官僚、士大夫、平民百姓以及軍隊等紛紛向南方遷移，有學者認爲，靖康之亂以後斷斷續續持續了一個半世紀的北方人口南遷，是我國歷史上繼西晋永嘉之亂、唐後期五代這兩次遺民浪潮之後的第三次北方人口南遷的大浪潮，且規模最大。①

昭德晁氏家族便是當時南渡士大夫家族中的一員。晁公武、晁公遡兄弟是這個家族中避難入蜀的重要成員，他們來到東南後暫時居住下來，隨着晁公遡“年益壯，家益窮空”，而昔日父親的“友人”雖在朝却不願給

① 吴松弟《中國移民史》第四卷“遼宋金元時期”，福州：福建人民出版社，1997年，第246頁。

予援助與體恤，迫於生存的壓力，他與家人遂入蜀投靠蜀中親友，當時南逃而來的親族有的留在了東南，而入蜀的兄弟和親人則徙居於蜀中各地。[①] 晁公武、晁公遡兄弟及其他的親人定居、仕宦於巴蜀，并逐漸融入這方土地，與巴蜀本籍士人一道，豐富并推動着巴蜀地域的文化進程。晁公武著名的目録學著作《郡齋讀書志》便完成於蜀中。晁公遡寓蜀期間有較多的詩文創作，我們可以從其詩文中一窺徙蜀士人[②]的精神、情感世界。

本文所采用的地域感知與地域情感的視角受人本主義地理學的啓發。作爲20世紀末形成的一個重要的人文地理思想流派，人本主義地理學特指具有人本關懷的人文地理學，關注具體的人（而不是抽象的人）的環境感知、地理體驗、空間意識等。這一學派的代表學者段義孚（Yi－Fu Tuan）在其專著《戀地情結》中詳細討論了地方感、地方認同等問題，提出戀地情結是人與地之間的情感紐帶。[③] 本文以晁公遡的詩歌作爲研究對象，以人與地的情感關係作爲觀照框架，注重詩人的具體“感知”，探討作爲南渡詩人中徙蜀詩人代表的晁公遡對巴蜀有着怎樣的地域感知與體驗，與巴蜀建立起的地域情感有何特點與變化等。

我們先簡要地勾勒一下晁公遡的生平履歷。晁公遡，河南開封人，字子西，號嵩山居士，又號箕山先生，生於宋徽宗政和六年（1116）。[④] 靖康元年（1126），金兵攻破汴京，十一岁的晁公遡與家人南逃到江南却無依無靠，只能入蜀倚靠任涪州知州的姑丈孫涪州，其後進士及第，宦遊巴蜀，歷任梁山縣尉、留佐夔州路轉運判官王珏、涪州軍事判官、施州通

① 晁公遡《喜三十二弟來》中有：“吾家全盛時，冠蓋靄雲屯。……胡塵暗河洛，分散各南奔。……聞汝居沈黎，鄉黨頗見尊。”《懷浙中兄弟》中有“逢人寄書往問訊，流落猶爲帝城客”，分别見《嵩山集》卷四、卷六，《景印文淵閣四庫全書》本，第1139册，臺北：臺灣商務印書館，1986年，第20、34頁。以下所引晁公遡詩歌皆出於此版本，後文只注明卷數，不再標注頁碼。

② 本文所使用的“徙蜀士人”“徙蜀詩人”的概念借鑒祝尚書先生在《宋代巴蜀文學通論》一書中以“徙蜀作家”對晁公武、晁公遡兄弟進行的定位。祝尚書《宋代巴蜀文學通論》，成都：巴蜀書社，2005年，第363頁。

③ （美）段義孚，《戀地情結》，志丞、劉蘇譯，北京：商務印書館，2018年，第136頁。

④ 從張劍説，見其《晁公遡詩文簡論》，《河南教育學院學報》2005年第4期，第84頁，以及張劍《晁冲之年譜》，《河南教育學院學報》2004年第5期，第43頁。曾棗莊先生在其《“客遊三十年，不出僰與巴”——晁公遡及其〈嵩山集〉》中推其生年爲1117年，該文收録於曾棗莊《唐宋文學研究》，成都：巴蜀書社，1999年，第211～212頁。

判、梁山軍知軍、眉州知州、成都府路提點刑獄公事兼將漕等，晚年曾被召還朝，再入江南，累遷兵部員外郎。① 所作《抱經堂稿》，詩文富博，却已散佚，今存《嵩山居士文集》五十四卷，其中詩十四卷，文四十卷，絶大部分詩文作於巴蜀。今《全宋詩》收其詩作 447 首，其中巴蜀詩作有四百餘首。

晁公遡的巴蜀詩作豐富地展現了一個南渡詩人遷徙到巴蜀後的地域感知與地域情感，這些感知體驗包括：身爲北客對巴峽异鄉的不適與疏離，對新的政治中心吴越之地的嚮往，南渡士人共同的中原之思、收復熱望以及相伴隨的獨特的家族記憶，流亡飄零帶來的憩心之願，在巴蜀地域漸生的地域歸屬感與認同感等。

一、倦遊東巴與憧憬吴越

對從中原流落到巴蜀的晁公遡來説，巴蜀的山川土風經常激起他作爲“北客”的身份意識，如其在《病中一首簡陳行之》中訴説自己作爲“北客”對巴峽潮濕氣候的不適應：“邑人安土風，特不宜北客。”② 又如《雨晴》中有“秋容日夕佳，真欲慰北客”③，雨後的秋山碧江聊可慰安“我”這個北客的寂寥。詩人還在詩中用“洛陽塵”“洛生詠”的典故來强調自己的北客身份，抒發對故國、故園的眷戀與思念：

征衣消盡洛陽塵，泣向東風拭泪痕。不及青春歸有信，一年一别樂遊園。(《感事》，《嵩山集》卷十三)

不見罘罳闕，於今已十春。素衣不忍弃，爲有洛陽塵。(《有感》，《嵩山集》卷十四)

詩罷時爲洛生詠，醉吟聊使故人聽。(《予己未十月二十有二日去涪上，越明年，八月二十有八日以事再來觀山川之勝，無异於昔，而予之幽憂抑鬱亦自若也》，《嵩山集》卷十四)

逢幽付鼻詠，懷新勞目存。(《眉州燕遊雜詠十首》其四《晚賦

① 關於晁公遡之生平，可參看曾棗莊《“客遊三十年，不出僰與巴”——晁公遡及其〈嵩山集〉》，以及王勇《晁公遡詩歌研究》，東北師範大學碩士學位論文，2008 年。

② （宋）晁公遡《嵩山集》卷八，《景印文淵閣四庫全書》本。

③ （宋）晁公遡《嵩山集》卷十四，《景印文淵閣四庫全書》本。

園》，《嵩山集》卷十二）

“洛陽塵”的典故出自陸機詩“京洛多風塵，素衣化爲緇”[①]，對晁公遡而言，它代表着昔日故國、故園的印記，蘊藏着一段回不去的家國歲月，所以詩人想保存沾有洛陽塵的舊衣。“洛生詠”指的是洛下書生的吟詠聲，音色重濁，《世説新語·雅量》描述謝安：“望階趨席，方作洛生詠，諷‘浩浩洪流’。”[②] 又《晋書·謝安傳》載：“安本能爲洛下書生詠，有鼻疾，故其音濁，名流愛其詠而弗能及，或手掩鼻以斆之。”[③] 晁公遡從小在中原長大，音色自然帶着重濁的北音，每次詩罷吟誦，聽到自己和故人的北地鄉音，怎能不生家國之悲呢？

此外，詩人也經常在詩中抒發對巴峽地形地貌、氣候、風俗的不適與倦意，如《遠望》：“山近色未佳，山遠看始好。我居巴硤内，所向苦奔峭。”[④]《沙寒》：“硤霧連山暗，江雲出水低。遠遊殊俗倦，歸路故鄉迷。”[⑤] 巴地多山的地質、多霧潮濕的氣候讓詩人感到不適、厭倦，同時生起對故鄉的思念、依戀。對此地“特不宜北客”的“殊俗”更爲細緻的描述體現在《病中一首簡陳行之》一詩中：

岡陵雖坡陀，其下水所積。山通巫硤雨，地類長沙濕。太陽豈不照，浸漬本膏脉。氣蒸柱礎潤，暗起窗户黑。老屋生菌衣，陰牆上苔色。不知今何時，寒暑晝夜易。邑人安土風，特不宜北客。我初忽不戒，詩酒頗自適。艱難出一語，不博萬户邑。竟坐傷天和，兩卧漳濱疾。急求三年艾，幾墮衆鬼域。自惟形羸甚，固易中膚革。昔年見君至，豪氣非我敵。謂將獨免此，不受瘴癘厄。胡爲亦效我，傾倒弄翰墨。吟哦彫肝腎，辛苦出鉤棘。邇來亦抱病，發作乃併日。滌胃無全功，徙薪有上策。意其水帝子，欲君更奇出。手棹芙蓉旗，聊爾一戲劇。庶聞譴瘧篇，相將還白石。[⑥]

---

① （晋）陸機《爲顧彦先贈婦二首》其一，陸機《陸機集》，北京：中華書局，1982年，第54頁。

② 余嘉錫《世説新語箋疏》，北京：中華書局，1983年，第369頁。

③ （唐）房玄齡等《晋書》卷七十九列傳第四十九，北京：中華書局，1974年，第2076～2077頁。

④ （宋）晁公遡《嵩山集》卷四，《景印文淵閣四庫全書》本。

⑤ （宋）晁公遡《嵩山集》卷十一，《景印文淵閣四庫全書》本。

⑥ （宋）晁公遡《嵩山集》卷八，《景印文淵閣四庫全書》本。

峽江地區多雨潮濕，濕氣浸染柱礎，老屋和陰牆都生出了菌衣和青苔，使詩人感到寒暑、晝夜的顛倒。此邦之人可以安於這種土風，而對從北方遷徙而來的詩人來説，這裏的氣候、水土讓他感到極爲不適，以至於在“詩酒自適”又缺乏戒備的生活狀態中染上了“漳濱疾”。此詩就是作於病中，寫給“亦抱病”的友人。友人身體要比晁公遡强健，却也因“傾倒”於“翰墨”，且到了“吟哦雕肝腎”的地步，導致病情嚴重，這也從客觀上反映了巴峽濕瘴之嚴重。

從上文可知，巴蜀的風土氣候困擾着詩人，作爲“北客”的晁公遡對巴蜀地域的整體情感是怎樣的呢？久居於此的心境又如何呢？對當時的政治中心吴地又懷有一種怎樣的情感呢？我們可從《懷浙中兄弟》一詩中窺其隱微：

> 昔遊楚澤窺衡湘，飄然欲返川無梁。途窮問津西入蜀，十年一過如風狂。欲知滯留視草木，來時尺許今人長。石龜尚有懷海心，苟非達者寧無情。倦遊於此豈不厭，况乃州縣徒勞人。官如敝屣端可捐，投劾徑去真欣然。只憂口紋有從理，一簪不著死道邊。近聞有客自吴至，試問龍化今何年。屬車南遊今尚爾，翠華停停照江水。會稽久闕神禹朝，再喜吴兒識天子。徑山苕溪兩奇絶，鳳舞龍飛臨觀闕。宫中又起白玉城，丹樓如霞高嵲嵲。潮聲浩浩江風急，越水吴山動秋碧。霓旌玉弭有光輝，西湖蒲柳生顔色。氣象不與巴山同，年來聞此益欲東。但期生見翔鳳闕，豈敢望到明光宫。舉頭試望長安日，遥想烏衣泪霑臆。逢人寄書往問訊，流落猶爲帝城客。山川雖异風景同，勿作楚囚相對泣。[①]

對詩人來説，當年逃難途經的湖湘之地，“欲返”而不能，入蜀便成了窮途之計。由此可知，在晁公遡的地域意識中，蜀地比湖湘要惡劣落後。“滯留”蜀地的十年，詩人一直處於“倦遊”的身心狀態，而仕宦於各州縣的辛勞更是加重了這種厭倦。從“石龜尚有懷海心，苟非達者寧無情”句來看，詩人也意識到自己并非“達者”，“滯留”蜀地的這十年，自己一直是暫居、客遊於此的心態，心靈渴望的歸宿似乎一直在彼處，在

① （宋）晁公遡《嵩山集》卷六，《景印文淵閣四庫全書》本。

他方。

從接下來的詩句來看，晁公遡心儀的“彼處”之一便是吴越之地，詩人早年隨家人逃難南下，曾“東遊吴楚”，但“彷徨不知所稅駕，始徑蜀道”①，所以其對吴地風光應該只有匆匆一瞥的印象，這一次“近聞有客自吴至”，聽吴客的描述，加之詩人的想象，對吴地奇絶的山川、雍容的帝都氣象、華麗的殿宇充滿了嚮往之情，且浙中“氣象”迥异於巴地的山川地貌，所以詩人“年來聞此益欲東”“但期生見翔鳳闕”。又托吴客寄書，問訊浙中兄弟，詩人最後抒發了對兄弟的寬慰：你們雖流落南方，但依然身處帝都（臨安）附近，我們眼前雖山河破碎却風景不殊，所以不要像“楚囚”那樣徒然悲傷。“流落猶爲帝城客”一句也可以理解爲對彼此的寬慰：“我們雖流落吴蜀，但我們都是從帝都（開封）南逃而來的客居者。”從詩人描寫浙中是天子、鳳闕之所在，以及詩歌末尾對“帝城客”的强調，我們發現晁公遡對政治中心有較强的依戀與嚮往。由此可知，離吴萬里的“巴山氣象”無法滿足詩人的期待，也無法安頓詩人的客心。

對東吴的想象還不止於此，詩人曾在《鮮于大任自東南歸唐安，遺予張安國所作水調歌墨本一軸，且云明年復往吴下，喜簡作此》一詩中描繪了他對東吴的印象或想象：“去蜀遊東吴，舉頭望赤霄。君之門九重，觚棱鬱岧嶤。是中盛文物，簪筆立漢朝。規摹覺地雄，氣象知天高。計其所從客，皆是夔與皋。”② 作爲帝都所在地的東吴，宫闕巍巍、禮樂富盛、人才滿朝，規模氣象皆雄偉高華，這更使得身處政治、經濟、文化弱勢地區的詩人對東吴懷有憧憬欽慕之情。然而，這種憧憬與欽慕對晁公遡來説更近於一種幻影，或是無望的守候：“江邊日日强登臺，越柁吴檣久不來。投迹東巴留萬里，側身南極望三臺。”③ 聽聞有從江南歸來的使者，晁公遡也會懷着欣喜與激動之情迫切地向其打聽東南那邊的情况：“晴川獸數千艘過，深硤遥看一水趨。傳道南檣有歸使，晚來失喜問揚都。”④

對吴地山川風俗等迥异於“巴山氣象”這一點，晁公遡在送友人去吴地的《送湯子才》中也有强調：“未論魏闕功名近，不與巴山氣象同。更

① （宋）晁公遡《送王子載序》，《嵩山集》卷四十七，《景印文淵閣四庫全書》本。
② （宋）晁公遡《嵩山集》卷四，《景印文淵閣四庫全書》本。
③ （宋）晁公遡《江邊》其二，《嵩山集》卷十一，《景印文淵閣四庫全書》本。
④ （宋）晁公遡《江流》，《嵩山集》卷十一，《景印文淵閣四庫全書》本。

到臨平看輦路，沙堤十里軟塵紅。”① 又如《南州》詩中抒發了對吴地的牽掛、對東歸的渴盼：

久矣吾人愧白鷗，塵埃無路入南州。愁横蜀嶺何年斷，夢繞吴江盡日流。病骨本無軒冕相，微官端爲稻粱謀。與君共約東歸日，江總還家要黑頭。②

“南州”即夔州路南平軍，此詩應作於詩人任官南平軍期間③，宦遊羈旅、心愧白鷗，那横亘眼前、綿延無盡的蜀山如心中的愁悶，何年才能斷絶？而夢魂却縈繞着吴江，日日夜夜。滯留蜀地、爲稻粱謀而任微官的寄寓生涯，似乎一直潛藏着“東歸”的渴望。當友人從都城歸蜀，也會激起詩人“東歸”的願景，如《王才諒歸自臨安，備道群從内集之樂，感而有作》：

豈料高陽里，於今復舊遊。風塵兩地隔，江海一身留。夢斷烏衣夜，魂傷白帝秋。臨平江上柳，早晚繫歸舟。④

滯留巴蜀的晁公遡經常在夢中重回吴越之地，從詩中“白帝”來看，此詩應作於詩人留佐夔州路轉運判官王珏之時，那烏衣巷的繁華、臨平的柔柳和白帝城蕭颯的秋景形成强烈的對照，尾聯抒發了内心對“東歸”的執著信念。

吴越除了因其山川形勝，又是帝都所在而吸引着晁公遡，其飲食特色也是詩人所憧憬的，詩人曾在《謝曾子長分餉臨江軍黄雀》中寫道：“使我轉憶江湖鄉，水珍海錯那可忘。十年不見尚能説，楚人未數鯉與魴。蛤蜊含漿自有味，蟹螯斫雪仍無腸。紅螺爲醬勝食肉，白蝛作炙如截肪。江瑶石首最貴者，千金一枚誰得嘗。但願浮家老吴越，此生不願尚書郎。”⑤ 臨江軍屬江南西路，友人饋贈的臨江軍的黄雀觸動了他對江南各種“水珍海錯”的記憶，早年“東遊吴楚”在飲食上的體驗給詩人留下了較深的印

① （宋）晁公遡《嵩山集》卷十，《景印文淵閣四庫全書》本。
② （宋）晁公遡《嵩山集》卷十三，《景印文淵閣四庫全書》本。
③ （宋）晁公遡《離南平》詩中有“官曹已畢三年考，客路深嗟萬里邀”，《嵩山集》卷十一，《景印文淵閣四庫全書》本。
④ （宋）晁公遡《嵩山集》卷十三，《景印文淵閣四庫全書》本。
⑤ （宋）晁公遡《嵩山集》卷四，《景印文淵閣四庫全書》本。

象，以至於詩人帶着對美味的想象與欲望，鋪陳形容了多種海味，形象生動、如在目前，由此生發出詩人“但願浮家老吴越，此生不願尚書郎”的願望與幻想。

雖然“東歸”與“北歸”一樣終是幻影，但是由巴入蜀的晁公遡，在西蜀優美適意的山水中找到了心靈的慰藉，西蜀山川成了吴楚之地的補償，《自過犍爲山水益佳》云：

> 客遊三十年，不出僰與巴。江惡崖石粗，十步九褒斜。自過賴里西，山水日夕佳。冥冥見遠樹，渺渺鋪平沙。兩岸何所有，鬱鬱皆桑麻。良疇散牛羊，支流入魚蛇。清絶益可愛，豈復憶漢嘉。怳如涉荆吴，是耶復非耶。兒女長峽中，老妻髮已華。兹來始及此，舉首亦驚嗟。①

前引《懷浙中兄弟》是詩人入蜀十年後所作，對滯留歲月感到厭倦，而此詩作於乾道元年（1165）春赴眉州知州任途中，客寓“巴僰”之地已經三十年，這三十年，“無田廬可歸，爲貧所驅，矻矻州縣間”②，仕宦的足迹主要在夔州路各州縣，如梁山軍、夔州、涪州、施州等，所謂“陸沉於峽内久矣”③。此詩開篇“客遊三十年，不出僰與巴”兩句正是這種審美疲勞與無奈的流露。“江惡崖石粗，十步九褒斜”般的險山惡水便是詩人頻繁厭弃的“巴山氣象”。犍爲縣屬於嘉定府，已經屬於西川，這裏的山川風物讓見慣了粗石惡江的詩人頓感舒暢、欣喜，眼前平廣的地勢、鬱鬱桑麻、散布牛羊的田疇、蜿蜒的支流，一派“清絶”與“可愛”，甚至讓詩人有些恍惚，覺得來到了荆吴，入蜀前“東遊吴楚”的觀感與記憶可能被眼前的犍爲山水給激活了，仿佛重現了對“荆吴”山水的印象。詩人最後感慨自己與老妻、兒女在峽中歷盡了漫長的年華，習慣了巴僰的山川景象，這一次因赴眉州任來到西川才見到這般優美的山水，不禁驚嘆唏嘘。這清絶的西川山水慰藉着詩人對“荆吴”的憧憬與欣羡。此詩生動地呈現了久居巴地而初來蜀地的晁公遡眼中的“巴”“蜀”有何差异，以及

---

① （宋）晁公遡《嵩山集》卷二，《景印文淵閣四庫全書》本。

② （宋）晁公遡《上宰相小柬》，《嵩山集》卷二十九，《景印文淵閣四庫全書》本。

③ （宋）晁公遡《上虞参政》《上王樞密》，《嵩山集》卷二十九，《景印文淵閣四庫全書》本。

“巴”“蜀”山川給詩人帶來的不同的情感傾向，同時流露出對吴楚之地的憧憬，這種憧憬似乎成了心結，使得吴楚之地在詩人潛意識中成了他觀照地域環境時最佳的參照標準。

二、鄉國之思與憩心之願

由昔日作爲北宋政治、經濟、文化中心的繁華汴京，遷徙到僻遠、閉塞、落後的巴蜀，由北方的平原遷徙到多山的巴峽，自然、人文環境的陡然改變會讓晁公遡極不適應。當年蘇轍在《上樞密韓太尉書》中言及自己由家鄉眉山出川後，壯遊終南嵩華、黄河，以及入京之後感受到人生視野的被打開：“轍生十有九年矣，其居家所與遊者，不過其鄰里鄉黨之人，所見不過數百里之間，無高山大野可登覽以自廣，百氏之書雖無所不讀，然皆古人之陳迹，不足以激發其志氣。恐遂汩没，故决然捨去，求天下奇聞壯觀，以知天地之廣大。過秦漢之故都，恣觀終南、嵩、華之高，北顧黄河之奔流，慨然想見古之豪杰；至京師，仰觀天子宫闕之壯與倉廩、府庫、城池、苑囿之富且大也，而後知天下之巨麗；見翰林歐陽公，聽其議論之宏辯，觀其容貌之秀偉，與其門人賢士大夫遊，而後知天下之文章聚乎此也。”[①] 京師汴京富麗的帝都景觀以及人文之薈萃極大地拓寬了蘇轍的經驗世界，使得其視野和文才都得到了擴展與提升。然而，晁公遡的生命軌迹却與蘇轍相反，北宋的覆亡迫使他從充溢着富麗氣象、禮樂之盛以及人文薈萃的汴京遷徙到僻陋、蠻荒的巴峽，體驗着命運、環境、生存境遇的巨大落差。作爲曾經的開封文化大家族，晁氏家族隨着靖康之難的爆發而分崩離析，晁公遡之父晁冲之死於戰亂，而晁氏子弟流亡江浙、巴蜀各地，這種今昔巨變帶來的心理失衡與創傷是可想而知的。寄寓巴蜀的晁公遡經常思念故園，追憶家族往日的繁盛，也經常湧起收復北地的願望。

（一）故國之思、家族記憶、收復渴望的相互纏繞

有學者指出，對以京、洛爲中心的中原故土的追憶以及中興的想象，

---

① （宋）蘇轍《欒城集》卷二十二，上海：上海古籍出版社，1987 年，第 477～478 頁。

是南渡文人中興情結及其抒寫的重要層面。[①] 晁公遡的巴蜀詩作中也體現了濃郁的故園之思與收復渴望，而這些情結的内涵又獨具特色，巴蜀地域的荒僻、落後深化了他對故都的思念、對收復中原以重返家園的渴盼，昔日榮盛的家族記憶爲詩人帶來了難以釋懷的憾恨，這些都强化了晁公遡的黍離之悲與故國之思。

因爲已無故鄉可歸，思鄉成了詩人心中永遠打不開的結，故都與家園是詩人魂牽夢繞的所在，在氣候風土迴异於北地的巴蜀宦遊奔波，天涯流落之感籠罩着詩人的心靈，增强了他的那份鄉情，也積蓄了更深的無望：

> 遥瞻浮雲蔽北極，故鄉何在心悠哉。茂陵先帝儻見夢，敢不奏記通天台。（《天寒》，《嵩山集》卷七）
>
> 安排物色慰年暮，流落天涯嗟路窮。炎江熱石那可觸，少待征帆駕歸鴻。（《聞稻有成》，《嵩山集》卷八）
>
> 嗟予久去國，流落天一涯。因君返枌榆，慘然起遐思。不惟消魂苦，益增遊子悲。（《送譚廷碩司户歸魚復》，《嵩山集》卷六）
>
> 南征羡鴻雁，獨有故鄉歸。（《江雨》，《嵩山集》卷十）
>
> 孤雲吾所羡，獨有故山歸。（《節往》，《嵩山集》卷十二）
>
> 遠遊殊俗倦，歸路故鄉迷。（《沙寒》，《嵩山集》卷十一）
>
> 客泪隨猿落，家書想雁來。（《病中》，《嵩山集》卷十三）
>
> 要令鄉國夢，暫向枕中遲。（《和郭安道》，《嵩山集》卷十四）
>
> 故國邊聲静鼓鼙，依然宫闕泪沾衣。端門曉日烏聲樂，别殿春風燕影歸。目斷楚天嗟樹隔，夢回梁苑逐雲飛。里中父老今誰在，聞説比鄰半是非。（《即事》，《嵩山集》卷十四）
>
> 舉鞭重到故都行，予亦咨嗟恨不勝。心與隴雲留漢苑，目隨烟樹遶秦陵。（《夢中作》，《嵩山集》卷十四）

不管是送友人返鄉，還是見南征鴻雁，詩人皆聯想到作爲遊子的自己，不僅經常夢見自己返回故都，甚至有意將鄉思寄托於夢境。這回不去的故鄉，也只能憑借夢中之路來尋訪了。身處天涯异鄉的迷惘、思念與歸夢的徒勞爲這些詩作染上了深沉的悲感。

---

① 王建生《通往中興之路：思想文化視域中的宋南渡詩壇》第六章“南渡文人的中興情結及其抒寫”，上海：上海古籍出版社，2011 年，第 295 頁。

對晁公遡來説，關於故園的記憶同時也是故國的記憶，家國淪亡之悲經常從异鄉漂泊之感與思鄉之情中滲出，如《他鄉》中有“故國山川安在哉，他鄉今復見春來”①，《偶作》中有“常年皆作客，隨地即爲家。尚想關山路，傷心故國賒”②，又如《立春有感》：“歲盡無人訪汴州，東風應到未央樓。荒垣草没牛羊入，廢苑春生雉兔遊。萬里艱難炊劍首，十年流落夢刀頭。一官何事不歸去，空戴南冠泣楚囚。”③ 詩人想象此時春風中的汴州，牛羊稚兔出没悠遊於荒垣廢苑，而詩人流落萬里之遥的蜀地，宦遊飄零，無家可歸，故園之思混合着濃厚的黍離之悲。

與中原暌隔十五年後，詩人收到北客的書信，得知故都與家園的訊息，感而作長篇《得東南書，報亂後東都故居猶存，而州北松櫝亦無毁者》：

旄頭光垂北風起，胡沙漫漫暗天地。翠華清曉巡朔方，咸陽宫殿生荆杞。胡兒解鞍留漢土，凝碧池頭日歌舞。一朝忽弃洪河南，來歸輿圖丞相府。當初亂離誰料此，南北中分指淮水。天暌地隔十五年，不知中原復何似。至今兵罷關泥開，始有北客中原來。歷言王侯故第宅，瓦礫半在高臺摧。最憐長楊與宣曲，樹木荒凉迷御宿。上林苑廢花自開，輦路春回草還緑。宫中千門萬户空，獸扉凝塵生網蟲。遺民相對向天泣，耳冷不聞長樂鐘。外城白晝無人行，當道往往狐狸鳴。天陰日暮聞鬼哭，萬家經亂今一存。嗚呼上帝白玉京，繁華掃地令人驚。此生復識太平象，不及百年終未能。世人寧有金石堅，定恐不見全盛年。出門恍惚忘南北，故國何在山連天。豈意揚雄一區宅，城破蕭條尚如昔。閉門風雨長蓬蒿，榱桷多年亦傾側。户牖尚帶沙場塵，小兒猶學胡笳聲。四鄰半已易新主，存者無復當時人。城北淒凉九原路，往往停車不忍去。幸無樵牧犯松柏，那有鮮卑護置墓。春風冢木生蒼烟，北望拜泣還欣然。向來艱難誰得免，獨我獲此真天憐。君不見開成相國玉杯第，甘露變興巢亦毁。又不見驪山築墳葬祖龍，牧兒盜入焚其中。儒生慮遠無後憂，生居敝廬死山丘。五世相傳蓋有道，

① （宋）《嵩山集》卷十二，《景印文淵閣四庫全書》本。

② （宋）《嵩山集》卷十一，《景印文淵閣四庫全書》本。

③ （宋）《嵩山集》卷十三，《景印文淵閣四庫全書》本。

中無所欲人何求。邇來天涯倦爲客，角巾行卜東歸日。里中耆舊今已無，忍聽鄰人更吹笛。[1]

詩歌從金兵入侵、家國瞬間淪喪寫起，繼而鋪陳故都現在的景象：宮苑荒凉、狐狸當道、萬家存一、遺民悲泣，頃刻之間“繁華掃地”，接著詩人感慨人生有限，“復識”故國“太平象”之難，滿眼“出門恍惚忘南北，故國何在山連天”的沉痛，這是與杜甫《哀江頭》中“黄昏胡騎塵滿城，欲往城南忘南北”[2]的异代共感。詩歌接着續寫故居的景况：蓬蒿遍地、榱桷傾塌、小兒學胡笳、四鄰易新主，雖蕭條而幸其猶存，城北的陵墓亦没有遭受損壞，詩人得以“北望拜泣”，詩歌最後回到天涯倦客的自身，希望問卜東歸之日。此詩鋪叙故園靖康之亂後的荒蕪與蕭條，在手法和情韻上可謂得樂府《十五從軍行》、杜甫《無家别》的風韵，以賦法鋪排渲染故都的荒廢，從王侯故宅、宫廷苑囿到外城、萬家，再到詩人自家的住宅與鄰里，最後歸到詩題中城北的陵墓，層層鋪寫描摹，將故都的滿目凄凉延展至一個闊大且疊合的空間，愈增其悲凉。

正如詩人在上詩中寫到對“復識太平象”、重“見全盛年”的希冀，因故園淪喪，思歸而不可得，所以收復中原的渴望也時常湧動在詩歌裹：

樂歲共歌羊考牧，新春不與雁還鄉。聖時願報收輿地，快自襄陽下洛陽。（《曉望》，《嵩山集》卷十一）

長安摧堞有烏聲，草木猶蒙戰伐塵。應念關中不忘漢，至今遺老願王秦。（《感事三首》其二）

常恐東南驛騎疏，每逢人至問揚都。深知白虜心輕漢，終倚黄旗運在吴。（《感事三首》其三，《嵩山集》卷九）

無人雄心肯出塞，何日戰骨與封崤。（《中原》，《嵩山集》卷十二）

詩人希望早日收復故土，就能如當年杜甫所憧憬的那般“即從巴峽穿巫峽，便下襄陽向洛陽”，重返故園。而且詩人心系北地的遺民，想象着

① （宋）晁公遡《嵩山集》卷七，《景印文淵閣四庫全書》本。

② （唐）杜甫著、（清）仇兆鰲注《杜詩詳注》卷四，北京：中華書局，1999年，第331頁。“欲往城南望城北”中的“望城”一作“忘城”，一作“忘南”，從晁公遡此詩來看，其所讀到的杜詩應是作“忘南北”。

他們的堅守與期盼，所以對於東南的軍事情況也密切關注，并對南宋王朝的軍事實力與國運的復興抱有一份信心與幻想。

黍離之悲、收復熱望有時和家族盛時記憶交織在一起，這些家族記憶又將黍離之悲塗抹上了鮮活的悲感色調，如《喜三十二弟來》這樣寫道："吾家全盛時，冠蓋靄雲屯。上車入華省，下車趨裹門。宗族百餘人，圭璋迭璵璠。胡塵暗河洛，分散各南奔。"[①] 昔日之盛與貴，更襯今日山河破碎、宗族没落流離之悲。又如《王才諒自行朝歸，以進士題名示予，愴然有感》一詩所呈現的，詩人由進士題名追憶起家族在先朝的榮盛，撫今追昔而感天涯滯留、思北闕之重見："先朝賜第白玉京，五世不出長安城。每聞三歲射策罷，諸生盛服趨天庭。……楚山聯綿越山遠，夢魂不到明光殿。一官留滯未得歸，北闕何時眼中見。"[②] 晁氏家族綿延十餘代二百餘年，自晁公遡的六世祖晁迥成爲家族第一個中進士的成員以來，六世登第，且家族人才興盛，進士及第人數衆多，科舉的成功使得晁氏家族成爲宋代文化大家族。晁氏家族世代以文華著稱，辭學成爲家族重要的教育傳統；自晁迥以來，佛學也逐漸成爲晁氏家族的家學傳統，且晁氏家族藏書豐富，是中原文獻之家，著名目録學家晁公武便是繼承了家族藏書的優良傳統，可見晁氏家族在政治、文學、學術等領域均有杰出的成就。[③] 這樣一個榮盛無比的文化大家族却頃刻間分崩離析、散落天涯，怎能不讓詩人愴然悲感呢？

（二）葱心之願

靖康之難給當時南渡士人的生存境遇與心靈帶來了極大的衝擊，金兵侵襲、盗賊肆虐使得士人在戰火亂離、流亡奔波中，驚惶悲痛。避難流離中的詩人對杜詩中的戰亂書寫與生命體驗生發出切身的共鳴。陳與義在"避虜連三年，行半天四維"的流亡中深慨"但恨平生意，輕了少陵詩"[④]；李綱南渡後寓居福建時，在携家躲避鄰州盜寇的途中也有"吟哦

---

① （宋）晁公遡《嵩山集》卷四，《景印文淵閣四庫全書》本。

② （宋）晁公遡《嵩山集》卷六，《景印文淵閣四庫全書》本。

③ 此據何新所《昭德晁氏家族研究》第二章"昭德晁氏家族研究"，上海：上海古籍出版社，2006年，第99～129頁。

④ （宋）陳與義《正月十二日自房州城遇虜至奔入南山十五日抵回谷張家》，《陳與義集》卷十七，北京：中華書局，1982年，第274頁。

杜陵詩，妙語皆中的"[①]的深切認同。與惶懼錯愕、遷徙流離相伴隨的是對歸隱、安居的祈願，親歷亂離才切身地感到和平、安定的珍貴，生命在萬幸中存活，於是更迫切地尋求歸隱，以安放和撫慰受盡創傷的心靈。晁公遡早年的避難流離、入蜀後長年的仕宦奔波，使其心靈充滿了傷痕和倦意，兄弟、親友的深厚情誼給了這顆飽受亂離飄零之苦的心靈以極大的慰藉。

晁公遡在《聞范道卿將赴試成都，作此勉之》一詩的前半部分追憶了自己的一生：

> 長來故倦遊，車轍環天下。艱難不吾容，虎兕適曠野。世方卧積薪，敢獨怨飄瓦。久荒小山桂，幾葬蒲圃檟。百罹生不辰，一死天所赦。故交贈綈袍，旅食悲冷炙。將索長安米，偶中澤宫射。倚楹日悲歌，魯國疑欲嫁。退慚一木微，安足支大厦。收聲就泯默，故意遂衰謝。二年遊諸侯，彈鋏守代舍。地濕恐鵩來，常畏鬨單夏。官慚司馬巧，學愧齊人詐。低回甘折腰，俯仰甚出胯。入遭妻孥笑，出畏官長罵。一官終無成，他日要税駕。買山誅茅草，遶屋植桑柘。婦能躬井臼，時饁南畝稼。人皆見我窮，連蹇足悲咤。[②]

家國動亂後，詩人流離失所、飄零四方，命運禍福之不可測、生死之偶然都在他早年的心裏投下了陰影。後來進士及第，羈旅宦遊，不諳巧詐、俯仰折腰，不喜也不擅長爲官的詩人更爲渴望携家人一同栖息田園、躬耕南畝。"爲貧所驅"而不得不"矻矻州縣間"[③]的晁公遡，一直心藏買山歸隱之志，這一心聲在《送子嘉兄赴達州司户序》一文中有詳細的吐露：

> 且不幸生十年而北敵發難，先君惟國之憂，不忍捨而去，留佐東道，師敗於寧陵，某不能從死，獨與兄弟扶携而東。方亂，市無車馹可假而奔，就有焉，貧不能得。煢然其幼也，會天雨雪，足塗潦，不

① （宋）李綱《聞建寇逼境，携家由將樂、沙縣以如劍浦》，《李綱全集》卷二十八，長沙：岳麓書社，2004年，第370頁。

② （宋）晁公遡《嵩山集》卷八，《景印文淵閣四庫全書》本。

③ （宋）晁公遡《上宰相小柬》"無田廬可歸，爲貧所驅，矻矻州縣間，但知自治而已。"《嵩山集》卷二十九，《景印文淵閣四庫全書》本。

能勝，數步一仆，罷曳不能起，相持而慟，更掖之以進。時又四方所征兵集梁下者皆散歸，剽道上，於是危。得脱度淮，蓋瀕九死，幸而存，至今常與兄弟言："已不幸蚤孤，獨兄弟在，其可須臾離也？他日苟不死，當共弃人事，求山川勝絶處，買田築室，歲時伏臘，斗酒自勞。閑暇葛巾藜杖，上下山坂，徜徉焉，亦可以老矣。使得官，則當仕他州，將不得集處如田畝間也。"以是愈不欲爲吏。又經亂來，尤不喜與人别。每朋友去，亦悒悒作數日惡。今既仕離三四年，乃始得合。其間或因緣檄召置旁郡，或轉徙滋益遠，則邈乎其歸也。故初與兄弟約不仕。然家儲亡素者，欲弗仕不能也。於是往即焉，涕泣以訣。……吾以不樂爲吏之心，而從事於志乎功名者，難也。……幸皆有禄，姑可衣繒飯粳，儲其餘，他日歸，買山焉以隱，庶乎曩志之卒有成也。①

晁公遡的父親晁冲之在建康元年（1126）抗金時敗死於寧陵，早孤的晁公遡只有兄弟可以依傍，加之動盪飄零的苦難經歷，使得他很早就萌發了與兄弟歸隱田園的願望，因爲仕宦他州，兄弟便要分隔异處，所以雖"初與兄弟約不仕"，"然家儲亡素者，欲弗仕不能也"，迫於生存的現實而不得不仕宦，只能把與兄弟買山歸隱的"曩志"寄托於仕宦所得的俸禄了。

童年便飽經亂離之苦，晁公遡非常珍視親情、友情，對親友的遠道而來或順道相訪感到激動喜悦，這種喜悦經常直接表露於詩題，如《喜張仲景范與蔡仲見過》《喜劉文潛來，奉簡短作》《喜三十二弟來》《喜邵孟清見過》《喜王志夫來》等，流露出詩人對親友之情的依戀。對於羈旅巴蜀、思念故鄉的詩人來説，親情、友情無疑給了他很大的慰安。《遊園》詩中所言"尊每不空緣好客"②，非常好地概括了晁公遡的性格。正如其在上述《送子嘉兄赴達州司户序》中所言，不願爲吏是因爲想與兄弟"集處如田畝間"，"又經亂來，尤不喜與人别。每朋友去，亦悒悒作數日惡"。因靖康之難而失去親人，又在動亂中四處逃奔，且飽嘗世態炎凉，晁公遡緊緊依偎在親情和友情的懷抱，療養心靈的傷痕，彌補心靈的缺失，所以他

① （宋）晁公遡《嵩山集》卷四十七，《景印文淵閣四庫全書》本。
② （宋）晁公遡《嵩山集》卷十二，《景印文淵閣四庫全書》本。

對重逢與相聚是那麼的欣喜，對離别所帶來的孤獨與茫然若失是那麼的懼怕和抵觸。

除了早年的避難流離，晁公遡入蜀後宦遊於巴峽各州縣，後又由巴入蜀，任官眉州，被動的遷徙、飄零成了詩人人生旅途的恒常節奏，爲貧所驅的州縣宦遊讓詩人感到束縛、厭倦，對安居的渴思自然而然地爍動在羈旅行役的路途。

當行旅遇到惡劣的氣候，伴隨而來的艱難旅况帶來了對行役的厭倦與怨憤，如《恭南道中有感》寫清晨欲啓程而阻雨的旅况：

> 西風夜驚林，木葉下寒浦。大江未收潦，黄流尚奔注。起看曙光開，忽已暗烟霧。靄靄空谷雲，冥冥秋江雨。昏霾天際山，瞑入雲間樹。跳波亂沸白，行旅皆斷渡。况復悲遠行，扶疾在道路。嚴程不可緩，端爲斗米誤。有田儻可歸，破甑誰復顧。①

遠行阻雨又加之疾病，爲了“斗米”而不得不“嚴程”行役，詩人不禁感到無奈而悲憤，想到自身如果有田園可歸，早已視仕宦如“破甑”了。

所以路途上遇到祥和的農舍風光，又會激發詩人對安定、温馨生活的羡慕與渴求。作於涪州樂温縣的《樂温道中》，這樣描繪秋日早行所見景色：“樹色共空闊，晨光尚蒼茫。雞鳴始知村，漸覺暾朝陽。青烟出林際，滯穗或在場。感兹田舍樂，慨然懷故鄉。黄金百鎰盡，失路徒悲傷。”②詩人感受到田家生活的温馨和安樂，故鄉之思油然湧起。對經歷了家國破碎而飄零巴蜀的詩人來説，雞鳴、青烟和稻穗所勾勒的安居樂業的生活狀態讓他感到憧憬與欣羡，然而憧憬過後便是極爲現實的“失路”之悲。

三、知眉州任上的地域歸屬感

蜀地的自然、經濟、文化要遠比巴地發達，如果説巴蜀是一個整體的大文化區的話，“蜀（川）”“巴（峽）”則是次文化區，而東蜀（東川）、西蜀（西川）又是“蜀（川）”的次文化區。眉州是西蜀文化重鎮，在巴

① （宋）晁公遡《嵩山集》卷七，《景印文淵閣四庫全書》本。
② （宋）晁公遡《嵩山集》卷六，《景印文淵閣四庫全書》本。

峽宦遊三十年的晁公遡，在山川風物迥异的西蜀眉州宦居，也逐漸産生了一種地域歸屬感與依戀。宋代的眉州文化發達，在文學、史學、圖書業等領域展現出卓然的風采，祝尚書先生將眉州在宋代文化上所呈現的這種特性稱爲“眉山現象”，這一現象與唐五代的移民運動爲宋代巴蜀文化注入的無窮活力密切相關，北方文化與巴蜀文化的融合又以結成强大的家族群爲特徵，家族文化依靠教育和科舉，逐漸演化成在文學、史學等領域著名的文化家族。[①] 北宋的三蘇，尤其是蘇軾，更是成爲眉州或蜀中的文化符號。除了人文之盛，眉州在自然形勝方面也是鍾山川之靈秀，乃“古犍爲之地，介岷、峨之間，象耳鎮於後，山秀水清，通衢平直”[②]，所以眉州在人文與自然方面都是特出於西蜀。西蜀在文化、經濟、自然等方面本較巴夔爲勝，而眉州又是西蜀名邦，對已在東巴客遊三十年的晁公遡來説，慣看巴峽的粗石惡江，對於西蜀“清絶亦可愛”[③] 的山川地景感到欣羡與喜愛，在知眉州任上，宦居於此的詩人對眉州的形勝、山川産生了親情般的依戀，眉州也給這位飄零巴蜀的北客帶來了珍貴的地域歸屬感。

晁公遡知眉州時期曾於秋試後置酒設宴，爲考官送行，作《今歲試士竟，置酒起文堂，延主司，且作詩送之》，詩中寫到了眉州好文的民風：

> 吾州俗近古，他邦那得如。飲食猶俎豆，傭販皆詩書。今年屬賓興，詔下喧里閭。白袍五千人，崛起塞路衢。入門坐試席，正冠曳長裾。談經慕康成，對策擬仲舒。吟詩必二雅，作賦規三都。傳聞選主司，考閲須鴻儒。果然提權衡，未嘗謬錙銖。得者固驚喜，失者亦歡呼。鄉黨爲嘆息，是事蓋久無。老守蒙此聲，增重西南隅。何以爲子謝，舉觴挽行車。少留盡一醉，歸駕且勿驅。[④]

知眉州的晁公遡發現眉州風俗不同於他州，近於古風，祭祀宴饗等猶用俎、豆等禮器，僕役、小販等皆懂詩書，五千考生的規模也顯示出眉州好文好學之風。其在《眉州到任謝執政啓》中也盛贊了眉州這種好文之風：“某切觀兹地，蓋异他邦。風俗甚文，有蘇、程、石典刑之尚在；江

① 祝尚書《論宋代文化中的“眉山現象”》，《四川大學學報》（哲學社會科學版），2004 年第 3 期。

② （宋）祝穆撰，（宋）祝洙增訂，施和金點校《方輿勝覽》，北京：中華書局，第 947 頁。

③ （宋）晁公遡《自過犍爲山水益佳》，《嵩山集》卷二，《景印文淵閣四庫全書》本。

④ （宋）晁公遡《嵩山集》卷五，《景印文淵閣四庫全書》本。

山良美，與彭、蜀、漢境土之相連。久矣所傳，號其難治。通儒宿學，則不令而治；庸夫俗吏，則雖令不從。”[①] 《方輿勝覽》關於眉州之“風俗”條有言：“俗近古者三，學者獨盛，以詩書爲業，以名節相尚。”[②] 我們從上詩亦可窺見其俗近古之一斑。詩人還曾在《眉州燕遊雜詠十首》其十《遠景樓》中感慨道：“我覺千歲近，民今三代同。”眉州之民在詩人眼中還保有夏商周的上古民風。晁公遡上任眉州郡守後，“見學宫諸生，誠皆彬彬然。徐問諸學官，其食有田而無書也”，遂“爲之市諸書以遺學者”[③]，展示出對眉州學宫教育的重視，也爲眉州文教的發展貢獻了力量。

隨着詩人在眉州寓居的時日漸長，其經常在詩歌中流露出對這一地域與山水的歸屬感與自豪感：

> 老夫實自慶，得爲使君公。飲食玻璃江，日汲水一鍾。（《喜張仲景范與蔡仲見過》，《嵩山集》卷二）
>
> 吾州玻璃江，不減蒲萄酒。（《比與鮮于東之遊池上，已而辱三詩見示，因次韻》，《嵩山集》卷二）
>
> 飲我玻璃江，瀉子瓊瑰懷。（《贈羅仲思，仲思今夏來試群士，八月予被朝命爲别試所考試，仲思亦來》，《嵩山集》卷五）

“玻璃江”即蜀江，穿流在眉州城外，詩人在“玻璃江”前冠以“吾州”“我”等詞，透露出其作爲一州之長的主人意識和地域自豪感，在此地生活日久，詩人對這裏的山川也産生了親切、喜愛之情，逐漸融入當地而生成了地域歸屬感，“飲我玻璃江”這類詩句背後的滿足、自豪與擁有感是顯而易見的。又如《喜劉文潛來，奉簡短作》滿溢着對眉州山川形勝的喜愛、贊美與自豪之情：

> 吾州横絶峨嵋陰，地勝無復俗塵侵。慈姥岩深不受暑，老翁井寒能洗心。子來觸熱可休駕，我起呼風令解襟。芙蓉池上更爽塏，仰看參天皆茂林。[④]

詩人喜友人來訪，激動地向他介紹“地勝”的眉州：地處峨眉之陰，

---

① （宋）晁公遡《嵩山集》卷十七，《景印文淵閣四庫全書》本。
② （宋）祝穆撰，（宋）祝洙增訂，施和金點校《方輿勝覽》，第946～947頁。
③ （宋）晁公遡《眉州州學藏書記》，《嵩山集》卷五十，《景印文淵閣四庫全書》本。
④ （宋）晁公遡《嵩山集》卷二，《景印文淵閣四庫全書》本。

山清水秀，有幽深的慈姥岩、清冽的老翁井、高爽的芙蓉池，想到友人來此正值炎夏，眉州這些山水景致正可供其“休駕”，尤其是其中的老翁井與芙蓉池，是與蘇軾有關的遺迹，使得晁公遡愛賞不已，“惟愛老翁井，蘇仙手所開”①，又曾這樣詠芙蓉池：“子勿謂池小，托之儋耳翁。名重覺景勝，人賢增地雄。”② 井與池皆因蘇軾之名而倍增其光彩形勝。詩人如數家珍地向友人列舉眉州勝迹，如同在誇耀自己的家鄉一般，流露出鮮明的親切、自豪之感。

晁公遡曾在《師伯渾自通義來，且出詩一軸，爲之喜甚，奉簡短作》中回憶起自己守眉州的時光：

> 通義固多賢，我昔守此邦。不肯入城府，私獨敬老龐。今誰念我去，帳空列麾幢。感子能遠來，香醪發春缸。共登烟雨樓，相對雲霧窗。贈貽詩五字，何啻璧一雙。詞源極峻潔，石齒漱琮琮。驚怪得爾清，中有玻璃江。③

“通義”即眉州，眉州在唐時一度改爲通義郡，由於友人從眉州來，詩人不禁回想起自己知眉州的時光，詩歌末尾用玻璃江的清澈來誇贊師伯渾詩歌之清峻，一來呼應友人從眉州來的背景，二來也是抒發對玻璃江的回憶與懷念，那泓江水縈繞着他對那段仕宦歲月的温情記憶。

眉州既多山川勝景，自然少不了登覽遊賞，晁公遡曾遊覽眉州有名的中岩山，作有《中岩十八詠》《中岩》等。《中岩十八詠》以組詩的形式分詠中岩山的各處景致，如《慈姥岩》《唤魚潭》《寶瓶峰》等。《眉州燕遊雜詠十首》以五絕組詩的形式，對自己平日經常遊訪的亭台樓榭進行了簡筆勾勒，這些堂榭中，知名的如遠景樓、臨風閣、披風榭等，這組詩歌爲我們呈現了當時眉州郡治的風光形勝。

因爲眉州知州的身份，晁公遡也作有記録此地政事民情的詩歌，這些詩歌爲我們呈現了作爲地方官的詩人與當地百姓之間的關係與互動。鄉人曾向他提議疏通舊江，詩人以《鄉人欲開舊江相勉以詩》《郡人請開舊江

---

① （宋）晁公遡《師永錫少出通義，其歸，携伯渾詩來，因用其韻，伯渾頃嘗相送至下岩也》，《嵩山集》卷三，《景印文淵閣四庫全書》本。

② （宋）晁公遡《喜張仲景范與蔡仲見過》，《嵩山集》卷二，《景印文淵閣四庫全書》本。

③ （宋）晁公遡《嵩山集》卷二，《景印文淵閣四庫全書》本。

口因往視之而作》記之，前詩記鄉人關於開舊江持兩種觀點且相持不下之事，後詩記開舊江的必要性、郡人“畚插各自携”[1] 的開江景况以及詩人去視察之事。

與眉州百姓的互動融合、對眉州山川勝迹的愛賞，無疑深化了詩人與眉州的感情，這個自然、人文薈萃的西蜀名邦，讓宦遊東巴三十年的北客找到了一種滿足愜意的地域歸屬感。這份珍貴的地域認同與歸屬感對飄零一生却心寓他方的詩人來説，或許是巴蜀地域留給詩人的補償。

本文主要從地域感知與地域情感的角度，考察了晁公遡作爲南渡詩人流寓巴蜀的生命情感樣態。長年宦遊於巴東，作爲“北客”的詩人對巴峽的自然、氣候、地形等極爲不適，在詩作中頻繁地抒發對這一地域的倦遊感，也經常流露出對東吴之地的憧憬。濃厚的客寓意識貫穿了晁公遡的一生，對故園的思念、對收復的渴望纏繞着晁氏家族昔日榮盛的家族記憶，扭結成了一個心結，滲透在晁公遡的巴蜀詩作中。而巴蜀异鄉的宦遊漂泊又深化了詩人的鄉思，對歸隱與安居的渴望成了這位身經動亂、宦遊奔波的徙蜀詩人極爲深切的渴盼。在山川風物、文教風習遠勝東巴的眉州，晁公遡逐漸産生了親切的地域歸屬感，這種歸屬感與認同感或許差可慰藉詩人深沉的流寓飄零之悲。

① （宋）晁公遡《嵩山集》卷六，《景印文淵閣四庫全書》本。

"良知"之樂三境界

孫汝欣

河海大學馬克思主義學院

摘　要：在陽明心學中，"樂是心之本體"，是"以天地萬物爲一體"的欣合和暢，其"樂"思想藴含在"良知"思想中。"本體工夫，一悟盡透"，王陽明通過終身的功夫實踐，在自我生命内在的本真狀態中感悟和把握"良知"之樂。證悟境界、處世境界、澄明境界這三種境界縱貫王陽明一生。在證悟境界中摸索"良知"之樂，在處世境界中踐履"良知"之樂，在澄明境界中復得"良知"之樂，使其心靈超越時空、物我，與宇宙合而爲一，將自我個體生命與宇宙存在生命相連接，實現了從成己到立國，從有限到無限的超越，從世俗之樂到澄明之樂的階段性，進而還歸於某種經過"揚弃"之後的"世俗之樂"的循環上升過程，讓我們可以更好地反思生命和生存的本質，更好地在日用倫常中使心靈明瑩通透。

關鍵詞：證悟境界　處世境界　澄明境界　良知　樂

一、證悟之境開顯"良知"之樂

"良知"之樂是王陽明在一生踐履求索過程中體證出來的，王陽明認爲"樂是心之本體"[①]。就其心路發展歷程而言，可分爲兩個階段："學"

① 王守仁《王陽明全集一》卷三，北京：中國書店，2014年，第99頁。

之三變和“教”之三變。“學”之三變包括研讀宋儒格物之學、馳騁於文辭章句、出入佛老二氏；“教”之三變包括提出“知行合一”说、重視静坐保任之功、推行致良知教。龍場悟道前的“學”之三變由“情樂”轉向“心本體”之樂，是王陽明早年求道經歷的扼要總結，主要從方法進入本體，即尋找可靠適宜的方法來促使自己證道尋樂，從而更好地把握自己真實的情感狀態。龍場悟道後的“教”之三變則是本體開出方法，在明晰“心本體”之樂後在現實世界中更好地掌握自身的情感并開設講壇教化世人循道證樂。

（一）證悟階段：轉瞬之樂

早年王陽明對“樂”的理解主要貫穿於爲學過程中。其幼年便立聖賢之志，十五歲出遊居庸三關，慨然有經略四方之志，十七歲研習書法，是年始慕聖學，語宋儒格物之學，謂“聖人必可學而至”①，二十一歲科考落榜，二十八歲舉進士，自此走向仕途，三十歲遊九華山後漸悟佛老是非，嘆曰：“吾焉能以有限精神爲無用之虚文也。”② 遂告病歸越，築室陽明洞中，三十五歲爲戴銑上書，下诏獄，谪龍場。在龍場悟道前，王陽明在爲學過程中經歷了三次失敗。第一，王陽明自小始慕聖學，堅信“聖人之學必可學而至”，并依照程朱理學格物之法進行第一次“格竹”嘗試，無奈却“沉思其理不得，遂遇疾”，認識到“自委聖賢有分”，最終以失敗告終。第二，王陽明轉入辭章之學，但辭章之學無法解决王陽明的困惑，相反却使其認識到“辭章藝能不足以通至道”，隨之求師友於天下又不數遇，心持惶惑。有一日讀晦翁上宋光宗疏曰：“居敬持志，爲讀書之本，循序致精，爲讀書之法。”③ 然結果仍是“物理吾心，終若判而爲二也”④，又未格得持志讀書之法。第三，在經歷幾次失敗之後，王陽明萌發了“遺世入山之意”，轉向佛老，修建陽明洞，在洞中静坐體認，遊返佛老，始終没有契悟到真樂。

透過王陽明龍場悟道前的事履來展開客觀如實的分析，不難發現，王陽明在爲學歷程中始終處在一個挫折迷茫的階段，自始至終都被擋在悟門

① 王守仁《王陽明全集一》卷一，北京：中國書店，2014年，第8頁。
② 王守仁《王陽明全集一》卷一，北京：中國書店，2014年，第30頁。
③ 王守仁《王陽明全集一》卷一，北京：中國書店，2014年，第24頁。
④ 王守仁《王陽明全集一》卷一，北京：中國書店，2014年，第25頁。

之外。明武宗初政，以劉瑾爲首的太監竊取了朝政大權，政治極度灰暗，王陽明爲救同僚戴銑上疏直諫，結果受到責罰，施以廷杖，貶謫龍場，“瘴厲侵其外，憂郁攻其中”，艱苦的自然環境和險惡的人事環境讓王陽明身心受創，王陽明自計能够超越得失榮辱，但“生死一念尚未覺化”，於是他“日夜端居澄默，以求静一，久之胸中灑灑，自析薪取水作糜飼之，又恐其懷抑郁，則與詩歌；又不悦，複調越曲，雜以诙笑，始能忘其爲疾病夷秋患難也。因念：‘聖人處此，更有何道？’忽中夜大悟格物致知之旨，始知聖人之道，吾性自足，向之求理於事物者誤也。”[①] 自此王陽明自證本心，“學”之三變徹底完成，王陽明經歷了實踐失敗再實踐的歷程，確立了早期人生的終極價值。

王陽明采取了静坐悟道的方式，從欲根習心纏繞遮蔽本體的日常狀態中超脱出來，通過“日夜端居澄默”隔絶塵世，在静中證悟到良知之旨。對於良知精義的體證，在現實磨難中尋求超越是主要之因，端居澄默的静修是輔助之因。王陽明在證悟到良知精要之時暢然驚呼：“良知是造化的精靈，這些精靈，生天生地，成鬼成帝，皆從此出，真是與物無對。人若複得他完完全全，無少虧欠，自不覺手舞足蹈，不知天地間更有何樂可代。”[②] 可見樂是人存在的根本，無須從外界尋找，自我本身便是樂的本源，樂是“不可言求”“須自家體認”的，王陽明通過捨之又捨、損之又損的方式，認識到了在貴賤、榮辱、是非、成敗甚至生死都捨去之後，剩下的只有吾心，無論外在的環境如何艱辛，也無法削減内心之良知，也不會折損内心的快樂，當自足吾心、自快吾性之後，樂境便能當下立顯。王陽明在證悟階段的“樂”是“格心”而得的個人感知，是内心活動中“一念萌動”却又未及發露的隱秘狀態，介於未發與已發之間動而未形、萌而未彰、有無之間的狀態，這種快樂只能“獨知”而不可“衆享”，是直接貫通“心本體”體驗式的樂，類似禅宗的“頓悟”功夫。王陽明豁然自見的“樂”具有瞬時性，與其個人特殊的人生經歷有關，是在日用倫常中品嘗、磨煉人生的結果，對“樂”的瞬間體悟直接源於日常生活，瞬間接觸心本體，但并不能在本體之心上永存。

---

① 王守仁《王陽明全集一》卷二，北京：中國書店，2014 年，第 45 頁。
② 王守仁《王陽明全集一》卷三，北京：中國書店，2014 年，第 110 頁。

（二）覺悟階段：本體之樂

《徐愛録》云："先生明睿天授，然和樂坦易，不事邊幅。人見其少時豪邁不羈，又嘗泛濫於辭章，出入二氏之學，驟聞是説，皆目以爲立异好奇，漫不省究。不知先生居夷三載，處困養静，精一之功，固然超入聖域，粹然大中至正之歸矣。"① 長時間的"處困養静"使得王陽明從體悟式的"樂"逐漸轉化爲"本體之樂"，從一念閃逝的樂慢慢轉向長久存在的樂，正是因爲覺悟到本體之樂，王陽明才能於心上和樂坦易，於物上不事邊幅。

在證悟階段王陽明由方法證入本體，在静坐中體會樂趣，超越了生死得失榮辱的情感範疇。王陽明在《答陸原静書》中説："樂是心之本體，雖不同於七情之樂，而亦不外於七情之樂，但常人有之而不自知，反自求許多憂苦、自加迷弃。雖在憂苦迷弃之中，而此樂又未嘗不存。但一念開明，反身而誠，則即此而在矣。"② 王陽明直接把"樂"説成"心之本體"，并且承認"樂"具有普遍性，聖凡無别，人人本自具足，只是常人之心常常被世俗之事物所累，無法長久地保持"樂"的狀態，但是作爲心之本的"樂"始終根植於常人心底，作爲最美妙最深邃的生存狀態，强調人具有不斷追求向善向美的能力，是人生意義和價值實現的出發點與立足點，體現了人生命本真的悠然自得的狀態："人生之理，本自和暢，本無不樂"，"觀之鳶飛魚躍，鳥鳴獸舞，草木欣欣向榮，皆同此樂"③。當"樂"從"七情之樂"上達到"本體之樂"，天地萬物、花鳥魚蟲、飛禽走獸都被本體之心賦予了"樂"的意義，這種"樂"便不再是"獨知"之樂，而是"萬物一體"的"衆知"之樂，本體之樂是形而上的、超越情感的，同時又表現在形而下的七情之樂中，"喜怒哀懼愛惡欲，謂之七情……七情順其自然之流行，皆是良知之用，不可分别善惡，但不可有所著；七情有著，俱謂之欲，俱爲良知之蔽"④。在覺悟階段的本體之樂并不是對形而下情感的壓抑與排斥，而是七情之中的任意一情都能歸於"樂"之中，只要順情自然流露，本體之樂就寓於其中。

---

① 王守仁《王陽明全集一》卷一，北京：中國書店，2014年，第1頁。
② 王守仁《王陽明全集一》卷二，北京：中國書店，2014年，第54頁。
③ 王守仁《王陽明全集一》卷三，北京：中國書店，2014年，第95頁。
④ 王守仁《王陽明全集一》卷三，北京：中國書店，2014年，第98頁。

（三）透悟階段："良知"之樂

龍場大悟後，王陽明進入"教"之三變，將"良知"作爲爲學悟道的核心之意，大力開壇施教，在常州、辰州、滁州以静坐方法教化諸衆。隨着教化的深入，王陽明發現了静坐之弊，"喜静厭動、玩弄疏脱之弊"，故"先生亦覺其教之有偏，故自滁、留以後，乃爲動静合一、工夫本體之説以救之"①。王陽明在龍場這個特殊的時期通過静坐澄默的方式心體頓顯，其静坐功夫帶有明顯的個人特色，在教化衆學子的過程中，王陽明意識到要將静坐之功置於"補小學收放心"② 的輔助地位，同時提出了保任功夫，"保任"是佛教術語，一般指頓見空性後的避世静修的涵養之功。王陽明常説："學者時時刻刻常睹其所不睹，常聞其所不聞，工夫方法有個實落處。久久成熟後，則不須著力，不待防檢，而真性自不息矣。"在静坐悟得心本體之後，還需要保任心本體，使心不放逸走作，積累漸久，假以淬煉，良知日顯。"自江右以後，則專提'致良知'三字，默不假坐，心不待澄，不習不慮，盎然出之，自有天則，乃孔門易簡直截根源。"③王陽明在主政江西、平定叛亂的五年，面對千軍萬馬、生靈塗炭的場景，逐漸形成"致良知"思想，"良知説"體系趨向完善。正德十六年（1521），王陽明對其弟子言："今自多事以來，只此良知無不具足。譬之操舟得舵，雖遇巔風逆浪，船柄在手，可免没溺之患矣。"④ 可見，王陽明於危難之際破除一切外境紛擾利害毁譽計較之念，自照自察，全依良知開物成務，將純而至極的善本心與紛繁複雜的世間謀略相統一。此時王陽明在轉瞬之樂的基礎上完完全全復得了"良知"之樂的所有意藴，這種樂是"無所虧蔽，無所牽擾，無所恐懼憂患，無所好樂忿懥，無所意必固我，無所歉餒愧作"⑤的，此心"掃除蕩滌，無複纖毫留滯"，只是良知本體，王陽明將世間智慧斂聚於本心，在風雲變幻的外在境遇中依舊能够保持自身的灑落與澄明。

---

① 王守仁《王陽明全集一》卷四，北京：中國書店，2014年，第125頁。
② 王守仁《王陽明全集一》卷四，北京：中國書店，2014年，第130頁。
③ 王守仁《王陽明全集一》卷四，北京：中國書店，2014年，第125頁。
④ 王守仁《王陽明全集一》卷四，北京：中國書店，2014年，第132頁。
⑤ 王守仁《王陽明全集一》卷一，北京：中國書店，2014年，第62頁。

二、處世之境明覺“良知”之樂

在證悟境界中，個體生命與萬物渾然一體，流轉運行生生不息。人不僅是自然界的産物，更是社會關係的集合。王陽明以心之本體建構意義世界，賦予萬事萬物存在的意義，使得自我主體地位獲得提升，個體生命的存在價值得到肯定。超越了有限形體，在精神上獲得與天同駐的永恒，這是充盈完滿、澄澈明瑩的“良知”之樂。王陽明認爲“樂是心之本體”，心之本體是爲人處世的依據。王陽明通過一生的工夫實踐，以“良知”之樂爲言行的依據，使得其在日用倫常中都保持一種潇灑自在。

（一）立志做種：自我成就的個體德性

王陽明的良知學説延續和强化了儒家的内聖路向，其最終目標就是成己，“君子之學，爲己之學也”①。成己的最終指向就是成聖，“務要立個必爲聖人之心”②。王陽明指出“必爲聖人之志”是一切爲學的起點，“立志”是良知的種子，只有澆灌培育才能枝葉繁茂。“我此論學是無中生有的工夫，諸公須要信得及只是立志。學者一念爲善之志，如樹之種，但勿助勿忘，只管培植將去，自然日夜滋長，生氣日完，枝葉日茂。”③ 立志該當如何？先生曰：“只念念要存天理，即是立志。能不忘乎此，久則自然心中凝聚，猶道家所謂‘結聖胎’也。此天理之念常存馴至於美大聖神，亦只從此一念存養擴充去耳。”④ 即念念常存天理，在日常生活之中如果有不符合内心良知的念慮出現之時就立刻克去。“人須有爲己之心，方能克己，能克己，方能成己。”⑤ 在證悟到良知之時，只有克除有我之私，才能顯現以天地萬物爲一體的真我。“克己”是“成己”的前提，對道德規範的遵守不是對自我内心的否定。

王陽明通過立志，以積極的心態面對現實世界，建功立業、開壇教化、爲學立説，實現了人生的價值，正如王陽明弟子贊“真足以凌駕一時

① 王守仁《王陽明全集一》卷一，北京：中國書店，2014年，第26頁。
② 王守仁《王陽明全集一》卷一，北京：中國書店，2014年，第26頁。
③ 王守仁《王陽明全集一》卷一，北京：中國書店，2014年，第25頁。
④ 王守仁《王陽明全集一》卷一，北京：中國書店，2014年，第27頁。
⑤ 王守仁《王陽明全集一》卷一，北京：中國書店，2014年，第27頁。

而托名後世，豈不快哉！"[1] 人生在世，總是不可避免地與他人共在，往往易導致個體的沉淪，如果個體完全隨波逐流，一味地迎合與"己"相對的"人"，那麼，他便會喪失内在的自我。只有通過立志爲種，以自我成就來超越個體沉淪，展現内在的人格力量，才能成爲古今外的豪杰之士。王陽明有言："非夫豪杰之士無所待而興起者，吾誰與望乎！"[2] 這種豪杰體現的内在精神就是狂者精神，"在今只信良知真是真非處，更無掩藏回護，才做狂者。使天下盡説我行不掩言，吾亦只依良知行"[3]。良知是知真知非，只有保持絶對自信，才能擺脱言行不一、四面討好的鄉愿，才能擁有成己自得的快樂。

（二）深愛做根：人倫親情的家庭責任

王陽明對人倫親情十分看重，其人倫之道貫穿良知學説，證悟境界中以孝悌之用顯發良知本體，處世境界中以良知學説闡明孝悌之用，呈現出一個雙向循環的過程，如百尺樹木，須是有個根才能生出枝葉，枝葉的葱郁愈顯根的强壯。"譬如樹木，這誠孝的心便是根，許多條件便是枝葉，須先有根，然後有枝葉，不是先尋樂枝葉，然後種根。《禮記》言：'孝子之有深愛者，必有和氣；有和氣者，必有愉色；有愉色者，必有婉容。'須是有個深愛做根，便自然如此。"[4] 只有深愛做根，才能使良知之心在現實社會中即刻顯現，"冬時自然思量父母的寒，便自要去求個温的道理；夏時自然思量父母的熱，便自要去求個清的道理"。

良知更是人倫之道的發端處："惟其有個發端處，所以生；惟其生，所以不息。譬之木，其始抽芽，便是木之生意發端處；抽芽然後發幹，發幹然後生枝生葉，然後是生生不息。若無芽，何以有幹有枝葉？能抽芽，必是下面有個根在。有根方生，無根便死。無根何從抽芽？父子、兄弟之愛。便是人心生意發端處，如木之抽芽。自此而仁民，而愛物，便是發幹生枝生葉。"[5] 王陽明没有把孝悌之道僅僅局限在狹小的家庭生活中，而

---

① 王守仁《王陽明全集一》卷六，北京：中國書店，2014年，第172頁。
② 王守仁《王陽明全集一》卷六，北京：中國書店，2014年，第173頁。
③ 王守仁《王陽明全集一》卷三，北京：中國書店，2014年，第86頁。
④ 王守仁《王陽明全集一》卷一，北京：中國書店，2014年，第35頁。
⑤ 王守仁《王陽明全集一》卷一，北京：中國書店，2014年，第35頁。

是發端到整個社會“天下之人熙熙皞皞，皆相視如一家之親”①。先實現對父母的孝，繼而實現對君王的孝，再而實現對百姓的孝，做到孝親、孝君、孝民。

良知之心於外是人倫之道的現實顯現，於内則是自我挺立的精神支撑。王陽明貶謫期間曾一度有離世遠去的念頭，“先生赴召至上新河，爲諸幸讒阻不得見。中夜默坐，見水波拍岸，汩汩有聲。思曰：‘以一身蒙謗，死即死耳，如老親何?’謂門人曰：‘此時若有一孔可以竊父而逃，吾亦終身長往不悔矣。’”② 在飽經痛苦和折辱的時候，人倫親情是其最有力的支撑，正是這份情感，使得王陽明内心充盈，有所寄托，有所滿足。

（三）天下一家：恤民體道的愛國情懷

王陽明向往至公至善至平的大同之世，推行民本思想，提出仁政，强調“人君之舉動，當以民心爲心”，“惟武民之所願是順”。他認爲君者須要善養其心，爲臣者應以道事君，以仁義啓迪君之善心，守正直諫。弘治十八年（1505），明孝宗朱祐樘去世。據《明史》記載：“明有天下，傳世十六，太祖、成祖而外，可稱者仁宗、宣宗、孝宗而已。”③ 孝宗可以説是明朝最後一位賢能的君主，孝宗的早逝給大明的中興之業蒙上了一層陰影，同時也是王陽明仕途的一個轉折點，“夫自古紀綱之不振，由於爲君者垂拱宴安於上，而爲臣者玩習懈弛於下”④。王陽明面對腐敗的政治環境，上下奔走，但在時代昏聵的大背景下，這種呼聲顯得尤爲無力。在經歷一系列不公正的待遇後，王陽明并没有就此倒下，救世濟民仍是他的人生志向。

早年王陽明對事功的不懈追求還帶了欲立不朽之功的觀念，但隨着其不斷的人生反思，尤其是貶謫龍場體悟到澄明之樂後，他認識到了自我的人生價值實現不是一人一朝廷的外在標準，自身本有的良知才是生命的終極依托。“得天下英才而教育之”⑤ 是王陽明一生秉承的信念，自古儒家便有“内聖”而後“外王”的説法，王陽明在面對宦官當道的腐敗政治時局

① 王守仁《王陽明全集一》卷二，北京：中國書店，2014 年，第 55 頁。
② 王守仁《王陽明全集一》卷三，北京：中國書店，2014 年，第 119 頁。
③ 張廷玉《明史》，北京：中華書局，1974 年，第 847 頁。
④ 王守仁《王陽明全集四》卷二十六，北京：中國書店，2014 年，第 17 頁。
⑤ 王守仁《王陽明全集四》卷二十六，北京：中國書店，2014 年，第 7 頁。

時，寄希望於當朝統治者拯救於民。在龍場悟道之後，王陽明轉變觀念，大興教化、收徒講學，即便是行軍戎馬之際，依舊講學不輟。

三、澄明之境和合“良知”之樂

人生在世，每個人都被局限在某一個特定的時空境遇，我們被時間、空間限制，人的生存都要順從這個特定時空的制度，處世之境爲我們提供了在這個時空制度中快樂生活的可能，那如何超越這個特定的時空制度，讓個體生命上達澄明境界向體味到澄明之樂呢?

（一）羲皇世界：澄明境界的理想呈現

人一日間，古今世界都經過一番，只是人不見耳。夜氣清明時，無視無聽，無思無作，淡然平懷，就是羲皇世界。平旦時，神清氣朗，雍雍穆穆，就是堯、舜世界。日中以前，禮儀交會，氣象秩然，就是三代世界。日中以後，神氣漸昏，往來雜擾，就是春秋、戰國世界。漸漸昏夜，萬物寢息，景象寂寥，就是人消物盡世界。學者信得良知過，不爲氣所亂，便常做個羲皇已上人。①

王陽明將人的一天劃分爲五個階段，以日中爲交界點，分別是羲皇世界、堯舜世界、三代世界、春秋戰國世界、人消物盡世界，這五個世界有嚴格的等級之分，羲皇世界是最高最美的世界，此時人的感官并没有與外界的世界接觸，“無視無聽，無思無作，淡然平懷”，此時人是超脱於外物的，没有與世界交流，眼、耳、口、舌、鼻與心渾然一體，是最光明最純粹的澄明之域。隨着人經過一天的馳骛，絢爛複雜的外事外物不斷侵蝕心本體，人心便有所滯留，最後人自身與外物徹底消亡，呈現爲“人消物盡世界”。經歷了“人消亡物盡世界”後又將迎來“羲皇世界”，終點也就是起點，絶望之處也是希望之處，心體又將得到重回羲皇世界的機會。“羲皇世界”是關於理想社會、個體理想境界的終極階段，正是在這永無止境的過程中，人對於樂的體驗也在逐步升華。

在現實生活中隔絶與外物的交流并不可能，但是可以通過鍛煉良知之

① 王守仁《王陽明全集四》卷二十六，北京：中國書店，2014年，第23頁。

心，不斷地與物融合。劉勰在《文心雕龍·神思》中說："思理之妙，神與物遊。"① 劉勰認爲思理之妙在於神與物的精神交流，是在神與物的互動中融突和合，物境和心境分別獨立，真景物與真性情相互交合，怡然自得。王陽明則更進一步，直接發出"萬物一體之仁"的普遍關懷，物境與樂境已經彼此和合，超越物我界限、主客之分的"萬物同體"的大愛。"仁者以天地萬物爲一體，莫非己也。"② "夫爲大人之學者，亦惟去其私欲之蔽以自明其明德，複其天地萬物一體之本然而已耳。"③ "萬物一體"指向人我、家國、社會、世界的延伸和擴展，從"羲皇世界"到"萬物一體"正是王陽明對於社會與人的最終理想化的呈現，也是"良知"之樂的最終到達之地。

（二）國故知新：澄明境界的現實呈現

"昔人已乘黄鶴去，本心良知猶光明。""良知"之樂三境界即證悟境界、處世境界、澄明境界，是落實於人生實踐中的，是本體内在與工夫實踐相結合的境界顯現。王陽明所提出的"羲皇世界"這一終極理想具有超越國家社會的光明性質，能够最大限度地激發和唤起人宏大、美好的理想境界，即澄明境界。王陽明在《大學問》中曾提出："大人者，以天地萬物爲一體者也，其視天下猶一家，中國猶一人焉。若夫間形骸而分爾我者，小人矣。大人之能以天地萬物爲一體也，非意之也，其心之仁本若是其與天地萬物而爲一也。"④ "以天地萬物爲一體"是至仁至善之境，其思想精髓在形而下的爲人處世中可以體現爲"視天下猶一家，中國猶一人"的和合之心。

王陽明的"萬物一體觀"將整個宇宙社會看作自己的一體相連，視國如家，視人如己，彰顯了獨特的魅力。馬克思認爲："人們創造自己的歷史，但是他們不是隨心所欲地創造，并不是在他們自己選定的條件下創造，而是在自己直接碰到的既定的、從過去繼承下來的條件下創造。"⑤

① 劉勰《文心雕龍》，北京：中華書局，2012 年，第 220 頁。
② 王守仁《王陽明全集四》卷二十六，北京：中國書店，2014 年，第 3 頁。
③ 王守仁《王陽明全集四》卷二十六，北京：中國書店，2014 年，第 2 頁。
④ 王守仁《王陽明全集四》卷二十六，北京：中國書店，2014 年，第 2 頁。
⑤ 李秀林《辯證唯物主義和歷史唯物主義》，北京：中國人民大學出版社，2004 年，第 179 頁。

王陽明批判繼承先秦儒家思想、融涉佛道，昌明了良知之學，從内在性理路深化了宋明理學的發展，并在後世促進了個性解放的潮流，引發了巨大的社會變革。投身歷史長河，王陽明曾言："義理無定在，無窮盡。吾與子言，不可以少有所得而遂謂止此也；再言之，十年、二十年、五十年未有止也。"①

① 王守仁《王陽明全集一》卷三，北京：中國書店，2014 年，第 123 頁。

唐宋二賈嵩考辨

李　静

澳門城市大學

摘　要：《仙苑編珠》三卷，作者爲王松年。全書所記始於有道之初，終於後梁開平三年（909）謝冲寂冲天。該書題署曰“天台山道士王松年撰”。關於作者王松年的生活年代，有唐人、五代人、五代或宋人三種説法，而以五代或宋人爲善。然而因爲資料匱乏，難以判定王松年生前是否已經入宋。《中國近世道教的形成：净明道的基礎研究》一書的第一章，譯者按語提出王松年爲宋人，主要理由是《仙苑編珠》卷下“法善月宫”條中出現了“賈嵩”，而賈嵩爲宋人，故王松年當亦爲宋人。然據筆者考證，唐宋各有一賈嵩，書中提到的賈嵩當爲唐代善作賦的賈嵩，而非宋代撰寫《華陽陶隱居内傳》的賈嵩，因此王松年仍當爲五代宋人。

關鍵詞：王松年　《仙苑編珠》　《上清天中真鑒録》　《真境録》　賈嵩

一、問題的提出：關於王松年和《仙苑編珠》的年代

《仙苑編珠》三卷，作者爲王松年。全書所記始於有道之初（見卷上“大道自然”條引《道德經》①），終於後梁開平三年（909）謝冲寂冲天

① （五代宋）王松年《仙苑編珠》卷上，《道藏》第11册，第21頁中。

(見卷下“冲寂焚香”條引《靈驗傳》[①])。這部書采取了李瀚（一作翰）《蒙求》的體例，作者自序稱：“伏以誥傳文繁，卒難尋究，松年輒學蒙求，四字比韻，撮其樞要，箋注於下，目爲《仙苑編珠》。”[②] 檢全書三卷共一百五十五條，每條均以一對四字韻語作爲標題，標題下包括兩條（偶爲一條）内容，乃采編自其他書籍的仙人或道士的故事。

雖然《仙苑編珠》引書并不算多，總共只有《道德經》《莊子》《列子》《列仙傳》《神仙傳》《道學傳》《真誥》《登真隱訣》《十二真君傳》《靈驗傳》等三十二種，但由於各傳引文均屬簡略，故所引條數頗爲可觀。如《列仙傳》引六十二條，涉及六十一傳[③]；《神仙傳》引一百一十一條[④]，涉及一百一十四傳[⑤]。故從引《列仙傳》《神仙傳》二傳的情況看，雖然每條引文均簡略，然考慮到所引條數甚多，仍具有極大的保存古籍原貌的價值。

在輯佚和文獻保存價值外，還值得提出的是《仙苑編珠》全書所記神仙或得道者近三百人，從遠古至唐末五代，是唐前仙道傳記和道教研究資料的淵藪。

《仙苑編珠》題署曰“天台山道士王松年撰”，故作者爲王松年。王松年的生活年代涉及《仙苑編珠》何時成書的問題，其意義自不待言。

關於王松年的生活年代，清代四庫館臣早有討論。《四庫總目提要》載：“松年，天台道士。《文獻通考》作唐人，然書中有梁開成[⑥]二年事，則已入五代矣。”[⑦] 據本書卷下“冲寂焚香”條，謝冲寂於梁開平三年二月清晨“乘雲而去”[⑧]，故書當成於後梁開平三年之後。陳國符據此則考

---

① （五代宋）王松年《仙苑編珠》卷下，《道藏》第 11 册，第 44 頁上。

② （五代宋）王松年《仙苑編珠》序，《道藏》第 11 册，第 21 頁上。

③ 其中“稷丘進諫武帝還宫”，雖有兩個小標題，但僅一條，涉及稷丘公一傳。

④ 在一百一十一條之中，“九鼎王長七試趙昇”算一條看。另外，一百一十一條中有六條未注出處，疑出《神仙傳》，而不能確定，即“張桑雄黄巢許桂英”“商丘桃膠青烏九精”“離婁竹汁白兔黄精”。即便如此，引《神仙傳》也有一百〇五條之多。

⑤ 其中，“長陵三老”“商山四皓”各作爲一個群體，各算作一傳；“張桑雄黄”和“巢許桂英”條則各包括了桑子林、張虚、巢父、許由，共算四傳。若將上注所云疑出《神仙傳》的六條排除在外，則有一百〇六傳。

⑥ “成”爲“平”字之誤。

⑦ 《四庫全書總目》卷一四七《子部道家類存目》，臺北：商務印書館，1964 年，第 5 册，第 2907 頁下。

⑧ 見《仙苑編珠》卷下，《道藏》第 11 册，第 44 頁上。

定作者爲五代或宋人。[①] 另據《通志略》道家類著録，王松年又撰有《上清天中真鑒録》一卷。[②]

不過學界另有一種看法，即王松年爲宋人。《中國近世道教的形成：净明道的基礎研究》第一章注 13 譯者按語曰："王松年，過去學者多以爲唐人或唐末五代時人。考此書題'天台山道士王松年撰'；卷下'法善月宮'條稱'賈嵩有賦'。賈嵩宋人[③]。松年另撰有《上清天中真鏡録》三卷（已佚），即南宋初陳葆光《三洞群仙録》所引《真鏡録》（共五條）。據此推斷王松年當爲北宋天台山道士。"[④] 這一觀點也得到《斷裂與建構：净明道的歷史與文獻》一書的認同。[⑤]

《仙苑編珠》卷下"法善月宮"條原文爲：

> 葉天師名法善，字太素，引唐玄宗遊月宮。賈嵩有賦。[⑥]

由以上論述可知，定王松年爲宋人的主要依據是《仙苑編珠》中提到了賈嵩，而賈嵩是宋人。另一個次要的論據是王松年的《上清天中真鏡録》[⑦]，爲南宋初陳葆光的書所徵引（未見有北宋徵引），故間接支持了此一論斷。

這裏有兩點疑問：第一，葉法善爲唐玄宗時道士，他引唐玄宗遊月宮事見於多書[⑧]，然而何以直到北宋末年才由賈嵩作賦？第二，陳葆光《三洞群仙録》所引爲《真境録》，而非《真鏡録》，是否有可能與王松年撰《上清天中真鑒録》爲不同的兩部書呢？

因此，依筆者愚見，若根據賈嵩爲宋人即判定王松年也是宋人，似還

---

① 見陳國符《道藏源流考》附録一《引用傳記提要·仙苑編珠》，北京：中華書局，1963年，第 238 頁。

② 宋鄭樵撰、王樹民點校《通志二十略》，北京：中華書局，1995 年，第 1619 頁。

③ 著重號爲筆者所加。下同。

④ 見秋月觀暎著、丁培仁譯《中國近世道教的形成：净明道的基礎研究》第一章注 13 譯者按語，北京：中國社會科學出版社，2005 年，第 37 頁。

⑤ 參許蔚《斷裂與建構：净明道的歷史與文獻》第四章，上海：上海書店出版社，2015年，第 159 頁，注 4。

⑥ 《仙苑編珠》卷下，《道藏》第 11 册，第 44 頁上。

⑦ "鏡"，《通志》作"鑒"。

⑧ 如宋陳葆光《三洞群仙録》卷一〇"道元觀燈"條引《仙傳拾遺》、《太平廣記》卷二六"葉法善"條引《仙傳拾遺》及《集异記》、《歲時廣記》卷三二《中秋中》"奏玉笛"條引《集异記》等。

需謹慎。據筆者考證，歷史上的賈嵩有二，一爲宋時人，號薜蘿孺子，作《華陽陶隱居内傳》三卷，即丁培仁先生（《中國近世道教的形成》譯者）所言之宋人賈嵩；另一則爲唐時人，以賦作而出名。分述如下。

二、宋代賈嵩

丁先生所提到的宋賈嵩，曾作《華陽陶隱居内傳》三卷，宋鄭樵《通志・藝文略》第五著録："華陽陶先生内傳三卷，賈嵩撰。"① 今存於《道藏》洞真部記傳類，署"薜蘿孺子賈嵩撰"，故此賈嵩又號薜蘿孺子。宋王象之《輿地紀勝》卷一八八《利州路・蓬州・人物》中有一則他的小傳：

> 賈嵩，自少力學，大觀中母死，哀毁盡禮，卜兆於鳳凰山之陽。既葬，廬於墓，負土累塚，何格非贈之以詩云：血泪和霜沾宿草，悲風吹月到松門。廬墓三年，巴閬士民有裹粮而觀者，後舉八行。②

按這段記載，賈嵩當在大觀末年或政和初年以八行舉。《華陽陶隱居内傳》也當在被舉前後完成。另外同鄉賈善翔撰有《高道傳》，成書當在1087—1118年③，《歷世真仙體道通鑒》載"善翔於宋哲宗朝作《猶龍記》暨《高道傳》"④，故《高道傳》之撰寫時間與《華陽陶隱居内傳》相去不遠。按賈嵩所爲陶弘景之傳記，近似一個資料長編，筆者推斷，很可能出於賈善翔之委托，以輔《高道傳》中《陶弘景傳》的編寫。⑤

---

① （宋）鄭樵撰、王樹民點校《通志二十略》，第1614頁。

② 見（宋）王象之《輿地紀勝》卷一八八，臺北：文海出版社，1962年，據《粤雅堂刻本》影印，第902頁上。

③ 筆者認爲《高道傳》當成書於1087年之後，1118年之前。參拙撰《高道傳輯考》，《道教研究學報》第九輯，香港：中文大學出版社，2017年，第53頁。

④ （元）趙道一《歷世真仙體道通鑒》卷五一，《道藏》第5册，第399頁下。

⑤ 據筆者考證陶弘景傳亦爲《高道傳》所收，根據是嘉定《赤城志》收陶弘景傳，引自《高道傳》。參拙撰《高道傳輯考》，《道教研究學報》第九輯（香港：中文大學出版社，2017年），第60頁。

三、唐代賈嵩

實際上唐代也有一個賈嵩，而且以作賦出名。宋洪邁《萬首唐人絶句》卷三七收趙嘏《贈解頭賈嵩》七言一首：

賈生名迹忽無倫，十月長安看盡春。顧我先鳴還自笑，空沾一第是何人。①

此賈嵩亦見《全唐詩》卷五四九收趙嘏《成名年獻座主僕射兼呈同年》：

拂烟披月羽毛新，千里初辭九陌塵。曾失玄珠求象罔，不將雙耳負伶倫。賈嵩詞賦相如手，楊乘歌篇李白身。除却今年仙侶外，堂堂又見兩三春。②

上述趙嘏二詩均提到賈嵩。趙嘏，唐人也。據《全唐詩》所收其小傳："趙嘏字承祐，山陽人，會昌二年登進士第，大中間仕至渭南尉，卒。嘏爲詩贍美，多興味，杜牧嘗愛其'長笛一聲人倚樓'之句，吟嘆不已。人因目爲趙倚樓。有《渭南集》三卷，編年詩二卷，今合編爲二卷。"③

然關於趙嘏登第時間，晁公武則謂是會昌四年（844）。《郡齋讀書志》卷一八著録"趙嘏《渭南詩》三卷"，下有趙嘏小傳：

右唐趙嘏承祐也，會昌四年進士，終渭南尉。杜紫微讀其《早秋詩》云，殘星幾點雁橫塞，長笛一聲人倚樓。因謂之"趙倚樓"云。④

宋陳振孫《直齋書録解題》卷十九亦著録"《渭南集》一卷"，并稱"唐渭南尉趙嘏承祐撰，壓卷有'長笛一聲人倚樓'之句，當時稱爲'趙

① （宋）洪邁《萬首唐人絶句》卷三七，《四庫全書》第1349册，上海：上海古籍出版社，1987年，第311頁上。

② （清）曹寅等編《全唐詩》卷五四九，北京：中華書局，1960年，第17册，第6359頁。

③ （清）曹寅等編《全唐詩》卷五四九，第17册，第6339頁。

④ 孫猛《郡齋讀書志校證》，上海：上海古籍出版社，1990年，下册，第917頁。

倚樓’。”①

據趙嘏詩意，詩當作於趙嘏登第後不久，而二人亦爲同時人。趙嘏會昌二年（842）或四年（844）登第，則此唐代賈嵩則爲此時人。趙嘏詩一云“賈生名迹忽無倫”，一云“賈嵩詞賦相如手”，均贊嘆其文采好，特别擅長詞賦。

按宋王堯臣《崇文總目》卷五著録“賈嵩賦三卷”②，宋鄭樵《通志·藝文略》第八亦著録“賈嵩賦三卷”。③

然賈嵩之賦基本佚失，留存僅一篇《夏日可畏賦》，見收於清陳元龍《歷代賦匯》卷三（題署唐賈嵩）、清董誥《全唐文》卷七六二。④

關於唐代的賈嵩，資料實在太少。唯唐蘇鶚撰《杜陽雜編》提及他曾做水部員外郎，當爲文宗（827—840 年在位）時人。

一見於《杜陽雜編》卷上：

> 上（按：指代宗，762—779 年在位）嘗幸興慶宫，於複壁間得寶匣，匣中獲玉鞭，鞭末有文，曰“軟玉鞭”，即天寶中异國所獻，光可鑒物，節文端妍，雖藍田之美，不能過也。屈之則頭尾相就，舒之則勁直如繩，雖以斧鑕鍛斫，終不傷缺。上嘆爲异物，遂命聯蟬綉爲囊，碧玉絲爲鞘。碧玉蠶絲，即永泰元年東海彌羅國所貢，云其國有桑，枝幹盤屈，覆地而生，大者連延十數頃，小者蔭百畝，其上有蠶，可長四寸，其色金，其絲碧，亦謂之金蠶絲，縱之一尺，引之一丈，撚而爲鞘，表裏通瑩，如貫瑟瑟，雖併十夫之力，挽之不斷，爲琴瑟絃，則鬼神悲愁忭舞，爲弩絃則箭出一千步，爲弓絃則箭出五百步。上令藏之於内府，至朱泚犯禁闈，其鞭不知所在。故水部賈嵩員

---

① （宋）陳振孫《直齋書録解題》，《叢書集成初編》本，上海：商務印書館，1937 年，據聚珍版叢書本排印，第五册，第 542 頁。

② （宋）王堯臣等編、（清）錢東垣輯釋《崇文總目輯釋》卷五，《叢書集成初編》本，上海：商務印書館，1937 年，據《粵雅堂叢書》本排印，第 4 册，第 373 頁。

③ （宋）鄭樵撰、王樹民點校《通志二十略》，北京：中華書局，1995 年，下册，第 1785 頁。

④ （清）陳元龍輯《歷代賦匯》，北京：北京圖書館出版社，1999 年，第 436～438 頁；（清）董誥等輯《全唐文》，《續修四庫全書》第 1646 册，上海：上海古籍出版社，1995 年，第 667 頁下至 668 頁上。

外所傳也。[①]

又見於《杜陽雜編》卷中：

> 文宗皇帝尚賢樂善，罕有倫比。每與宰臣學士論政事之暇，未嘗不話才術文學之士，故當時以文進者，無不諤諤焉。於是上每視朝後，即閱群書，見無道之君行狀，則必扼腕歔欷，讀堯舜禹湯傳，則歡呼斂袵，謂左右曰："若不甲夜視事，乙夜觀書，何以爲人君耶。"每試進士及諸科舉人，上多自出題目，及所司進所試，而披覽吟誦，終日忘倦。常延學士於内廷，討論經義，較量文章，令宫女已下侍茶湯飲饌。而李訓講周易微義，頗叶於上意。時方盛夏，遂命取水玉腰帶，及辟暑犀如意，以賜訓。訓謝之，上曰："如意足以與卿爲談柄也。"上讀高郢《無聲樂賦》、白居易《求玄珠賦》，謂之玄祖。傳於水部賈嵩員外。[②]

故可知唐代的這個賈嵩擅長賦作，曾官至水部員外郎。在 9 世紀 40 年代與趙嘏俱活動於文壇。《仙苑編珠》既然提到葉法善引唐玄宗遊月宫，賈嵩作有賦，則當爲此唐代賈嵩無疑。

四、《真境録》與《上清天中真鑒録》

如上所述，唐宋各有一賈嵩，經歷、身份各不同。顯然《仙苑編珠》所提到的作賦的賈嵩當爲唐代的水部員外郎賈嵩。

其實二賈嵩確實容易搞混，如《全唐文》的編者即誤將當爲宋賈嵩所撰之《華陽陶隱居傳序》收在唐賈嵩條下。[③]

另外，上文述及，王松年除《仙苑編珠》外，還撰有《上清天中真鑒録》。《中國近世道教的形成：凈明道的基礎研究》一書譯者認爲《三洞群仙録》所引《真鏡録》（當作《真境録》）即是也。然今考《三洞群仙録》

---

① （唐）蘇鶚《杜陽雜編》卷上，長沙：商務印書館，1939 年，據《學津討原》本排印，第 2 頁。

② （唐）蘇鶚《杜陽雜編》卷中，第 17～18 頁。

③ 《華陽陶隱居傳序》，見（清）董誥等輯《全唐文》，《續修四庫全書》第 1646 册，第 668 上至下。此序亦見於宋賈嵩撰《華陽陶隱居内傳》之首，署"薛蘿孺子賈嵩撰"，《道藏》第 5 册，第 499 頁中至 450 頁上。

所引《真境録》，與王松年無關，并非《上清天中真鑒録》。

《三洞群仙録》引《真境録》共七條，分别爲卷一〇“郭無四壁”“冲素精思”兩條，卷一三“子虚學古”“法滿寢疾”兩條，卷一四“子雲養神”一條，卷一七“元鑒絶俗”“祖龍驅石”兩條。

《真境録》全名《大滌真境録》，所記爲大滌山一境（大滌洞天真境）之山川風土人物，尤其是洞霄宫（位於浙江余杭）之歷史及人物，故“境”不能寫作“鏡”。是書爲宋政和中唐子霞撰，不傳，然在後來宋代鄧牧所撰《洞霄宫志》卷六却保留了一篇舊序，以“舊真境録後序”爲題，爲余杭縣丞吴興成作於宣和五年（1123），其中明確提到：“右《大滌真境録》，道士唐子霞撰，予借觀，愛其善叙事。而知宫金凝妙、副宫吴觀妙，諉予是正，予頗附益以所遺。”[①]

唐子霞撰《真境録》雖然不傳，然内容多爲後來的宋鄧牧所撰《洞霄宫志》所取。檢今所見於《群仙録》中的引文，幾乎都能在《洞霄宫志》中找到對應的内容。

《群仙録》卷一〇“郭無四壁”條記郭文事，内容可見於《洞霄圖志》卷五“靈耀郭真君”條。[②]

同卷“冲素精思”條，記冲素先生鄭元章事。鄭元章傳見《洞霄圖志》卷五“鄭冲素先生”條（然與本條文字不同）。[③]

卷一三“子虚學古”條記暨齊物事，暨齊物傳見《洞霄圖志》卷五“暨天師”條（然不見本條所載答浮屠梵臻問道釋所起之事）[④]；同卷“法滿寢疾”條記朱君緒（字法滿）事，見《洞霄圖志》卷五“朱法師”條[⑤]。

卷一四“子雲養神”條記夏侯子雲事，見《洞霄圖志》卷五“夏侯天師”條。[⑥]

卷一七“元鑒絶俗”條記唐高道白元鑒事，見《洞霄圖志》卷五“白

① （宋）鄧牧《洞霄圖志》卷六，《叢書集成初編》本，上海：商務印書館，1936年，據《知不足齋叢書》本影印，第89頁。

② （宋）鄧牧《洞霄圖志》卷五，第37～38頁。

③ （宋）鄧牧《洞霄圖志》卷五，第44～45頁。

④ （宋）鄧牧《洞霄圖志》卷五，第43頁。

⑤ （宋）鄧牧《洞霄圖志》卷五，第43頁。

⑥ （宋）鄧牧《洞霄圖志》卷五，第42頁。

威儀先生”條。[①] 同卷“祖龍驅石”條記秦始皇役鬼兵驅山獄事，所引《真境録》内容見宋鄧牧《洞霄圖志》卷四“仙迹岩”條。[②]

綜上可見，《三洞群仙録》所引《真境録》應當不是王松年所撰《上清天中真鏡（鑒）録》，其作者爲宋道士唐子霞。

五、結論

綜上，對於現有的判斷——王松年爲五代或宋人，由於缺少必要的資料，而暫時無法判斷其是否入宋。若因《仙苑編珠》所引賈嵩的例子而斷定其爲宋人，至少目前還是不能立論的。

附録一：《三洞群仙録》所引《真境録》

卷一〇　郭無四壁

真境録：郭文字文舉，嘗於華陰山石室中得神虎内真紫元丹章。值晋室衰，乃負笈入余杭大滌山，伐木倚林，苫覆爲舍，不置四壁。葛裘鹿巾，區種菽麥及采箬，以貿鹽酪。或餘食，即施貧者。乾符中[一]封靈曜真君，山中遺迹甚多。

真境録，宋政和中唐子霞撰，記浙江余杭洞霄宫，不傳。本條内容見宋鄧牧洞霄圖志卷五“靈耀郭真君”條。郭文事亦見本書卷四“郭文馴虎”條引仙傳拾遺。

〔一〕乾符中：洞霄圖志作“梁乾化三年七月”。

卷一〇　冲素精思[一]

真境録：精思院蓋冲素先生鄭元章所居。先生常齋居危坐，纖介不入，南華所謂“用志不分，乃凝於神”者。其所以感動天上仙人，時降芝軿。屬雲霽月白之夕，惟弟子闕闒得聽其論，則世莫得聞也。精思院在杭州洞霄宫。

鄭元章有傳，見宋鄧牧洞霄圖誌卷五“鄭冲素先生”條。然與本條文字不同。

① （宋）鄧牧《洞霄圖志》卷五，第53頁。
② （宋）鄧牧《洞霄圖志》卷五，第28頁。

〔一〕思：原作"素"，據道藏輯要本校改。

卷一三　子虚學古

真境録：暨天師名齊物，字子虚，學古，通經傳。時有浮屠梵臻，問道釋所起之由。師爲分其同异，曰："道無前後，杳不可稱論也。且老子即長生仙道，屬太上左宫，故老子生左腋，手舉於左，故貴左。法教服其黄，黄者陽也，得其道則存亡在已，出入無間。大劫有窮，而吾道不泯。太子即輪轉生死之道，滅度之法，屬太上右宫，故太子生右腋，手舉於右，故貴右。法教服其緇，緇者陰也，命盡而有死。其二法殊途，同歸於太上，非至人莫見其奥也。"聽者嘆服。

暨齊物傳見宋鄧牧洞霄圖志卷五"暨天師"條。然不見本條所載答浮屠梵臻問道釋所起之事。附洞霄圖志暨齊物傳："暨齊物字子虚，師玉清觀朱法師君緒，受法籙神符秘方，救物不怠。後随入大滌山精思院，刱垂象樓三間，又名書樓，積書數千卷其上。日以著述爲事，每講貫玄學，聽者嘆服。錢氏賜度弟子，對曰：'樂静久矣，不願有之。'王曰：'師必鬼神侍衛，凡徒何爲哉。'所居室壁，東西各置一竅，采煉日月光華，每語人云：'吾將復往羅浮石樓矣。'一旦不知所之。"

卷一三　法滿寢疾

真境録：法師朱君緒，字法滿，居玉清觀，即解紛异俗，尚行全真，閉户閑庭，下帷虚室。器宇宏雅，泰定發乎天光；情性淵默，雷聲洊乎江表。爰以玉清本觀，地迫諠煩，天柱古壇，境遠閑静，乃拂衣不駐，策杖攸往。數年之間，諸業未就，忽寢微疾。一朝倏起，命水澡浴，具冠服，焚香端坐，語弟子曰："吾於彭殤存亡，齊之久矣。然道妙寂寂，感者通焉；神理冥冥，契者昭焉。吾言之矣，汝知之矣。經法戒行，爾其勉諸。"言訖，奄然而逝。

本條見鄧牧洞霄圖志卷五"朱法師"條。

卷一四　子雲養神

真境録：夏侯天師名子雲，親植芝蘭於藥圃，自言古聖以上藥養神，中藥養性，下藥遣病，可使人神靈，可使人性明，可使人病愈。故常施藥於鄽市，皆隨人淺深而遇之。其藥圃詩云："緑葉紅英遍，仙經自討論。偶移巖下〔一〕菊，鋤斷白雲根。"師羽化。一日有樵者窺圃中，見師鞭乘一獸，似虎非虎，不可識，入東山去，其疾如風矣。

本條見鄧牧洞霄圖志卷五"夏侯天師"條。

〔一〕下：洞霄圖志作"畔"。

卷一七　元鑒絶俗

真境録：唐威儀白先生名元鑒，不詳其字，西川成都人。明皇幸蜀之年，别制得度〔一〕，住上皇觀，志在絶俗，逍遥遐舉，隨風泠然，綿歷星紀。相川陸所宜〔二〕，得前賢高蹈之躅，至余杭天柱觀止焉，元和間遁化。

本條見鄧牧洞霄圖志卷五"白威儀先生"條。

〔一〕别制得度：洞霄圖志作"爲威儀道士"。

〔二〕相川陸所宜：洞霄圖志作"周覽山川"。

卷一七　祖龍驅石

述异記：始皇作石橋海上，欲觀日出，有人〔一〕驅石，去不速，神人鞭之流血，今石橋色猶赤。又真境録：臨安洞霄宫路側石崖之上，按記云：秦始皇驅山嶽，擬塞東海〔二〕，常役鬼兵〔三〕來移此山，山勢欲動，忽有仙人來叱鬼，直以身靠定，使不前去，至今崖上有肩帔簪冠印，成深迹焉。

本條所引述异記内容見該書卷上，所引真境録内容見宋鄧牧洞霄圖志卷四"仙迹岩"條。

〔一〕人：本字前隨庵本、百子本和漢魏本述异記均多一"神"字。

〔二〕海：洞霄圖志作"溟"。

〔三〕兵：洞霄圖志無本字。

附録二：

宋鄧牧《洞霄圖志》卷六《舊真境録後序》

右《大滌真境録》，道士唐子霞撰。予借觀，愛其善叙事，而知宫金凝妙、副宫吴觀妙，諉予是正，予頗附益以所遺。而郭文舉遺迹，遍於三邑，吴正節煉度於西麓，期限應啓，閭丘君正容以悟物，使羅隱卒保終吉，皆予特表發之所，庶爲全書。然予觀茅山，晋宋以前，流傳蓋寡，自陶公遊之，以爲欲界之仙都，又得楊許衆真遺墨，撰次真誥，而山之神藴皆露，故使人望之，則易仙、童初、太元之府，仿佛在目。自余洞天猶寂寂也。今唐子所識，既勤且博矣，而金堂玉室，宫府曲折，猶恨未備。昔王逸少嘗記許遠遊之言，以爲頗開其端矣。蓋自此地而南，達於山陰，想像其間，岩扉磵户，得道不死者接迹，而洞臺便開。神真遊處，宜有巨麗駭目、洞心之觀，過三茅遠矣。建安中左元放齋戒三月，入華陽洞，周旋其中，經年而出，嘆曰："不圖天下復有如此之异。"然茅山之顯，卒因陶公，而不因元放也。世傳閭丘君入大滌，從華陽而歸，亦止稱其异而不著之於書。大凡得遊履者，心知而不言；世之欲傳者，又未嘗得遊而難言，故洞天之境，率多晦而少顯，勿遂謂羽襹無人也。倘幽人勝士，追踪左許閭丘之逸軌，足殊庭而目仙子者，幸無惜詳言之，使此境盡露，此書大備，而學道希生者，從而勉勵焉，亦至人之用心也。

宣和五年四月，余杭縣丞吴興成無玷序。

李壁注《王荆文公詩》朝鮮本補考*

董岑仕

人民文學出版社古典文學編輯室

摘　要：本文梳理朝鮮活字本《王荆文公詩》的存世版本，指出朝鮮時代共擺印過三種題爲"王荆文公詩"的活字本，分别爲朝鮮成宗十六年（1485）的甲辰字無注本、朝鮮中宗前期的甲辰字有注本、朝鮮中宗三十一年（1536）的甲寅字本。其中，文獻價值最高的爲拼合宋撫州本與甲辰字有注本而成的甲寅字本。然而，該本底本的宋撫州本亦存在脱卷、脱葉、錯葉等問題。蓬左文庫藏甲寅字本中有缺葉，缺葉内容可據高麗大學藏甲寅字本補足。擺字過程中，宋撫州本有而甲寅字本中脱漏注文的情况亦較夥，本文在前人研究的基礎上作進一步輯補。

關鍵詞：王安石詩李壁注　朝鮮活字本　甲辰字本　甲寅字本　輯佚

李壁注《王荆文公詩》五十卷，作爲存世的宋詩宋注本，歷來受到學者重視。關於該書的版本系統，學界已有不少研究，尤其是蓬左文庫所藏甲寅字活字本的介紹與影印，使得學者得以管窺這一宋元合編本的面貌，并借此了解李壁注宋本之面貌。宋撫州本今僅存目録及正文十七卷殘本，從該本的面貌看，撫州本當經過初刻、修版、庚寅補版增刻三個階段，而

* 筆者先後於 2012 年、2018 年兩次訪問臺北故宫博物院圖書文獻館，得許媛婷、吕玉女諸先生襄助，得見撫州殘宋本、甲辰字有注本李壁注《王荆文公詩》；京都大學藏本的訪求，得到了京都大學瞿艷丹博士的幫助；高麗大學藏本的訪求，得到了高麗大學中國古代文學碩士黄美琳的幫助；論文的寫作過程中，與北京師範大學文學院董婧宸老師多有研討剖析，謹致謝忱。

對該本的重現，爲了解甲寅字活字本的擺字過程提供了契機。① 通過對宋撫州本的版本分析，已確定該書的補注、庚寅增注均出自李壁。

然而，朝鮮本還存在不少疑問。《王荆文公詩》的李壁注本，在朝鮮時期究竟擺印幾種，各本底本爲何，大約是何時擺印的，迄無定論。對於合編宋元本系統的甲寅字本，如王水照先生所提及的，“此合編之舉，是中國元明人所爲抑或出於朝鮮朝士人之手”②，亦無答案。同時，蓬左文庫藏朝鮮甲寅字本中有缺葉，能否補足復爲全帙等問題，一直困擾着學界。筆者近因訪見韓國部分藏本，遂撰成此文，希望在前人研究的基礎上有所推進。

一、《王荆文公詩》的朝鮮活字本

從存世本的情況來看，題爲《王荆文公詩》的朝鮮活字本共有三種，分别爲甲辰字無注本、甲辰字有注本、甲寅字有注本。

---

① 關於王安石詩李壁注的版本系統考察，參見以王水照《記蓬左文庫所藏〈王荆文公詩李壁注〉（朝鮮活字本）》（《文獻》，1992 年第 1 期，2010 年《補記》，收入高克勤點校《王荆文公詩箋注》，上海：上海古籍出版社，2010 年）、周焕卿《〈王荆文公詩注〉版本源流考》（《古籍研究》，2006 年卷上）、鞏本棟《論〈王荆文公詩李壁注〉》（《文學遺産》，2009 年第 1 期，又收入鞏本棟《宋集傳播考論》，北京：中華書局，2009 年，第 118～141 頁，以《宋集傳播考論》所收爲詳），卞東波《朝鮮活字本李壁注〈王荆文公詩〉之文獻研究》（收入張伯偉主編《風起雲揚——首屆南京大學域外漢籍研究國際學術研討會論文集》，北京：中華書局，2009 年，又收入卞東波《域外漢籍與宋代文學研究》，北京：中華書局，2017 年），對於臺北故宫博物院藏宋撫州刊後修庚寅補版之本的介紹，最早見於昌彼得《連城寶笈蝕無嫌——談宋版李壁注王荆公詩》（臺北《故宫文物月刊》1992 年第 11 期）、許媛婷《人生樂在相知心——談〈王荆文公詩〉》（臺北《故宫文物月刊》2006 年第 12 期）等文。董岑仕《張元濟刊石印本〈王荆文公詩箋注〉始末考》（《中國典籍與文化論叢》第二十輯，南京：鳳凰出版社，2018 年）對清代以來李壁注善本的遞傳及相關的刊刻補版情況有所補充，也涉及了甲辰字有注本、甲寅字本底本來源的討論。另外，賴近見影印的傅增湘《藏園老人手稿》（北京：中華書局，2020 年）可知，傅增湘購置的季振宜舊藏毋逢辰本（亦即張元濟影印本之底本）當在 1912 年壬子，傅增湘舊藏清抄本《郘亭知見傳本書目》上傅氏批校，言：“壬子正月，在上海爲張菊生購得元刊初印本，乃季滄葦所藏，其第三十、五十卷末頁固完然無缺，年譜亦具，真銘心絶品也。”（《藏園老人手稿》第十三册，第 598 頁），而早於《藏園群書經眼録》詳作筆記的 1914 年；同時，壬子年（1912）傅增湘的購書清單中，記有“初印本《王荆公詩注》六册，卅元”（《藏園老人手稿》第六册，第 286 頁），結合當時記録各書的價格等來看，清刻本往往僅值幾元，明刻本在幾元至二十餘元之間，而此書價格不低，所購即爲張元濟購置的毋逢辰本，而當時裝爲六册，後張元濟撤裝石印影印，又以石印散葉補齊後重裝爲十册，今藏臺北。

② 王水照《論〈王荆文公詩李壁注〉——從宋本到朝鮮活字本》2010 年補記。

朝鮮甲寅字活字是朝鮮世宗十六年（1434，明宣德九年）甲寅始鑄，至次年鑄成二十多萬字，後曾經歷兩次補鑄。據金宗直《新鑄字跋》，甲辰字的鑄造是有感於“甲寅、乙亥字極爲精好，然而字體差大，所印之書簡帙繁重，且已歲久，散落將盡，雖補鑄而用之，不類其初”①，故另啓鑄造。朝鮮甲辰字活字於朝鮮成宗十五年甲辰（1484，明成化十二年）八月始鑄，十二月乙丑畢鑄大字，至成宗十六年乙巳（1485）三月鑄成大小字三十萬餘。甲寅字活字、甲辰字活字均使用至明萬曆二十年（1592）起的壬辰戰争，印書數量均夥。

（一）書志學著録

對於朝鮮活字本三種的書志學著録，最早見於李仁榮《清芬室書目》卷七。② 其中，認定甲辰字無注本爲成宗十六年（1485）乙巳甲辰字刊本，甲辰字有注本刊於中宗朝，甲寅字本刊於中宗明宗間。千惠鳳《日本蓬左文庫韓國典籍》，在探討蓬左文庫藏甲寅字本時順帶討論了韓國現藏活字本的種類及刊年。③ 由於甲辰字有注本擺字時，各卷之間或十一行二十一字，或十二行二十一字，版式不一，以至分韓國所藏甲辰字有注本殘本爲兩種，論定甲辰字無注本刊於成宗十六年三月，而甲辰字有注本分爲中宗前期刊有注本與明宗中刊有注本。甲寅字本，則據《晚村金完燮文庫目録》中頒賜給朴洪鱗的頒賜記，論定爲嘉靖十五年（中宗三十一年丙申，1536）印本。藤本幸夫《日本現存朝鮮本研究・集部》④，指出甲辰字無注本刊於成宗十六年，甲寅字本印於中宗三十一年，而據臺北故宫博物院所藏甲辰字有注本全帙版式，指出千惠鳳誤分甲辰字有注本爲兩種。同時，根據記載和刷印用紙等研判，藤本幸夫以爲甲辰字有注本爲中宗末葉明宗間刊本，晚於甲寅字本。各書擺字底本等限於對李壁注宋元版本的

---

① （韓）金宗直《新鑄字跋》，朝鮮甲辰字本《治平要覽》《纂注分類杜詩》《陳簡齋詩集》等卷末所收。

② （韓）李仁榮《清芬室書目》，寶蓮閣刊作者手寫本，影印收入張伯偉主編《朝鮮時代書目叢刊》第八册，北京：中華書局，2004 年，第 4781～4783 頁。

③ （韓）千惠鳳《日本蓬左文庫韓國典籍》，知識工業社，2003 年，第 291～294 頁。

④ （日）藤本幸夫《日本現存朝鮮本研究　集部》，京都：京都大學學術出版會，2006 年，第 206～208 頁。

了解，韓、日學者大多僅有推測之辭。[1] 今按李仁榮以爲三種活字本的刊行順序，是甲辰字無注本最早而甲辰字有注本次之，甲寅字本最晚。然而，因未見甲寅字本宣賜記，故斷限不準。千惠鳳誤分甲辰字有注本爲二種，藤本幸夫已指出其失；然藤本幸夫以爲甲辰字有注本爲中宗明宗間刊本，晚於甲寅字本，亦不確。

（二）甲辰字無注本

以甲辰字活字擺印《王荆文公詩》始末，見於《成宗實録》“十六年正月己酉”條記載。[2] 記載中涉及了擺有注還是無注本《王荆公集》的討論，并言及“姑俟畢鑄字”再印行，從擺印結果來看，所擺非“文集”而是“詩集”。不久的成宗十六年三月三日甲申，《成宗實録》記：“賜新印《王荆公詩集》於文臣等。”甲辰字的大字於成宗十五年十二月鑄畢，而全部活字鑄畢，則在十六年三月，故當時擺印與頒賜的應當是甲辰字無注本《王荆文公詩》。

甲辰字無注本，今首爾大學、高麗大學等藏有殘本。甲辰字無注本四周雙邊，半葉十二行，行十九字，版心細黑口，上下雙黑魚尾，魚尾間有“王文公詩幾”之字樣。各卷卷首題“王荆文公詩卷之幾”，次行題“古詩”或“律詩”，第三行起即擺王安石詩文。甲辰字無注本僅録詩歌，并無王安石文，分卷等均同李壁注本系統中的毋逢辰本，然無注釋、批點，亦不署作者，結合异文、分卷等看，該本當爲從毋逢辰本删汰注語而出的

① 上引研究之外，（日）阿部隆一《中國訪書志》（東京：汲古書院，1976 年，第 A143 頁）對臺北故宫博物院藏楊守敬舊藏甲辰字本作了詳細介紹；（日）高津孝《蓬左文庫〈王荆文公詩箋注〉について》（《東方學》第 69 輯，1985 年，第 74～88 頁）對蓬左文庫藏甲寅字本做了重點介紹，亦旁涉甲辰字有注本的底本問題，對相關研究影響較大。

② 《朝鮮王朝實録・成宗實録》卷一七四成宗十六年正月：“己酉，傳於承政院曰：‘今以甲辰字，將印《唐書》，然先可印《王荆公集》。’承旨等對曰：‘《王荆公集》有二，一有注，一無注。若印有注册，則甲辰鑄字時，未及鑄，印出爲難。’傳曰：‘雖無注，其印之。’承旨等啓曰：‘《王荆公集》，姑俟畢鑄字，并注印之，何如？且《事文類聚》，文士皆欲見之，然卷帙至多，中國亦未多有，買來少，國藏亦不過一帙。請先印之。’傳曰：‘予欲印《王荆公集》者，以諸史字畫頑缺，不可不印，而今新鑄字，未知體樣，欲印此册，而後及諸史耳。爾等以已所好之書，請先印出，然則當初何必取稟乎？’承旨等對曰：‘《事文類聚》，非獨臣等好之，人皆欲焉。國藏只有一件，外間亦不多有，因此，曩者李瓊仝、李世匡等，皆請印出。而其時雖無成命，然有俞音，故臣等未知上意，敢啓。請待罪。’傳曰：‘若關係國家事，則爾等言之，可也。今予之欲印《王荆公集》，有何不可，敢爾言之乎？《事文類聚》，卷帙固多，未易印出。《王荆公集》，則卷帙少，印出簡易。予以故欲先印，而後及諸史耳。大抵政院出納王命而已，何其言之若是乎？其勿待罪。’”

王安石詩的擺印本，而又曾取他本校勘。[①]

甲辰字無注本源出李壁注本，然删削去李壁注、劉辰翁評，故文獻價值有限。[②]

（三）甲辰字有注本

有李壁注、劉辰翁評的朝鮮甲辰字活字本的《王荆文公詩注》，臺北故宫博物院、日本尊經閣文庫、佐賀縣立圖書館等地有庋藏，韓國國立中央圖書館、韓國學中央研究院、延世大學、檀國大學、淑明女子大學等亦藏有殘本。筆者經眼的甲辰字有注本爲全帙，今藏臺北故宫博物院，十册。[③] 該書原流傳於日本，森立之《經籍訪古志》曾著録，[④] 後楊守敬經森立之介紹購得此書，并著録於《日本訪書志》卷十四"《王荆文公詩注》五十卷（朝鮮活字本）"條。[⑤] 各册封面題簽作"半山集"，封面用紙，爲刷有朝鮮活字本《三體詩注》的原裝舊紙。朝鮮甲辰字有注本的擺字行款，各册有所不同。首册爲毋逢辰序一葉，劉將孫序一葉，王荆公文公年譜六葉（未題撰人），目録六十四葉。此册以半葉十二行、行二十一字擺字。與宋撫州本、王常本、毋逢辰本目録分三卷不同，甲辰字有注本目録不分卷，首二葉版心有"目録上"之字樣，後續各葉無"上"字，僅作"目録"。第二册起爲正文，從册二卷一至册五卷二四，均以半葉十一行、

---

① 甲辰字無注本存世均爲殘本，無目録、序跋等。筆者經眼的爲首爾大學藏本兩種（奎中2254：卷五至三九，三册；一簑文庫藏本：卷三八至五十，一册，中脱葉甚多，卷十七脱一葉，卷四三尾至卷四八首數葉，全脱，卷四九尾、卷五十尾亦有脱葉）。分卷上，《送吴龍圖知江寧》、《次韻王禹玉平戎慶捷》二詩所屬分卷均同毋逢辰本，而與宋本、王常本不同。脱文上，毋逢辰本卷三一脱漏《偶成二首・其一》，卷五《諸葛武侯》、卷三四《懷舒州山水呈昌叔》二詩的脱文，甲辰字無注本均不脱，然卷九《葛藴作巫山高愛其飄逸因亦作兩篇・其一》毋逢辰本誤脱一句，此本仍脱。异文上，甲辰字無注本卷十《惜日》、卷二二《自白門歸望定林有寄》、卷三九《送江寧彭給事赴闕》等詩，同宋本系統、王常本，但卷内他詩异文，大多同毋逢辰本。結合宋撫州本、王常本、毋逢辰本中的分卷、异文情况看，甲辰字無注本當爲據毋逢辰本删汰而出的白文本，部分詩曾采納撫州本或王常本校勘。

② 以往的國内研究中，對甲辰字無注本未見介紹。唯見誤據《成宗實録》而將甲辰字有注本的印行繫年於成宗十六年，此不得不辨，特識。

③ 該本入藏楊守敬後，曾配以據清綺齋第三次補葉本補抄序跋，而配補、鈐印等，詳參董岑仕《張元濟刊石印本〈王荆文公詩箋注〉始末考》(《中國典籍與文化論叢》第二十輯，鳳凰出版社，2018年)，此不贅述，僅就朝鮮活字本的原刊面貌加以描述。

④ （日）澀江全善、森立之等撰，杜澤遜、班龍門點校《經籍訪古志》，上海：上海古籍出版社，2014年，第236頁。

⑤ 按：楊守敬《日本訪書志》言"李璧"，而朝鮮甲辰字本實作"李壁"；又，楊守敬著録中，以清乾隆年間的清綺齋本爲明嘉靖、隆慶年間本，亦有誤。

行二十一字的行款擺字（唯册三卷十三末葉一葉，以半葉十二行行二十一字擺字）；從册五卷二五起至册十卷五十，各卷大多以半葉十二行、行二十一字行款擺字，間或混有十一行二十一字的擺字。各卷均四周雙邊，版心均作細黑口，上下雙三葉花魚尾，魚尾間或有“王文公詩卷幾”之字樣。文字右側，擺印圈抹。各卷卷首，有“王荆文公詩卷之幾”字樣，第二、三行署“雁湖李壁箋注”“須溪劉辰翁評點”，第四行書“古詩”或“律詩”之詩體。

根據校勘、版式比對，知甲辰字有注本目録、正文部分，大部分卷帙的底本爲毋逢辰本，在擺字過程中，毋逢辰本卷端及撰人題署、詩歌正文及注釋、圈抹、陰文“評曰”的詩評和卷末評等，大都得到保留。唯毋逢辰本中用“【】”或“()”隔出的評點李壁注釋得當與否的劉辰翁評，甲辰字有注本中雖有保留，而“【】”或“()”的分隔多有脱漏。這或許是由於這些分隔在毋逢辰本底本中原不顯豁，甲辰字有注本擺字時亦不了解其爲劉辰翁評，而致與李壁注相混同。擺字過程中亦間或有誤字。值得注意的是，從版式、注評异文等來看，甲辰字有注本中的卷二九至卷三六這八卷，擺字底本爲王常本。稍有調整的是王常本詩後换行另起低一格刻雙行小注，甲辰字有注本則將注文與詩文相連，注文不低一格。詩句中的劉辰翁評語仍載各詩詩中，但無“評曰”識出。與其他各卷類似，王常本中用“【】”或“()”隔出評點李壁注釋得當與否的劉辰翁評，此八卷内符號亦多有脱漏，少量保留的亦不顯豁。此外，此八卷雖改换底本，各卷卷首第三行仍襲用毋逢辰本的“須溪劉辰翁評點”字樣，而不用王常本的“須溪劉辰翁批點”字樣。由此可知，在朝鮮甲辰字有注本擺字時，當同時有王常本與毋逢辰本兩帙在藏。

此外，日本京都大學附屬圖書館藏抄本（4－08リ2）十册，各册簽題“臨川集”，有“彦城宇津木泰文藏書印”“百百復太郎寄贈”等印，内文實爲以甲辰字有注本爲底本，依其行款抄録的抄本。從分册等來看，與臺北故宫博物院楊守敬舊藏本完全一致，或是該帙在日本流傳時期的録副本。日本公文書館内閣文庫藏江户時期抄本（312－0216）九册，各册封題“王荆公詩注”，有“弘文學士院”“林氏藏書”“林氏傳家圖書”“大學藏書”“淺草文庫”等印，内文亦以甲辰字有注本爲底本，以半葉十一行之抄書紙抄録的抄本。卷首補抄有魏了翁序，從補抄中的空字、訛字等看，當依朝鮮甲寅字活字本補抄；部分卷帙天頭等有校補李壁注，則是據甲寅字活字本校勘。

（四）甲寅字本

甲寅字本，蓬左文庫藏有五十卷全帙，韓國延世大學、高麗大學、首爾大學等地藏有殘本。蓬左文庫藏甲寅字本書前有魏了翁序、毋逢辰本序、劉將孫序、詹大和《王荆文公年譜》、目録三卷。正文五十卷，除卷十三、十九、二十、三二、四十共五卷卷末無庚寅增注外，各卷卷末均有庚寅增注。缺二葉，爲卷十三葉十七與卷三三葉十一。首爾大學一簑文庫藏本存卷五至六。高麗大學藏三帙殘本，分别爲：(1) 内賜本：目録、卷一至五、十二至二五、三一至三六、四五至五十，(2) 目録、卷四至九、卷十四至十六、二二至二七、四八至五十，(3) 卷四四至四五。延世大學存卷九至十一、卷三七至四一。[①] 蓬左文庫卷十三、卷三三的缺葉，高麗大學藏本能補足。此外，蓬左文庫藏本中五卷無庚寅增注，其中，卷十九、二十甲寅字本擺字時即未得撫州本[②]，故原即無庚寅增注；高麗大學藏本無卷四十[③]，卷十三存庚寅增注二葉，卷三二末則無庚寅增注，故據高麗大學藏本，能彌補蓬左文庫藏本的四葉缺葉。

對甲寅字本的印行時間，此前國内研究并無確論。據《晚松金完燮文庫目録》[④] 記，晚松文庫（今屬高麗大學）藏甲寅字本有“嘉靖十五年十一月日内賜承政院都承旨朴洪鱗《王荆公集》一件，命除謝恩。同副承旨臣黄（手决）”的内賜記，卷首鈐有“宣賜之記”，當爲中宗三十一年丙申（嘉靖十五年，1536）的内賜本，該本與蓬左文庫本同版，印行時間亦緣此可知。

甲寅字本四周雙邊，半葉九行，行十七字，版心白口，上下雙三葉花魚尾，魚尾間有“王文公詩幾”之字樣，文字右側，擺印圈抹。各卷卷首，有“王荆文公詩卷之幾”字樣，目録三卷，第二行署“眉山李壁注”；

---

① 延世大學藏本卷帙，筆者未能核驗。此據鞏本棟《論〈王荆文公詩李壁注〉》，《宋集傳播考論》，北京：中華書局，2009 年，第 123 頁。

② 今按，底本無卷十九、二十的情況，具體詳下。

③ 疑卷四十擺字的底本原亦無庚寅增注，具體詳下。

④ 高麗大學校中央圖書館編《晚村金完燮文庫目録》，《高麗大學校藏書目録》第 14 輯，首爾：高麗大學校出版部，1979 年，第 28～29 頁。轉引自（韓）千惠鳳《日本蓬左文庫韓國典籍》，知識工業出版社，2003 年，第 293 頁。

年譜一卷，署“桐廬詹大和甄老譜”；正文各卷，第二、三行署“雁湖李壁箋注”“須溪劉辰翁評點”，第四行書“古詩”或“律詩”之詩體。各卷庚寅增注均另起，以陰文大字“庚寅增注第幾卷”爲開頭，版心魚尾間，開始三卷或無字，或擺“庚寅增注”“庚寅添”字樣，往往效法底本宋撫州本的版心而有所節略，後面各卷則多作“王文公增注幾幾”或“王文增注幾幾”。

結合對宋撫州本、元王常本、元毋逢辰本、甲辰字有注本的比勘可知，甲寅字本當爲拼合宋撫州本與甲辰字有注本而成，其中宋撫州本爲李壁注的主底本，而據甲辰字有注本拼入劉辰翁評點與圈抹。① 當時還藏有王常本、毋逢辰本，而未作主底本，僅作參校之用②。其中，劉將孫序言，甲寅字本與甲辰字有注本略有异文，多與王常本合，疑甲寅字本直接從王常本而非甲辰字有注本擺字。目録三卷，甲寅字本署“眉山李壁注”，正同於宋撫州本目録、正文卷端所題，源出宋撫州本。目録卷下末書“王荆公文詩目録下終”，“公文”二字之誤乙，亦源出宋撫州本目録末的誤乙。唯目録中遇組詩時，與宋本組詩子目詩題往往以雙行小字列於其後不同，甲寅字本僅卷五《酬王濬賢良松泉詩》效法宋本版式，雙行小注低一字列“松/泉”二題，其餘各卷組詩下的子目，均以大字且不低的面貌排列於組詩詩題後。正文各卷卷端則不再依宋撫州本之“眉山李壁注”，而同甲辰字有注本分署箋注、評點。在李壁注方面，除了活字擺字限於版式將宋本的三行補注改作雙行補注以外，且不做擠版痕迹外，“《王荆文公詩》李壁注朝鮮活字本（甲寅字本）相當忠實地保存了宋‘庚寅增注’本的原貌。……在刊刻的版式上，朝鮮活字本也保留了宋本的原貌，很少輕易改動，像宋本中的‘補注’，或刻於題下，或刻於詩後，或附於卷末，或前一首詩的補注置於後一首詩的注中，原爲修版時不得不然，朝鮮甲寅

---

① 甲寅字本中的部分訛誤，尤其是劉辰翁評的脱漏、訛字，往往從甲辰字有注本而出（如卷十《韓持國從富并州辟》《思王逢原》劉評脱漏，卷六《明妃曲二首（其二）》、卷十四《示平甫弟》、卷二四《遊杭州聖果寺》、卷四十《溝港》劉評訛字，均爲王常本、毋逢辰本不誤，甲辰字有注本誤而甲寅字本襲之。

② 撫州本、王常本載卷三七卷首的《次韻王禹玉平戎慶捷》，毋逢辰本載卷三六之末。在甲辰字有注本中，因卷二九至卷三六以王常本爲底本，卷三七起以毋逢辰本爲底本，故甲辰字有注本脱漏此詩，而甲寅字本據撫州本載此詩於卷三七之首，而此詩的劉辰翁評未脱，依毋逢辰本之行款以陰文“評曰”識出，可知當時此卷有毋逢辰本在藏。

字本亦皆仍之，甚至宋本訛誤的字詞，朝鮮本亦沿襲未改。”① 劉辰翁評，甲寅字本據甲辰字有注本中顯豁陰文“評曰”插入對應位置。由於甲辰字有注本卷二九至三六部分的底本實爲王常本，其中的評不加陰文“評曰”識出，故甲寅字本卷二九至三六的劉辰翁評語全脱。另外，甲辰字有注本中，評點李壁注得當與否的劉辰翁評原夾雜於注中，僅有少數條目以并不明顯的“()”圈出，而大多無别，乃至劉辰翁評與李壁注相混淆。甲寅字本匯编宋撫州本的李壁注與甲辰字有注本的劉辰翁評，而這類李壁注的評語在甲辰字有注本的版式中并不顯豁，致甲寅字本擺字時往往脱漏此類評語。②

甲寅字本的文獻價值，最爲重要的一點，便在於該本較爲忠實地反映了宋撫州本中李壁注的面貌。今存的宋撫州殘本十七卷中，卷三葉三、卷二七葉一原缺，共缺二葉。此外，該本卷二八葉十六的内容在補版時有訛誤。卷二八的葉十六，爲庚寅補版葉，虞文所刻，版心中書“詩二十八庚寅换”，葉數書“十六”，但或因六、八形近，這葉的文本内容實即照卷二八葉十八舊有文字翻刻的補版，故重葉十八的内容，而缺葉十六。朝鮮甲寅字本的情况來看，該書所依撫州本卷三葉三、卷二七葉一俱在，而卷二八葉十六的文字亦不誤。③ 可知庚寅增刻補版後，該葉或曾重新補版，或舊有的葉十六版片仍在，有不訛的印本流傳至朝鮮，成爲甲寅字本的底本。

然而，甲寅字本中的遺憾也難免存在。從校勘來看，甲寅字本所據的宋撫州本原缺卷十九、卷二十，底本亦存在錯裝、脱葉的情况。分别説明如下：其一，缺卷。宋撫州本、毋逢辰本雖均爲詩中夾注的體式，但毋逢辰本祖出經過劉辰翁删削注語的王常本，對原載王常本詩後的注語重新分疏回詩句之下，撫州本與毋逢辰本出注位置往往不同；同時，毋逢辰本在

---

① 鞏本棟《論〈王荆文公詩李壁注〉》，《宋集傳播考論》，北京：中華書局，2009 年，第 138 頁。

② 鞏本棟以爲，這類評語的删去，“多半是朝鮮士人出於對王安石詩和李壁注的尊崇心理所造成的”（《宋集傳播考論》，第 137 頁），“而將帶有貶義的批評文字删去”（《文學遺産》提要），結合版本源流和版面面貌來看，這些推測恐不準確。

③ 卷二八葉十六當爲《和蔡樞密孟夏旦日西府》詩注，比勘甲寅字本與王常本、毋逢辰本、甲辰字有注本來看，甲寅字本注語數量遠多於經劉辰翁删削後的注，故可知該詩甲寅字本底本的撫州本并未出現訛誤。

刊刻時，誤字較夥，不少王安石詩出現了不見於宋本和王常本的异文。甲辰字有注本卷十九、卷二十依毋逢辰本擺字，又輾轉增添訛誤，如《次韻唐彦猷華亭十詠》中的《陸機齋》中，甲辰字有注本誤有重文號的劉辰翁評“婉く”作“婉人”；《崐山》中，甲辰字有注本誤“潘尼”作“潘泥”，等等，而王常本、毋逢辰本均不誤。甲寅字本此二卷無卷末補注、庚寅增注，詩文、注文、劉辰翁評等全襲自甲辰字有注本，故可知此二卷在擺字時，所據的宋撫州本整卷缺佚，全據甲辰字有注本擺字。① 其二，錯葉。細繹注文，可知甲寅字本卷三九的庚寅增注在書中有錯簡，據存世的宋撫州本版式推排字數，可知底本的宋撫州本卷三九庚寅增注葉一原裝無誤，而葉二錯載卷十四庚寅增注最末，葉三錯載於卷四十之末。其三，脱葉。與今存宋撫州本十七卷殘本對勘，可以發現甲寅字活字本在擺字時間或脱漏注文，不少脱漏恰爲撫州本的整葉内容，如甲寅字本脱去宋撫州本卷二庚寅增注葉三、卷十七卷末補注葉二七、卷二四庚寅增注葉二等的注語，可知該本部分卷葉可能有缺佚。卷四十末的錯葉也意味着甲寅字本底本的宋撫州本或原即脱去了卷四十的庚寅增注部分。卷三二無庚寅增注亦當爲底本脱葉之故。除去這些底本的整葉脱葉外，也有少量撫州本有的注語在擺字過程中出現了脱漏，在拼合擺字時，難免有因底本撫州本的漫漶不清或擺字時的疏忽導致形近訛誤。

甲寅字本刊於中宗三十一年，而該本中的劉辰翁評和不少版式實參考甲辰字有注本擺得，結合書志學家對於朝鮮活字本的版式、魚尾、字體等相關研究，可知甲辰字有注本的印行當爲中宗前期。甲辰字有注本爲混合底本面貌，甲寅字本爲合編宋撫州本與甲辰字有注本。釐清了各本的擺字底本後，亦可知朝鮮甲寅字本的合編之舉當出於朝鮮朝士人之手。其所依

---

① 高津孝最早即已指出，蓬左文庫藏本的卷十九、二十二卷的注文，未見逾出通行的元刻本系統的注釋。另外，高津孝以爲卷五十《馬玘大夫挽詞》以下的後半卷，蓬左文庫藏本與通行本注釋無别，而認爲所得撫州增注本底本卷五十後半亦有缺。但比勘朝鮮甲寅字本與毋逢辰本、甲辰字有注本的注釋文字、出注位置來看，兩者雖大體内容一致，但仍有异文，如《哭慈照大師》一詩，王常本、毋逢辰本、甲辰字有注本中以爲重出而卷五十不復存此詩注，經删節後合併至卷四一《長干釋普濟坐化》注釋下，而甲寅字本卷五十保留的注釋逾出甚多；《葛興祖挽詞》《悼慧休》中存在王常本、朝鮮甲寅字本有而毋逢辰本、甲辰字有注本在重整時删去注釋的情况；且出注位置多有不同，故甲寅字本的這部分注釋的底本并非殘缺，只是劉辰翁基本未删削該半卷的注釋，故致誤判。參見（日）高津孝《蓬左文庫〈王荆文公詩箋注〉について》，《東方學》第69輯，1985年，第78、81頁。

的“元本系統”之本爲甲辰字有注本，并非中國元明人所易得；而在拼合時，受底本之限，難免出現疏虞。

二、蓬左文庫藏甲寅字本脱葉校輯

蓬左文庫藏甲寅字本缺葉，可據高麗大學晚松文庫藏内賜本（만송貴-125）校補。該本首葉鈐有“内賜之記”朱方，各册卷首鈐有“聽梧堂”黑方、“高麗大學校藏書”朱方、“晚松金完燮文庫/고려대학교”藍色橢圓形編號章。

蓬左文庫藏本卷十三缺葉十七，内容涉及《雲山詩送正之》及卷十三卷末補注①，又缺此卷庚寅增注二葉，校補如下②：

雲山詩送正之

雲山參差碧相圍，溪水詰曲帶城陴。退之詩：“綿緜相糾結（按：‘糾結’起至本卷卷末補注‘《送喬秀才》’字，蓬左文庫藏本脱一葉，據高麗大學藏本補），狀似環城陴。”又：“詰曲思增繞。”**溪窮壤斷至者誰**，《前漢·溝洫志》：“壤斷水絶。”**予獨與子相諧熙**。退之《祭李氏文》：“出從于人，既相諧嬉。”**山城之西鼓吹悲，水風蕭蕭不滿旗**。李義山《聖女祠》詩：“一春夢雨常飄瓦，盡日靈風不滿旗。”又唐人詩：“旗風不滿旒。”（按，引詩出秦觀《進南郊慶成詩》，作“唐人”，誤）**子今去此來何時**，（按：“何”，龍舒本、王珏本、應雲鸞本、何

---

① 蓬左文庫藏本卷十三有缺葉，僅存最末一葉，末葉版心作“王文公詩一三□□一八”，注釋後版框中有“王荆文公詩卷第十三”大字。按，據宋撫州本、朝鮮本例，撫州本各卷版心作“詩幾”，朝鮮本各卷版心作“王文公詩卷幾”，下出葉數，撫州本卷末補注爲修版，即在原有版片上剜補添入注釋，故葉數計數與前相連；每卷卷末於版面空白處出“王荆文公詩卷第幾”，以示卷帙結尾；朝鮮本葉數、版式亦效法。“庚寅增注”爲撫州本卷末增葉，撫州本、朝鮮本均换葉另起，以陰文“庚寅增注第幾卷”爲始，撫州本庚寅增注版心有“補注卷幾　庚寅换”“增注卷幾　庚寅添”“庚寅”或“庚寅添”之類，下有葉數，朝鮮本卷四以下，各卷庚寅增注版心作“王文（公）增注幾”，下出葉數，撫州本、朝鮮本各卷庚寅增注葉數計數從“一”起另計，最末均無“王荆文公詩卷第幾”字樣。蓬左文庫藏本有卷十三葉十八，此卷葉一至一六齊，當脱卷十三葉十七；上海古籍出版社影印本於缺葉葉 b(《王荆文公詩李壁注》，上海古籍出版社，1993 年，第 744 頁）補陰文“庚寅增注第十三卷”，高克勤整理本襲之，將卷末補注歸“庚寅增注”，實誤。

② 補輯對象均爲甲寅字本，以下均用學界通稱的“朝鮮本”，不一一指爲“朝鮮甲寅字本”，特此説明。

還本、王常本作“無”）韓詩：“山僧愛山出無期，俗子牽俗來何時。”**予有不可誰予規**？【評曰】舊見本云“後有不可”，似順。○正之，謂孫侔，公之畏友。“誰予規”之語，足見公始未嘗不樂聞忠告也。

補注

《顔公壞碑》骸筋 李吉甫云：“是常以三分勞筋苦骨之人奉七分待衣坐食之輩。”（按：“待”，朝鮮本原作“侍”，引文出《資治通鑒》卷二三八《唐紀》憲宗六年六月丁卯條，據改）**勇且仁** 曾子固《魯公祠堂記》云：“孔子惡鄙夫不可以事君，而多殺身以成仁者。若公，非孔子所謂仁者歟？”**但疑技巧有天得，不必勉强方通神** 觀公此詩，於字畫不爲不留意也。東坡嘗云：“荆公書字，得無法之法，然不可學，學之則無法。”山谷嘗謂此語雖滑稽，然荆公筆所行處要爲今代皆不及，但自熙寧以來，士大夫無不學荆公書，其工者皆成傍風急雨（按：“傍”，疑爲“横”之形訛，參黄庭堅《山谷全書·外集》卷二四《論書一》、張邦基《墨莊漫録》卷一、《苕溪漁隱叢話·後集》卷三二引黄庭堅説等），熟視之，令人眼花。斯亦里之美捧心者乎？前輩又云：荆公學王濛書，今帖中多濛字。

《送宋中道》 頗覺漳可引，但爲談者嗤。又温公《朔記》：“昉鑿漳水，用夫八萬人，兵二萬人，役五十日。漳水一夕暴漲，盡淤，成平地。”

《送陳諤》獨弃、難必 科舉之得失，不可以論才不才也。往往不才者僥倖而得，才者顧以制於命，而失之何止才相若而獨弃也？歐公《送曾鞏序》略可見矣。

《送喬秀才》……（按：以下即朝鮮本葉十八，蓬左文庫本有）

庚寅增注第十三卷

《吴長文新得顔公壞碑》 寶此勿復令埋堙“江南李後主善書，嘗與近臣語書，有言顔魯公端勁有法者，後主鄙之曰：‘真卿之書，有楷法而無佳處，正如扠手並脚田舍漢耳。’”荆公推魯公如此，而後主乃有田舍之譏，蓋彼孅浮之體，固宜不樂魯公之書。

《答揚州劉原甫》華簪寧易投 左太冲《招隱》：“聊欲投吾簪。”○韓退之詩：“莫肯低華簪。”

《寄鄂州張使君》留連陌上塵 公時在京師，故云“留連陌上”。

《送元厚之》嗚玉改新步　《定公五年》："改步改玉。"疑侯不當去韓文："齎咨涕洟，咸以爲是不當去。"

《傷杜醇》天涯一桮飯　《五代史》："後唐王淑妃曰：'何不留吾兒，令以一盂飯歲撒明宗墳上。'"**如何弃予死**《詩》："弃予如遺。"好學少爲己　言今之人多逐物失己也。

《哭梅聖俞》　吁嗟豈即非善謀　杜詩："邂逅豈即非良圖。"

《遊章義寺》　絶迹　暢當詩（按："暢"，朝鮮本原作"陽"，據《唐詩紀事》卷二七改）："深蘿絶鳥聲，陽崖全帶日。"**圍寂寥**　劉夢得詩："山圍故國。"

《飰祈澤寺》　春映一川明　小杜詩："春光繡畫秦川明。"**雪消千壑漫**　唐祖詠語："淺沙平有路，流水漫無聲。"此言雪溶而水溢也。**人聲散**　清遠道士《遊虎丘》詩："客去川島静，人來山鳥散。"梅聖俞詩："鳥驚人語來還散。"

《送文學士倅邛州》　千秋起相望　韓詩："還當三千秋（按："千"，朝鮮本原作"十"，據韓愈《雙鳥詩》改），更起鳴相酬。"

《送宋中道通判洺州》　爲可爲　揚雄《解嘲》："爲可爲於可爲之時，則從；爲不可爲於不可爲之時；則凶。"

《送張公儀宰安豐》　雁爲伴　少陵《病馬》詩："天寒遠放雁爲伴。"（按："病馬"，按，引詩出杜甫《瘦馬行》，"病"字恐誤。"放"，朝鮮本原作"訪"，據杜甫《瘦馬行》改）**誰復嘆**　言得賢，令里無嘆聲。

《送陳諤》　外物　《莊子》："外物不可必，故龍逄、比干誅。"**卜鄰**　杜詩："王翰願卜鄰。"**朱門奕奕行多慚**　歐公詩："高門煌煌赫如赭，勢利聲名争借假。"《仲虺之誥》："成湯放桀于南巢，惟有慚德。"**歸矣無爲惡蓬蓽**　景公之千駟，不如顔子之陋巷。所謂名教之樂，德義之尊也。

《孫長倩歸輝州》　輝州　《寰宇記》："輝州，即單州。碭山縣，朱梁升爲輝州。"**之日短、之日長**　李令伯《陳情表》："是臣事陛下之日長，而報劉之日短也。"

《雲山詩送正之》　正之　孫侔，字正之。公有《同學一首别子固》云："江之南有賢人焉，字子固，非今所謂賢者，予慕而友之。

淮之南有賢人焉，字正之，非今所謂賢者，予慕而友之（按：‘友’，朝鮮本原作‘予’，據王安石《同學一首别子固》改）。”又云：“子固作《懷友》一首遺予，大略欲相扳以至乎中庸而後已。正之蓋亦嘗云爾。”

蓬左文庫藏本卷三三缺葉十一，内容涉及《次楊樂道述懷》至《寄吴冲卿二首·其一》，王常本、毋逢辰本李壁注經劉辰翁删削，然删削不多①，校補二本所删落之李壁注如下：

《次楊樂道述懷》“牢筴黐慚爲彘謀”注，“《莊子》”下，朝鮮本有“達生篇”三字；此條“汝爲之乎”後，朝鮮本有注：

○柳子厚詩：“説彘驚臨牢。”（按：“説”，朝鮮本原作“祝”，據柳宗元《遊南亭夜還叙志七十韻》改）○又，晋愍懷太子嘗從帝觀豕牢，言曰：“豕甚肥，何不殺以享士，而使久費五穀？”

《和楊樂道見寄》“宅帶園林五畝餘”句下，朝鮮本有注：

《梁惠王上》：“五畝之宅，樹之以桑。”

三、朝鮮甲寅字本脱漏宋撫州本注文補輯

鞏本棟在《論〈王荆文公詩李壁注〉》中已逐録了臺北故宫博物院藏宋撫州本十七卷有而甲寅字本脱漏的注文，其中所列大多爲朝鮮本脱漏的整條、整葉補注，尚有不少注文散見於撫州本詩注中而朝鮮本脱漏者，鞏本棟文漏輯②，補輯如下：

卷三《再用前韻寄蔡天啓》：“曳屣聯我跕。”注：“《莊子》：‘曳屣而歌《商頌》。’曾子事。”（按：“曾子事”三字，朝鮮本脱）

---

① 按，上海古籍出版社影印本於缺葉（《王荆文公詩李壁注》（上海：上海古籍出版社，1993年，第1497頁），據張元濟影毋逢辰本内容抄補，抄補時用半葉八行行十七字的行款，較之朝鮮甲寅字本行款，半葉九行行十七字適少兩行。又，毋逢辰本重新從王常本分疏删削後的李壁注，下注位置與宋撫州本、朝鮮本多有不合，此不綴述。

② 按，鞏本棟文中漏輯條目，也有爲撫州本原注、補注、庚寅增注有重出的注釋，或因重出而不輯。但鑒於注語重出現象在撫州本補注、庚寅增注中屢見，這一現象亦是補注、增注撰人均爲李壁的極好例證，且不少複見之處，可用於前後校勘，故亦予以補輯。又，宋撫州本以空字（“□”）作爲注語分隔，補輯時，參朝鮮本例，徑改作“○”。

卷十五《和農具詩十五首·颺扇》："翁乎勤簸颺，可使糠粃盡。"注："孫綽嘗與習鑿齒同行，綽在前，鑿齒曰：'簸之颺之，糠粃在前。'綽曰：'澄之汰之，瓦石在後。'"（按："綽曰：'澄之汰之，瓦石在後。'"十字，朝鮮本脱）

卷十五庚寅增注：有"《襏襫》擐甲"注："《左氏·成十三年》：'文公躬擐甲胄。'"（按：此條與詩中原注重。"十三年"，宋撫州本原作"十二年"，詩中原注亦誤作"成十二"，據《左傳·成公十三年》"文公躬擐甲胄"改）

卷十八庚寅增注"《九鼎》"條（按：此條多與卷十八卷末補注重，而撫州本卷末補注有錯訛、脱漏，朝鮮本卷末補注疑據庚寅增注修訂，而庚寅增注徑删此條）："建康南門有平水大王廟，乃禹廟也。公作此詩，借鼎爲言，以譏切時人。吕惠卿表語亦有云：'九金聚粹，盡圖魑魅之形；孤劍埋光，亦動斗牛之氣。'皆此意也。〇《南史·何胤傳》嘗云（按："何胤"及後之注文"故胤稱"之"胤"，撫州本原作"徹"，或避諱缺筆而整理誤，據《南史·何胤傳》改）："吾在齊朝，欲陳三事。一者欲正郊丘，二者欲更鑄九鼎，三者欲樹雙闕。"竊疑"九鼎"必舊有之，故胤稱"更鑄"。公詩雖專指禹所鑄，亦必有爲而作也。〇謝玄暉《使至京邑》詩："驅車鼎門外，思見昭丘陽。"

卷二四《自白土村入北寺二首》"雞鶩自成群"有注："《太平廣記》：'……之境。'〇《陳寔傳》：'宰府辟召，羔雁成群。'"（按："陳寔傳"一條，朝鮮本脱）

卷二四《瘧起舍弟尚未已示道原》"側足呻吟地"下有注："《莊子·雜篇》：'鄭人緩也呻吟裘氏之地。'"（按：此條朝鮮本脱）

卷二四《送杜十八之廣南》，詩末有擠版補注："《唐書》：'尋訪理絶。'"（按：此條朝鮮本脱，當注"尋訪又輸君"句）

卷二四庚寅增注"《題湯泉壁》偶運"條："淵明詩：'天運苟如此，且進杯中物。'"（按：《題湯泉壁》起，爲撫州本卷二四庚寅增注葉二，朝鮮本全脱。又，此條庚寅增注與卷末補注重）

卷二五《夏夜舟中頗凉因有所感》"風兼水氣凉"句有補注："杜詩：'江日會兼風。'"（按：此注撫州本剜去欄綫補入注文，朝鮮本無）

卷二六《段約之園亭》"徑無凡草唯生竹"句下有注："《説文》'艹'

作‘艸’，隸變作‘卄’，百卉也。〇段文昌《古柏文》：‘下蔭芳苔，凡艸不生。’白樂天詩：‘路旁凡草榮遭遇。’（按：“凡”，撫州本誤作“几”，據白居易《山中五絶句·石上苔》改）張祜詩：‘地僻泉長冷，亭香草不凡。’歐陽公詩：‘可嗟凡艸木，糞壤自青紅。’”（按：朝鮮本全脱。“白樂天詩”起，撫州本稍有擠版，疑經剜補）

卷二六《段氏園亭》“朱雀航邊今有此，可能摇蕩武陵源”句注：“《世説叙録》：“大桁者，吴時南津橋也，名曰朱雀桁。”（按：此條朝鮮本脱）

卷二六《次韻酬徐仲元》“最嫌尸祝擾庚桑”句注：“《莊子·雜篇·庚桑楚》：‘居畏壘之山，畏壘之人言曰：“庚桑子之始來，吾洒然异之。今吾日計之不足，歲計之有餘。庶幾其聖人乎？子胡不相與尸而祝之，社而稷之乎？”’”（按：此條王常本、毋逢辰本、朝鮮本原節略作：“《莊子·庚桑楚》：‘畏壘之人言曰：子胡不相與尸而祝之，社而稷之乎？’”少三十六字）

卷二七《讀眉山集次韻雪詩五首·其三》“觀空白足寧知處”句注末有：“〇劉夢得《送僧元暠南遊詩引》云：‘將迎者，皆赤髭白足之侣。’”［按：劉夢得條，朝鮮本脱，王常本、毋逢辰本無，撫州本、清綺齋補刊本卷末補注有。元暠，撫州本、清綺齋補刊本均作“元嵩”，據劉禹錫《送僧元暠南遊》（并引）改］

卷二九《和楊樂道韻六首·上巳聞苑中樂聲》詩後補注：“漸臺，無鹽女言：‘漸臺五重，黄金白玉。琅玕龍疏。’見《家語》。”（按：撫州本詩後無“〇”相隔，有大字“漸臺”及注文，擠版，當爲補注，朝鮮本脱）

卷四六《望夫石》詩後補注：“唐戴叔倫詩亦云：‘遊湘有餘怨，豈是聖人心。’”（撫州本原載詩末，出大字“〇”相隔，注文擠版，當爲補注。清綺齋補刊本卷末補注有此條，“唐戴叔倫”之“唐”字，清綺齋補刊本無；“豈”字，撫州本漫漶裂版，清綺齋補刊本訛作“直”）[1]

---

① 按：卷二七、卷四六二則，鞏本棟文列入汪東整理本六卷補注、增注有而朝鮮本所無之注中（《宋集傳播考論》，第135頁），在輯補宋本有而朝鮮本無的佚文時未輯。汪東點校本《王荆文公詩箋注》（上海：中華書局上海編輯所，1958年）底本爲清綺齋本的後印本，據清綺齋第一次補葉本爲底本點校。

結　語

李壁傾注心力注成《王荆文公詩》，并經反復修訂補充，存世的宋寧宗朝初刻撫州本殘卷上的寧宗朝修版與理宗朝增刻補版，正是其修訂補充成果的反映。其後，經劉辰翁删削注語、增加批點，形成了元大德五年（1301）王常本。大德十年（1306）的毋逢辰本又力圖復原分疏注語，而版本面貌已頗複雜。宋撫州本、元王常本、元毋逢辰本傳入朝鮮半島，在朝鮮時代，共以兩種活字擺印過三種題爲“王荆文公詩”的活字本，分别爲朝鮮成宗十六年（1485）的甲辰字無注本、中宗前期的甲辰字有注本、中宗三十一年（1536）的甲寅字本。其中，文獻價值最高的爲拼合宋撫州本與甲辰字有注本而成的甲寅字本。蓬左文庫藏甲寅字本經王水照先生介紹影印後，惠澤學界，而其中的缺葉，今依高麗大學藏甲寅字本補足。然而，遺憾的是，傳入朝鮮而成爲甲寅字本主底本的那帙宋撫州本，亦存在脱卷、脱葉、錯葉等問題，其中部分卷帙的李壁注、庚寅增注已難以復原。

吴天任《澹歸禪師年譜》補正

薛　涓

成都市教育科學研究院

摘　要：吴天任《澹歸禪師年譜》考辨澹歸出家前後行狀，探究其身後文字獄之禍，是當前研究澹歸行誼考證最詳備的著作。但由於編纂時掌握資料不夠完備，難免疏漏缺失，本文對其進行補正。

關鍵詞：《澹歸禪師年譜》　澹歸今釋　吴天任

澹歸今釋（1614—1680），俗名金堡，字衛公、道隱，浙江仁和人。崇禎十三年（1640）進士及第，授臨清知州。歷任南明隆武、永曆朝給事中。性耿介清直，因得罪權貴下獄。謫戍途中遇兵阻，落髮於桂林，後入廣東參雷峰天然函昰和尚。澹歸自幼穎悟，文筆清堅，度越谿徑，作品衆多，在明末清初江浙及嶺南文壇影響重大。

澹歸生平行狀，在同時代成鷲禪師《舵石翁傳》[①] 中略有涉及，後因乾隆朝文字獄而歸於寂如。直至 20 世紀 20 年代才再次受到關注。1926 年陳融《越秀集》[②] 對澹歸生平作了簡單介紹，1929 年容肇祖《徧行堂集殘本跋》後附有澹歸簡略年譜。20 世紀五六十年代，又先後有王漢章 1951 年定稿之《澹歸大師年譜》[③]，1962 年麥默贈廣東中山圖書館之《澹

① 成鷲和尚著，曹旅寧、蔣文仙、楊權、仇江點校《咸陟堂集》（一），廣州：廣東旅遊出版社，2008 年，第 78～80 頁。

② 陳融《越秀集》，廣州：南華印社，1936 年。

③ 王漢章《澹歸大師年譜》，天津人民圖書館館藏稿本。1945 年編，次年校正成初稿，1949 年寫成定本，1951 年三校畢（據印永清《佛家年譜叙録——清代部分》，《正法研究》，普陀山佛教文化研究所，第 171～172 頁。）

歸大師事迹》[①]。1988 年吴天任《澹歸禪師年譜》[②]（以下簡稱吴氏《年譜》）出版，該書是在未見澹歸《徧行堂集》正集的情況下，依据《徧行堂續集》《嶺海焚餘》，參校其他筆記史料精心編纂而成。吴天任在《年譜》正文中考辨澹歸出家前後行狀，在附録中梳理澹歸身後文字獄情況，并著録澹歸著述，使之成爲當前研究澹歸行誼最爲詳備的著作，足見其治學功力之深厚。但由於《年譜》編纂時掌握資料不够完備，對澹歸的生平考證難免有不全不確之處。本文在吴氏《年譜》基礎上，參考《徧行堂集》正集、《丹霞澹歸禪師日記》及其他所見資料，遵照吴氏《年譜》體例，對其中缺失及舛誤進行補正，力求進一步推動對澹歸的研究。

萬曆四十二年甲寅（1614），**一歲**。

小除（十二月二十九日），澹歸出生。

按：據《小除生辰，和尚有詩垂示，敬賦五言展謝》[③]《滿江紅·小除夕自壽六首》[④]《小除生辰，止閣黎垂示七律，侑以瘿盤黄柑，賦答》[⑤]《水龍吟·小除初度，時在歸宗，次劉後村自壽韻》[⑥]等作品，可知其生辰在小除。

父叔醇公，永曆朝敕贈文林郎禮科右給事中。母吴氏，永曆朝敕贈孺人。

按：據澹歸《嶺海焚餘》之《請覃恩應得誥命疏》稱，曾於“隆武元年（1645）、二年（1646）兩遇覃恩，以拮据疆埸，僅得一請；方候用寶，而延津變起，誥軸遂失。察於往例，亦應補給”[⑦]。知澹歸有爲父母請封之事。并且其《告墓文》中有“告於敕贈文林郎禮科

① 麥默《澹歸大師事迹》，廣東中山文獻館館藏稿本，1962 年贈廣東中山圖書館存。

② 吴天任《澹歸禪師年譜》鉛印綫裝，香港 1988 年自印。

③ 澹歸和尚著、段曉華點校《徧行堂集》（二），廣州：廣東旅遊出版社，2008 年，第 323 頁。

④ 《徧行堂集》（三），第 295～296 頁。

⑤ 《徧行堂集》（二），第 465 頁。

⑥ 《徧行堂集》（三），第 320 頁。

⑦ 金堡《嶺海焚餘》，《臺灣文獻史料叢刊》第五輯第 99 册，北京：人民日报出版社，2009 年，第 41 頁。

右給事中先考叔醇府君、敕贈孺人先妣吴氏之墓”[①]，從“敕贈”二字可知，澹歸父母之官爲朝廷封誥，并未實任其職。吴氏《年譜》稱：“公之先世名字、官職，諸書本傳均無記録，公自述亦未提及。”并稱“父某，官某科給事中”[②]，當因其未見澹歸《告墓文》所致。

兄長二人，一名宗穎，另一不知名；幼弟，不知名。

按：澹歸《存四欲還武林題三絶句》（其二）云：“廣州不异杭州客，未做金三早出家。莫道我今非我昔，眼還近視面還麻。”[③] 詩中自稱“金三”，可知在家中應排行第三，有兄二人。《方子春先生傳》中云：“十歲，與亡兄宗穎戲爲詩文”，知其兄長一名“宗穎”[④]。據《請覃恩應得誥命疏》中“憶臣父易簀之際，以寡嫂幼弟丁寧相囑”[⑤]，可知澹歸弃家抗清時其兄已去世，但不知“幼弟”幾人。

娶方氏，生二子二女。長子世鎬，次子世鎮，均中夭。女二：一名蓮，適朱孔暉；一不知名，適程氏。

按：此處吴氏《年譜》稱：“據公撰《金節母張孺人傳》云：‘惟予二子中夭。’又云：‘余長子世鎬，客死臨清。’再云：‘墓前一池，有砌石，世鋮又賣之，焚世鎬世鎮棺。’可見中夭之二子，當即世鎬、世鎮，而世鋮敢賣墓石焚棺，疑亦其子。”[⑥] 然此文後有“弃其同堂兄弟之骨”，可知世鋮與世鎬、世鎮當爲堂兄弟，吴氏此處有所疏忽；又澹歸在《焚方孺人靈座文》中交代對子女的安排：“兩兒子亦無家可歸，世鎬且令相隨，世鎮有欲乞爲兒者，吾已許之矣。兩女各歸其舅姑與其夫，吾雖不死，已如死人，其所處分如此而已。”[⑦] 又證之以《與姚雪庵文學》（其二）：“弟兩兒皆亡，至今求一提起與相續，了不可得。”[⑧] 可知澹歸僅有二子。

---

① 《徧行堂集》(一)，第 220 頁。
② 吴天任《澹歸禪師年譜》，第 1 頁。
③ 《徧行堂集》(三)，第 192 頁。
④ 《徧行堂集》(四)，第 125 頁。
⑤ 《嶺海焚餘》，第 40 頁。
⑥ 吴天任《澹歸禪師年譜》，第 2 頁。
⑦ 《徧行堂集》(一)，221 頁。
⑧ 《徧行堂集》(二)，第 299 頁。

據《與丹霞樂説辯和尚》（其八）中説到爲“俗家眷屬”所擾之事，稱：“朱孔暉夫妻只將三個女兒賣了八家，結下訟事，雄者逃走，雌者乃至劫掠寓中行李而去。”① 知金蓮丈夫爲朱孔暉。據《澹歸禪師日記》，朱孔暉曾在康熙十二年（1673）十一月到訪。澹歸集子中有《青玉案・朱孔暉自武林來訪》②，當爲此時所作。

崇禎三年庚午（1630），**十七歲**。

童子試中式。

按：據《燕超堂詩集序》：“今釋向以童子試，受知於大參静長鄒公，及十年成進士，而公殁。”③ 澹歸中進士在崇禎庚辰年（1640），故知其童子試中式於庚午。

崇禎九年丙子（1636），**二十三歲**。

於妙行堂訪雪關誾和尚，得和尚贈偈。

按：據《訓任厥迪》詩後跋：“予丙子歲謁雪關誾和尚，於妙行堂贈余偈，有‘乘時更拔空王幟，選佛場中及第郎’語，殆先識也。”④

崇禎十五年壬午（1642），**二十九歲**。

臨清任職，僅五月而辭歸。

按：吴天任稱：“據《永曆實録》，述公在臨清抗言責劉澤清，則在十五年，可知是年已在任。而公自述任臨清州牧，僅五月去官，大抵春間出任，迨秋當已離去。”⑤ 而據澹歸《書兩吴公傳誌後》：“辛巳，與雲軿相見於臨清。”辛巳，即崇禎十四年（1641），由此可見澹歸此年已在臨清，因此可推測其任職臨清時間，當爲崇禎十四年末到崇禎十五年（1642）初的五個月。⑥

崇禎十六年癸未（1643），**三十歲**。

---

① 《徧行堂集》（四），第 234～235 頁。
② 《徧行堂集》（三），第 286～287 頁。
③ 《徧行堂集》（一），第 172 頁。
④ 《徧行堂集》（三），第 68 頁。
⑤ 吴天任《澹歸禪師年譜》，第 6 頁。
⑥ 《徧行堂集》（一），第 437 頁。

癸未，與吴雲耕相見於武林，吴雲耕以尊人墓銘來請①。

崇禎十七年甲申（清順治元年，1644），三十一歲。

小除，遭父喪。

按：吴天任稱："（乙酉）六月，遭父喪，甫襄窀穸，清兵陷杭州。"② 此説有誤。據澹歸《思佳客·用韻訓王寅旭壽詞》後跋稱："舊書齋在先孺人墓側，方子春先生題有'淑氣培雙桂，高吟剩蓼莪'之句，先給事忌恰在小除。"③ 又據《絶句》（其二十）跋中有："漢翀有度歲之惠，時逼小除，先給事諱辰，先孺人難日也。輒回此施以飯僧。"④ 可知澹歸生日與其父卒日爲同一天。具體年份，據温睿臨《南疆逸史》："十六年，吏部尚書鄭三俊薦其才，未及用而都城陷。堡南還丁内艱。"⑤ 可知先是都城陷落，旋即南還丁艱，因此澹歸父當卒於甲申國變當年小除，即崇禎十七年（1644）。據澹歸《請覃恩應得誥命書》："臣幼而喪母，長服父訓，禄養不逮，抱恨終天。甫襄窀穸，而虜騎蹂杭。"⑥ 杭州陷落在弘光乙酉年（1645）六月⑦，知其父葬於此時。此外，知澹歸之母早在其幼年已去世，則《南疆逸史》中"内艱"亦當爲外誤。

永曆元年丁亥（順治四年，1647），三十四歲。

此年當在湖南辰陽山中，讀《楞嚴》《圓覺》諸大乘經，發出世之念⑧。

夏，與同里三决義公復遇於辰陽，相從入東、西粤⑨。

永曆二年戊子（順治五年，1648），三十五歲。

九月，經夫夷至桂林，舍於伏波山。與瞿式耜一見如故。十月十六

---

① 《徧行堂集》(一)，第 437 頁。
② 吴天任《澹歸禪師年譜》，第 9 頁。
③ 《徧行堂集》(四)，第 443 頁。
④ 《徧行堂集》(三)，第 191 頁。
⑤ 温睿臨《南疆逸史》(上)，北京：中華書局，1959 年，第 201 頁。
⑥ 《嶺海焚餘》，第 40 頁。
⑦ 計六奇：《明季南略》，北京：中華書局，1984 年，第 283 頁。
⑧ 《徧行堂集》(一)，第 109 頁。
⑨ 《徧行堂集》(一)，第 94 頁。

日，與瞿式耜、焦竑、吴德操同遊虞帝祠。與邵雷淵同遊七星岩。

按：據《祭明故死節桂林伯督師大學士瞿公稼軒文》："我初未識公，自戊子九月謁公桂林，遂相見如故。"① 知澹歸九月至桂林，與瞿式耜相見。據《送鄭野臣之桂林序》："始吾從辰溪歷夫夷而至桂林，舍於伏波山。與故留守瞿公稼軒、焦侯瑞亭、吴直指鑒在遊虞帝祠，與邵憲長雷淵遊七星巘。"② 又據瞿式耜《戊子十月既望，新興焦侯邀遊虞帝祠，金黄門首唱佳韻，依韻和之》③，知遊歷在十月十六日。

永曆四年庚寅（**順治七年**，1650 **年**），**三十七歲**。

五月，作歌《贈趙君秋屋》。④

九月，下端州，由蒼梧入桂林。入住瞿式耜小東皋，後遷入茅坪庵，著僧服。遊龍隱洞。

按：據《送鄭野臣之桂林序》："既下端州，復由蒼梧至桂林，舍於小東皋，遷茅坪庵。張別山、方密之、劉同庵、客生兄弟、丁金河、蒙聖功，酒酣耳熱，歌呼未嘗間日夕。予時右脚攣，僅一遊龍隱洞。"⑤

十月十九日夜，夢被執法場。晨起拈"朝聞道，夕死可矣"成一義，瞿式耜聞而索觀并評論。

按：此處吴氏《年譜》中稱據《越秀集》記載："十一月初四日，清兵陷桂林……同月十九夜，禪師在桂林，夢被執至法場。"⑥ 且稱："惟是月四日，桂林已破，瞿、張同被羈於別室，何能於十九日向公索觀，及相與酣飲乎？故不録。"⑦ 此處當受《越秀集》中"十一月

① 《徧行堂集》（一），第 221 頁。

② 《徧行堂集》（一），第 85 頁。

③ 瞿式耜著、江蘇師範學院歷史系蘇州地方史研究室整理《瞿式耜集》，上海：上海古籍出版社，1981 年，第 217 頁。

④ 瞿式耜《瞿忠宣公集》，見沈乃文主編《明別集叢刊》第五輯第 57 册，合肥：黄山書社，2015 年影印本，第 463 頁。

⑤ 《徧行堂集》（一），第 85 頁。

⑥ 吴天任《澹歸禪師年譜》，第 64 頁。

⑦ 吴天任《澹歸禪師年譜》，第 65 頁。

十九夜，道阻桂林，夢被執至法場"[1]的誤導。據澹歸《四書義自叙》："庚寅赴戌清浪，道阻桂林。冬十月十九夜，夢被執至法場……晨起拈'朝聞道，夕死可矣'成一義，留守瞿公稼軒聞而索觀爲評之。"[2] 此時桂林尚未陷落，故瞿式耜能够索觀并點評。

十一月初二日廣州陷落；初四日桂林陷落。初五日瞿式耜、張同敞被捕，二人於俘纍中倡和，作《浩氣吟》等詩明志；澹歸於茅坪庵落髮，有《金堡和雙忠倡和詩》八首以和瞿、張《浩氣吟》。

按：據《送鄭野臣之桂林序》："桂林破，瞿、張被執，于俘纍中倡和，與茅坪磬聲相響答。"[3] 又瞿共美《東明聞見録》："有德愈重之，館二公於别所，防禦甚切，而供帳飲食，如待上賓。留守日與總督慷慨賡和。清臬司王三元、蒼梧道彭爌，皆留守里人，有德使説以百端，不應。"[4] 知二人被執後生活情狀與囚犯不同，定南王孔有德待之以禮，唱和當有可能。且《瞿忠宣公集》所録瞿、張二人《浩氣吟》各八首[5]。澹歸有《金堡和雙忠倡和詩》和之，此詩不見於其現存集子，保存在《（光緒）臨桂縣志》中[6]。

永曆六年壬辰（順治九年，1652），三十九歲。

從桂林至佛山，尋求挂搭地不得。袁特丘划舟相迎，送澹歸入雷峰參天然函昰。

按：《刻袁特丘總憲軼詩序》稱："越壬辰，從桂林東下至佛山，求挂搭地不可得。特丘聞之，自挐舟迎余至疊滘，懽若再生。因同入雷峰，數相過談於碗架邊。"[7] 天然函昰亦有《袁特丘送澹歸入

---

① 陳融《越秀集》，"今釋"條第7a頁。

② 《徧行堂集》（一），第193頁。

③ 《徧行堂集》（一），第85頁。

④ 瞿共美《東明聞見録》，《中國古籍珍本叢刊·廣東省立中山圖書館卷18》，北京：國家圖書館出版社，2015年影印本，第432頁。

⑤ 瞿式耜《瞿忠宣公集》，《明别集叢刊》第五輯，第466～470頁。

⑥ 吴征鼇修，黄泌、曹馴纂《（光緒）臨桂縣志2》，《中國地方志集成·廣西府縣志輯30》，南京：鳳凰出版社，2014年影印本，第38頁。

⑦ 《徧行堂集》（一），第152頁。

山》詩。[①]

十二月初八受菩薩戒，天然函昰命其度嶺行乞。十二月十一日出發，行乞於常熟、毗陵一帶。

按：據《刻袁特丘總憲軼詩序》："臘八日，余受菩薩戒，特丘招同人來觀，有詩。甫三日，余出嶺爲深隱匡山計。"[②]

錢謙益作詩相寄。

按：澹歸有《詶錢牧齋宗伯壬辰見寄原韻》[③]，與錢謙益《寄嶺外四君詩·金道隱使君》韻脚相同，當爲此年所寄[④]。

永曆七年癸巳（順治十年，1653），四十歲。

七月初六，作《生辰却宴會説》。[⑤]

永曆八年甲午（順治十一年，1654），四十一歲。

八月十日，於常熟瞿式耜東臯之天香閣，再爲瞿共美作《金公贈言》。

按：瞿式耜《瞿忠宣公集》卷八"桂林詩"中，《金公贈言》後落款稱："甲午中秋前五日，借山今釋書於東臯之天香閣。"[⑥] 此文不見於《徧行堂集》。

八月二十六日，過洞庭，撰《路公别傳》。

按：葉廷琯《鷗陂漁話》録澹歸《路公别傳》中有："余過洞庭，公冢子中書君澤溥出而觀之。因别爲論次，以告於士大夫之能自立者，不獨附於路之家乘，故略而不詳。歲次甲午秋八月廿有六日，廬山栖賢寺比邱清浪今釋稽首撰并書。"[⑦] 此文不見於《徧行堂集》。

永曆九年乙未（順治十二年，1655），四十二歲。

---

① 天然函昰著，李福標、仇江點校《瞎堂詩集》，广州：中山大學出版社，2006 年，第 109 頁。

② 《徧行堂集》(一)，第 152 頁。

③ 《徧行堂集》(二)，第 454 頁。

④ 錢謙益著、錢曾箋注、錢仲聯標校《牧齋有學集》(上)，上海：上海古籍出版社，1996 年，第 165 頁。

⑤ 《徧行堂集》(一)，第 73 頁。

⑥ 瞿式耜《瞿忠宣公集》，第 463 頁。

⑦ 葉廷琯著、朱鑒點校《鷗陂漁話》，上海：廣益書局，1942 年第 2 版，第 21 頁。

年末，還佛山。

按：據澹歸《乙未歲暮還佛山》小序："壬辰冬，别梁孝廉同庵、英秀才卓今於此，今兩公皆爲古人矣，愴然有作。"①

永曆十年丙申（順治十三年，1656），四十三歲。

至惠州西湖行化。

按：《(雍正）歸善縣志》："今釋，字澹歸，浙江人。原金姓，名堡，字道隱。明庚辰進士，才名冠絶一時，仕爲名給諫。際□鼎革，披緇入山，從雷峰天然和尚遊。順治戊戌，與華首空隱禪師住錫西湖準提閣，托鉢行乞，時吟詩寄意。後開山丹霞，再至西湖六橋勝迹，題詠殆遍，與惠士大夫多所唱和。"② 稱澹歸曾於戊戌年（1658）托鉢於惠州西湖。而據澹歸《邵武府推官黎公傳》："予丙申至西湖，踰十年復至，則西湖隄潰，一切皆荒落，無有敢誦言爲經理者。"③ 則澹歸至西湖時間當在丙申年（1656）。且據其《與惠陽諸公》云："丙午湖頭人文山水之樂，日有思夜有夢。"④ 又其《惠州訪葉許山》："十年華首事，珍重念如初。"⑤ 知澹歸於康熙丙午年（1666）再至惠州西湖瑞開閣，則十年前亦當爲1656年，此處以澹歸所説爲準。

冬，與汪起蛟（字漢翀）相見⑥。

永曆十一年丁酉（順治十四年，1657）四十四歲。

與吴雲軿相見於李授平居所，時吴雲軿辭開平令，僑居仙城。⑦

永曆十二年戊戌（順治十五年，1658），四十五歲。

至東莞篁溪，居芥庵，建戴庵。作《戴庵》12首。

按：吴氏《年譜》稱："今見葉遐庵丈之《遐庵談藝録》，澹歸佚

---

① 《徧行堂集》(二)，第389頁。

② 孫龍寬等修、葉適等纂、陳裔虞纂修《(雍正）歸善縣志》，《中國地方志集成·廣東府縣志輯16》，上海：上海書店出版社，2003年影印本，第284頁。

③ 《徧行堂集》(一)，第344頁。

④ 《徧行堂集》(二)，第307頁。

⑤ 《徧行堂集》(二)，第416頁。

⑥ 《徧行堂集》(四)，第104頁，《祭汪漢翀水部文》中言及。

⑦ 《徧行堂集》(一)，第437頁。

詩一條，知原詩有十首。”[①] 此説有誤。據澹歸《戴庵》[②]，實爲十二首，今皆存。

作《宗門不須開戒説》。

按：據澹歸《宗門不必開戒説二》：“戊戌仲冬，偶舉宗門不必開戒及講經念佛之説。”[③]

永曆十四年庚子（1660），**四十七歲**。

二月廿三日，作《書上元嘆後》[④]。

永曆十五年辛丑（**順治十八年**，1661），**四十八歲**。

與丘象升（字曙戒）相交。[⑤]

永曆十六年壬寅（**康熙元年**，1662），**四十九歲**。

二月過篁溪，與徐彭齡（字仲遠）話別。

按：《持戒瑣言序》：“壬寅春二月，余將之丹霞。過篁谿别仲遠徐子，宿於南池，坐話。”[⑥]

著手營建別傳寺，五月行化南雄，識陸世楷於穗城，陸世楷成爲丹霞營建最得力的護法。

按：陸世楷，字孝山。吴氏《年譜》稱：“孝山爲禪師中表，任南雄縣知縣。”[⑦] 澹歸《從天而下説爲陸孝山太守初度》中云：“余以壬寅識之於穗城，一語知其爲盛德人也。時方開山丹霞，以護法囑累，孝山諾之。”[⑧] 可知澹歸與陸世楷之前并不相識。吴天任此處之

---

① 吴天任《澹歸禪師年譜》，第 73 頁。

② 《徧行堂集》（二），第 390 頁。

③ 《徧行堂集》（一），第 57 頁。

④ 《徧行堂集》（一），第 454 頁。

⑤ 《徧行堂集》（一），第 37 頁。《大雅説爲丘曙戒別駕贈別》：“余以歲辛丑，交於丘子曙戒。”

⑥ 《徧行堂集》（一），第 140 頁。

⑦ 《澹歸禪師年譜》，第 77 頁。

⑧ 《徧行堂集》（一），第 1 頁。

誤當是從汪宗衍《澹歸和尚丹霞日記跋》中得來[①]，究其源頭，當爲對朱彝尊《嶺外歸舟雜詩十六首》（其十四）跋中“丹崖精舍，表兄陸侯世楷守南雄日爲澹歸禪師建”[②]的誤讀，陸世楷實爲朱彝尊之表兄。

康熙二年癸卯（1663），**五十歲**。

春，過乳源，温泉沐浴，作《温泉夜浴》四首。[③]

按：據《青玉案·寄乳源馬岵峰明府》後跋：“癸卯春過乳源，浴於温泉，有詩，今九年矣。”[④]

夏至，於海幢寺精舍作《書千山和尚詩後》。[⑤]

冬駐錫海幢寺[⑥]；十月十三日，玉牕居士過海幢寺，爲其題《書鵝群帖後》[⑦]。

十二月初八，將從海幢寺還丹霞。[⑧]

此年於仙城邂逅公謀。[⑨]

康熙三年甲辰（1664），**五十一歲**。

按：此年吴天任《澹歸禪師年譜》未著録。

二月，相江舟上遇吴雲軿[⑩]，二月二十五日至海幢寺[⑪]。

於淩江結交傅際飛[⑫]；春，於淩江别丘象升[⑬]。

四月四日，行化於英州[⑭]。

---

① 汪宗衍《澹歸和尚丹霞日記跋》，澳門普濟禪院藏。稱“陸世楷，當湖人，官南雄知縣，與澹歸爲中表”。

② 朱彝尊《曝書亭集》，國學整理社，上海：世界书局，1937 年，第 207 頁。

③ 《徧行堂集》（三），第 17 頁。

④ 《徧行堂集》（三）第 286 頁。

⑤ 《徧行堂集》（一），第 447 頁。

⑥ 《徧行堂集》（一），第 2 頁。

⑦ 《徧行堂集》（一），第 440 頁。

⑧ 《徧行堂集》（一），第 456 頁。

⑨ 《徧行堂集》（一），第 189 頁。公謀，姓名不詳，澹歸爲之作《輕雲近集小叙》。

⑩ 《徧行堂集》（一），第 424 頁。

⑪ 《徧行堂集》（二），第 94 頁。

⑫ 《徧行堂集》（一），第 129 頁。

⑬ 《徧行堂集》（二），第 243 頁。

⑭ 《徧行堂集》（一），第 5 頁。

七月，復至淩江①。

此年與陸世楷、沈皞日唱和，有《甲辰唱和集》②。

康熙四年乙巳（1665），**五十二歲**。

正月，發現舵石岩③。

二月十五日，至海幢寺④。

春，《丹霞初集》成，作《丹霞初集序》⑤。

在篁村，同阿字今無禪師茶集於徐彭齡南池⑥。

仲冬，至凌江梵行居，樊元貞過訪⑦。

泊相江門，應吴雲軿之請，作《書兩吴公傳志後》。

按：據《書兩吴公傳志後》云："辛巳，與雲軿相見於臨清，雲軿以詩來，爲初相識已二十四年。"⑧ 可推知作於此年。

康熙五年丙午（1666），**五十三歲**。

三月十六日至穗城，入雷峰謁天然函昰⑨。

五月十三日，茶集如如室；五月廿三日，赴黎紹芳（字傳人）茶集。

按：據《瑞開閣上月色皎然，念坡公從合江樓入栖禪寺，登逍遥堂，閑情野韻，了不可得。因憶十三日茶集如如室罷，鍾鶴與葉功遠、潔吾、劉净庵、翟憲申、苗載陽步送至第一橋，談笑久之，諸子凝立，予與雪老過景賢祠下始歸。此亦一種風致。好天良夜，恨不與放脚曳杖，消此曠懷耳》，《五月廿三日赴黎傳人茶集，傳人與憲申鍾鶴步出西湖門，坐第一橋抵暮乃别，此與前十三日風味亦同亦异。作二絶句談次，及朝雲降乩，欲蓋六如亭事，并以一絶紀之》。⑩

---

① 《徧行堂集》（一），第129頁。
② 《徧行堂集》（一），第196頁。
③ 《徧行堂集》（一），第295頁。
④ 《徧行堂集》（二），第94頁。
⑤ 《徧行堂集》（一），第195頁。
⑥ 《徧行堂集》（二），第327頁。
⑦ 《徧行堂集》（一），第317頁。
⑧ 《徧行堂集》（一），第437頁。
⑨ 《徧行堂集》（二），第242頁。
⑩ 《徧行堂集》（三），第219頁。

丙午八月，爲汪溈（字魏美）作傳。

按：據《汪孝廉傳》："歲在乙巳秋七月三十日，故明孝廉汪君卒。丙午八月，其孤蓬來嶺表，與舵石翁相遇於珠江，請爲立傳。"①

九月七日，與劉炳（字煥之）、阿字今無共談甚歡，自己刻至漏下二鼓。②

臘月初四，迎天然函昰入丹霞主法。

按：據汪宗衍《明末天然和尚年譜》"康熙五年丙午"條："臘月，受今釋請入丹霞山別傳寺主法席。釋請作《丹霞詩》，因隨足力所及遊山中諸勝，成十二律。"③ 另澹歸《與江若海内巡》："丹霞道場已奉迎本師天然和尚闡揚最上法門，庶足爲吾兄增上福田。去臘初四入院，法語呈覽，知弟不負檀越、不負山靈一段樸誠耳。"④ 可知具體入住日期爲臘月初四。

康熙六年丁未（1667），**五十四歲**。

新正，赴張虎别之齋⑤。

春，作《贈李翊皇》⑥。

十二月，從仙城回丹霞⑦。

康熙七年戊申（1668），**五十五歲**。

春晤陸世楷於韶陽⑧。

二月三日，陸世楷、沈皞日冒雨重遊丹霞，有詩⑨。

三月至南雄，赴陸世楷之約，行化雄州三月餘⑩。

---

① 《徧行堂集》（一），第334頁。

② 《徧行堂集》（一），第402頁。

③ 汪宗衍《明末天然和尚年譜》，《新編中國名人年譜集成》第20輯，臺北：臺灣商務印書館，1986年，第64頁。

④ 《徧行堂集》（二），第199頁。

⑤ 《徧行堂集》（三），第223頁。

⑥ 《徧行堂集》（二），第417頁。

⑦ 《徧行堂集》（一），第290頁。

⑧ 《徧行堂集》（一），第290頁。

⑨ 《徧行堂集》（二），第330頁，有《戊申春二月三日，孝山融谷冒雨重遊丹霞，即事七首》。

⑩ 《徧行堂集》（一），第290頁。

中秋，與蕭伯升等聚於遯圃，夜歸亦庵寺，寺中請茶①。

九月自螺川歸，所建別傳寺下院龍護園即將落成；冬，龍護園落成。

按：據澹歸《龍護園碑記》："秋九月，予自螺川歸，則已鱗鱗翼翼，將慶落成……及冬而竣，蓋其閱歲，自順治甲午至康熙戊申，凡十五年。"②

又據汪宗衍《明末天然和尚年譜》"康熙七年戊申"條："冬，南雄太守陸世楷同闔郡諸宰官招入華林，時龍護園落成，爲丹霞別傳寺下院，和尚賦詩有'太守新修別院深，遥分祇樹落城陰'句。"③ 知龍護園落成在此年冬。

康熙八年己酉（1669），**五十六歲**。

按：此年吴氏《年譜》未著録，然活動衆多，交往頻繁。

正月初二過泐山④。

上元節作《題陳全人畫佛》⑤。

三月初，沈皞日回浙江參加秋試，送之至天峰而別⑥。

五月，托鉢於贛、吉二府，爲天然函昰慶生籌備。

按：據《與姚雪庵文學》（其二）："近知有意外之費，恐涉艱難，亦不敢遣人走訊，前約但俟吾兄方便而已。今年往廬陵，匆匆還山，亦衹了得老人慶生事。"⑦ 知姚氏有事與澹歸托鉢廬陵爲同一年；又《丹霞雜施田合記》云："惠陽姚雪庵子蓴，請爲丹霞置飯僧田，租千石，雪庵非素封也，期以十年了之，未三年，值其家多故，不克繼。"⑧ 則姚氏有事在施捨田租近三年時；另據《五施説爲姚雪庵文學初度》云："予方建丹霞道場，之惠陽托鉢，雪庵爲發願飯僧，期

① 《徧行堂集》（二），第 377 頁。《戊申中秋，孟昉招同周竢庵、施偉長、程大匡、王一肩、戴聖則、羅萬年、楊彦升諸公，笻崖、中千、平遠諸師小集遯圃》

② 《徧行堂集》（一），第 319 頁。

③ 汪宗衍《明末天然和尚年譜》，第 69 頁。

④ 《徧行堂集》（一），第 71 頁。

⑤ 《徧行堂集》（一），第 408 頁。

⑥ 《徧行堂集》（一），第 94 頁。

⑦ 《徧行堂集》（二），第 299 頁。

⑧ 《徧行堂集》（一），第 326 頁。

以十年，置田租千石。”[①] 澹歸爲營建丹霞托鉢惠州在丙午年（1666），至此年剛好近三年。

此外，澹歸《章貢遇趙止安東歸有贈》稱：“雨散十五載，不意此相見。”[②] 趙止安，常州人[③]。澹歸有《留别趙止安，時止安方挈世鎬讀書，躬自教之》[④]，澹歸别常州，往栖賢充天然函昰書記在1654年，至此年恰好十五年。

又《盧陵喜晤曾旅庵憲副》：“不免離愁十七年，雷峰清夢尚依然。三千鑌鉢存檀度，八百春秋屬地仙。”[⑤] 當是指澹歸在雷峰洗碗（1652）時，曾旅庵爲之捐贈碗鉢之事，或與“澹歸碗”[⑥]傳説有關。十七年後相見於盧陵，恰好爲1669年，即康熙八年。

又據《與黎博庵學憲》（其四）中：“今釋近奉天老人，未敢爲丹霞弛擔。五月度嶺，托鉢於贛、吉二府，蓋是無聊之極。非不欲走謁函丈，然於二十日内圖了吉安一鉢，便溯流上十八灘，結贛州之緣，九月初還山，爲天老人料理六衮慶生事。”[⑦] 知其托鉢是爲天然函昰壽辰籌備。

赴青原山訪方以智。

按：姜伯勤《澳門普濟禪院藏金堡日記研究》稱：“澹歸先是於康熙八年外出‘請藏’，并在江西吉安青原山會見方以智。又於康熙十七年，出嶺赴嘉興請藏。”[⑧] 對於姜伯勤提到之“康熙八年出嶺請藏”，澹歸其實并未前往，“兩次出嶺請藏，皆以事阻”[⑨]，僅有此打算而已。因此他在給方以智等友人的信中，雖多次提到請藏途中訪問的願望，但終未實行。

---

① 《徧行堂集》（一），第12頁。

② 《徧行堂集》（二），第334頁。

③ 于琨修，陳玉璂纂《（康熙）常州府志》，《中國地方志集成·江蘇府縣志輯36》，南京：鳳凰出版社，2008年影印本，第555頁。

④ 《徧行堂集》（二），第452頁。

⑤ 《徧行堂集》（三），第100頁。

⑥ 吴天任《澹歸禪師年譜》，第68頁，轉述葉遐庵《談藝録》“明今釋逸詩”一條中提及“澹歸碗”傳説。

⑦ 《徧行堂集》（二），第173頁。

⑧ 姜伯勤《石濂大汕與澳門禪史》，上海：上海學林出版社，1999年，第506頁。

⑨ 《徧行堂集》（二），第210頁。

然而，澹歸訪問青原山當在此年。澹歸爲方以智作有《寄題浮山報親庵》[①]，報親庵於康熙七年（1668）戊申冬動工重建，建成於康熙八年（1669）春[②]，則澹歸至早在此年春後訪問青原山。另其《青原山贈藥地禪師》首句有"未了青原付與誰"[③]，其中"未了"一詞，當與吉安士人康熙八年（1669）五月十五日爲方以智募修之"未了庵"有關[④]。據上文推斷澹歸"托鉢贛、吉二府"的時間爲康熙八年（1669），則此年赴青原山訪方以智最爲可能。康熙九年（1670），方以智六十壽辰，四方文人多爲文稱賀，澹歸有《千秋歲引·壽青原藥地長老》。[⑤] 康熙十年（1671）粤難作，澹歸曾寫信給尚可喜幕僚金光，打聽案情原由，并請其爲方以智説情。[⑥] 方以智死難，澹歸作《風流子·挽藥地和尚》[⑦] 相悼。

秋，晤大司馬周有德於端州。[⑧]
九月初，還丹霞山料理寺中之事。[⑨]

按：澹歸此年夏秋間托鉢江西，與于藻、胡樞、許煥、張貞生等交往，并邂逅舊友曾宏、施閏章等；一路遊壽量寺、古光孝寺、水月山寺、葉聲閣、帆影樓、快閣、取亭、金牛泉、宜樓、白鷺書院、龍慶寺、大覺庵、西峰寺、鐵佛橋、能仁寺等地，皆有詩作相留[⑩]。

此年《丹霞二集》成，記録1665年至1669年之間的景情。[⑪]
此年結識沈存西。

按：據《贈别沈存西》："昨年與君見，半夜如天明。……君年六

---

① 《偏行堂集》（三），第98頁。
② 任道斌《方以智年譜》，合肥：安徽教育出版社，1983年，第255、258頁。
③ 《偏行堂集》（三），第98頁。
④ 任道斌《方以智年譜》，第258頁。
⑤ 《偏行堂集》（三），第292頁。
⑥ 《偏行堂集》（二），第196頁。
⑦ 《偏行堂集》（三），第325頁。
⑧ 《偏行堂集》（一），第290頁。
⑨ 《偏行堂集》（二），第173頁。
⑩ 《偏行堂集》（三），第96～105頁。
⑪ 《偏行堂集》（一），第195頁。

十三，我年五十七。”[①] 昨年相見，可知二人相見於澹歸五十六歲，即康熙八年（1669）。

康熙九年庚戌（1670），**五十七歲**。

十月十四日，天然函昰六十二辰，作《解連環》相壽。

按：吴天任將《解連環》放於“戊申年”條下，稱按《天然和尚年譜》：“十月十四日，天然函昰和尚六十一示生，作《六十一詩》十四首。禪師作《解連環》爲壽，有注云：‘甘露降於叢竹，時老人疏《楞嚴經》適竟，兼值生辰。’”[②] 而據澹歸《甘露頌并序》：“庚戌十月，丹霞甘露降於叢竹，時和尚疏《楞嚴》方竟，適届下生之期，慶一雨之普。”[③] 可知《解連環》是爲庚戌年作。

康熙十年辛亥（1671），**五十八歲**。

元旦，自松樹灣出發，與王煜瞻同舟而行[④]；辛亥正月還山[⑤]。
是年，有出嶺請藏打算，然腹生疽，夏末秋初方調理如常。

按：據《上本師天然函昰和尚》（其二十七）：“遠行良非得已，亦不因和尚之行而始謀此行。今疽發於腹，待其調理如常已是秋初夏末，未嘗有一定之局。然以此煩和尚動念，負愆深矣。今釋十載丹霞，元是化主，其所心切切、口諄諄者，不過後此之局，而作何圓滿；前此之債，負作何賠償；今此之錢糧，作何措置。此外固不敢知也。角子所與栖賢密札，以方丈一席委曲鄭重，正是緩着……”[⑥] 其中“遠行”當即“請藏”之舉。

又據《明末天然和尚年譜》“康熙十年辛亥”條：“秋，南康太守廖昆湖文英暨歸宗闔寺大衆，啓請和尚主席。”[⑦]

八月廿三日，赴英德舟中，作《片鱗岩記》[⑧]。

---

① 《偏行堂集》（二），第 346 頁。
② 吴天任《澹歸禪師年譜》，第 87 頁。
③ 《偏行堂集》（一），第 399 頁。
④ 《偏行堂集》（三），第 308 頁。
⑤ 《偏行堂集》（三），第 308 頁。
⑥ 《偏行堂集》（二），第 102 頁。
⑦ 汪宗衍《明末天然和尚年譜》，第 74 頁。
⑧ 《偏行堂集》（一），第 299 頁。

九月至凌江[①]，同月與劉秉權相别[②]；於霞起堂作《夏冰集序》[③]。

十二月，天然函昰抵達廬山[④]，澹歸爲丹霞僧衆所留，出嶺請藏計劃以是擱淺。

按：據澹歸《與姚媒長主政》："弟去秋有出嶺請藏之行，適老人赴歸宗，復爲山中兄弟所留。去則决去，尚俟他年，偶來海幢寺，值便奉慰，未暇多及。"[⑤]

十二月十九日還山，復下韶州，歲盡方歸[⑥]。

是年前後，爲馬元、釋真樸撰修之《曹溪通志》做檢查修改工作。

按：《（同治）韶州府志》稱："《曹溪通志》八卷，國朝馬元、釋真樸修，劉學禮重刊，存。康熙辛亥修，道光丙申重刊。"[⑦] 澹歸有《曹溪通志新舊凡例折衷》[⑧]《曹溪新舊通志辨證》[⑨] 及《記雪槱改余襄公法堂碑事》[⑩]，批駁《曹溪通志》中不當之處。

康熙十一年壬子（1672），**五十九歲**。

三月，作《留世界説爲陸馭之民部初度》[⑪]。

四月下山，五月至雄州，休夏於龍護園。初秋爲平南王尚可喜延請，爲其年譜《元功垂範》編次，十月還山。

按：據《上本師天然昰和尚》（二十）："五月至雄州，欲往他方托鉢爲償債計。自病，從者病，諸所牽掣，勢如連雞，不得俱飛。頃爲平南相延，有筆墨之役。"[⑫]

---

① 《徧行堂集》（一），第 191 頁。
② 《徧行堂集》（三），第 347 頁。
③ 《徧行堂集》（一），第 149 頁。
④ 汪宗衍《明末天然和尚年譜》，第 74 頁。
⑤ 《徧行堂集》（二），第 191 頁。
⑥ 《徧行堂集》（二），第 106 頁。
⑦ 額哲克等修、單興詩纂《（同治）韶州府志》，《中國地方志集成 · 廣東府縣志輯 8》，上海：上海書店出版社，2013 年影印本，第 836 頁。
⑧ 《徧行堂集》（二），第 33 頁。
⑨ 《徧行堂集》（二），第 48 頁。
⑩ 《徧行堂集》（一），第 405 頁。
⑪ 《徧行堂集》（一），第 31 頁。
⑫ 《徧行堂集》（二），第 104 頁。

據《自韶陽以上不得荔支，壬子休夏龍護，承孝山分惠，呈此》[①]。

又據《與栖賢石鑒覞和尚》（十五）："四月下山，圖出嶺，病於龍護。初秋赴平南之招，喫官飯，做官書，十月還山。"[②]

秋，客於仙城之古龍藏精舍[③]。

康熙十二年癸丑（1673），**六十歲**。

癸丑元旦丹霞示衆[④]。

長至後三日過西昌，作《詩話偶鈔序》[⑤]。

夏大病幾死，季秋方愈[⑥]。休夏丹霞[⑦]。

六月廿九日至九月十五日，在丹霞别傳寺整頓寺風，會見來客，作八方因緣文字，爲寺僧調理病症，處理丹霞各項事宜。

八月初六，得歸宗寺兩扎催請，稱天然函昰病重，請其與海幢寺主持阿字今無速去歸宗寺料理。

九月十六日早，從丹霞發舟往會龍下院，與深源等人在仁化江口分路，晚宿於見峰灘。

九月二十日午刻至龍護園，院主他出。張賓潭、楊肯堂等檀越來見，寫信令船户寄回丹霞山中。

九月廿一日，晤陸世楷、朱廉齋、朱子蓉等故友，受檀越齋飯，爲赴歸宗寺及請藏募緣。

十一月初四，令深值、開宗往南安雇船，前往歸宗寺。初五日未刻，深值自南安回，已得船。

十一月廿四日早，募化於衆檀越，陸世楷來，以二十金相贈，并問請藏事，稱將出五十金相助，并令譚方蘧募於嘉興。澹歸大爲高興。

十一月廿五日到栖賢寺，廿七日，請栖賢寺主持石鑒今覞齋飯。

十一月三十日，别栖賢還歸宗寺，謁天然函昰。觀歸宗寺，認爲如此大

---

① 《徧行堂集》（三），第 138 頁。
② 《徧行堂集》（二），第 118 頁。
③ 《徧行堂集》（一），第 43 頁。
④ 《徧行堂集》（三），第 373 頁。
⑤ 《徧行堂集》（一），第 203 頁。
⑥ 《徧行堂集》（二），第 254 頁。
⑦ 《徧行堂集》（一），第 198 頁。

道場，非有十萬金因緣，二十年工夫，五百衆驅使，不能成此。晚方丈請茶。

按：上文自六月廿九日以來所補充，據藏於澳門普濟禪院《澹歸和尚丹霞日記》之影印資料[①]，資料未易見到，得之偶然。日記始於六月廿九日，終至十一月三十日，記録澹歸是年夏秋冬間住丹霞、龍護園以及出嶺省視天然函昰的經歷。從中可窺見其當家丹霞的日常：往來應酬，諸事纏身，奔波行走，書字募緣，病痛困擾等瑣事，可謂澹歸主持丹霞生涯的一段剪影。

大寒，抵章門[②]。

十二月，奉戴怡濤之托訪溧水王東白。

按：據《堅素堂詩集序》："癸丑冬，余將之匡山，止龍護園，入夜有剥啄聲，則戴子怡濤與池子儀伯，以朝正北上，步屧來過。剪燭共談，淩晨便發。怡濤語余，至章門，一詢王東白氏。及十二月訪之，出怡濤手書并詩，坐閑話溧水山居之勝，兩家相望過從之樂，余爲神往。"[③]

此處與《澹歸和尚丹霞日記》中記録相抵牾，據《澹歸和尚丹霞日記》最後一日，即十一月三十日所載，澹歸於此日到達歸宗寺，對歸宗寺的建設情況有所觀察描述，拜見方丈并赴方丈茶請。此處"方丈"便應是時住歸宗寺之天然函昰。然據其《答載怡濤别駕》（其二）云："届大寒始抵章門，蓋江路梗阻，自南安至此，凡三易舟，郎當極矣。"[④] 并上文所引《堅素堂詩集序》，知其十二月尚在江西南康、贛州一帶，尚未到達廬山歸宗寺。且據日記所録，十一月二十五日尚在南雄會晤陸世楷等人，此月三十日到達的可能性極小。或日記有誤？此處存疑。

小除，六十壽辰，天然函昰作《丹霞澹長老六十初度》爲壽[⑤]。

康熙十三甲寅（1674），**六十一歲**。

---

① 《澹歸和尚丹霞日記》，澳門普濟禪院藏稿本。
② 《徧行堂集》（二），第239頁，見《答載怡濤别駕》（其二）。
③ 《徧行堂集》（四），第48頁。
④ 《徧行堂集》（二），第239頁，見《答載怡濤别駕》（其二）。
⑤ 天然函昰《瞎堂詩集》卷十四，第152頁。

春抵章門，復病，尤劇，三十日左右始能起立行走，入丹霞調護半年餘①。

三月一日主院；三月十九日大衆請上堂②。

四月初一陸世楷父殁，爲之作禮懺疏，陸世楷借丁憂辭雄州太守任③。

休夏於龍護園，作《止息庵記》。

按：據《止息庵記》："予休夏龍護……蓋始辛卯，迄今甲寅，二十四年矣。"④ 可知甲寅年休夏龍護園時作《止息庵記》。

十月，送陸世楷、沈皡日還當湖，别於梅關⑤。

冬，暫至凌江，與滕梅羹初識⑥。

康熙十六丁巳（1677），**六十四歲**。

正月初九，住丹霞⑦。

秋中退院⑧。

南韶李復修等人相留，度歲南韶⑨。

康熙十七戊午（1678），**六十五歲**。

春，於南韶撿白骨，作《南韶雜詩》⑩ 及《官葬暴骨碑銘（代）》⑪。

康熙十八己未（1679），**六十六歲**。

秋，客居半塘聖壽寺，有《題石鑒和尚遺墨後》。

按：據《題石鑒和尚遺墨後》："己未秋，予客半塘，證十禪友自

---

① 《徧行堂集》(二)，第 255 頁。
② 《徧行堂集》(三)，第 337 頁。
③ 《徧行堂集》(一)，第 253 頁。
④ 《徧行堂集》(一)，第 321 頁。
⑤ 《徧行堂集》(一)，第 433 頁。
⑥ 《徧行堂集》(一)，第 53 頁。
⑦ 《徧行堂集》(四)，第 100 頁。
⑧ 《徧行堂集》(四)，第 101 頁。
⑨ 《徧行堂集》(四)，第 230 頁。
⑩ 《徧行堂集》(四)，第 300～309 頁。
⑪ 《徧行堂集》(四)，第 178 頁。

浙中來，其舊書記也，出遺墨索題。”[①]

康熙十九庚申（1680），**六十七歲**。

正月二十一日，作《陳階六七袠壽序》。

按：據《陳階六七袠壽序》：“今庚申孟春廿有一日，公登七袠，禮宜稱壽。”[②]

① 《徧行堂集》(四)，第202頁。
② 《徧行堂集》(四)，第37頁。

漢籍之“卷”與“册”再考

——以北宋版《通典》爲中心

[日] 大木康撰　王汝娟譯

日本東京大學東洋文化研究所　復旦大學出版社

摘　要： 在中國傳統的圖書目録中，如“李太白文集三十卷”那樣，“卷”是必定會著録的重要項目。在這種情況下，卷數表示一種書籍分爲多少章，而不表示該書分爲多少册。在中國衆多的圖書目録裏，之所以未必記載册數，或許與明代以降流行的綫裝本有關，例如一種二十册的書，如果將它每二册合訂，那麽就會變爲十册，形態極爲靈活。日本宫内廳書陵部所藏北宋版《通典》，其版心處除了記載卷數、葉數以外，還記載了册數，是極爲珍貴的資料。書籍在刊刻時即印上册數，後人就不易將其合訂。這或許與該書最初作成時是蝴蝶裝有一定的關係。在蝴蝶裝的情況下，由於各葉是用漿糊黏貼在一起，因而改裝較爲困難。隨着綫裝本的普及，就不再記載册數了。

關鍵詞： 中國古籍　卷數　册數　綫裝　蝴蝶裝　《通典》

一、漢籍之“卷”與“册”

一般而言，漢籍目録在著録一本書時，是以書名、卷數、撰者、抄刻情況等四個項目的信息爲核心的。例如，在《東京大學東洋文化研究所漢籍分類目録》（1973）中，關於唐代詩人李白的詩文集，其中有一條記述如下：

李太白文集三十六卷

唐李白撰　清王琦輯注

乾隆二十四年序刊本

“李太白文集”是書名，“三十六卷”是卷數，“唐李白撰　清王琦輯注”是撰者，“乾隆二十四年序刊本”是抄刻情況。本文將對其中的卷數進行簡要考察。

在漢籍目録的諸項目中，卷數亦爲重要一項。目録的一個重要目的是告知讀者此處著録的版本與其他版本的异同。例如目録中有存在兩種版本的情況：

李太白文集　三十卷

李太白文集　三十六卷

它們的書名都是“李太白文集”，但一種是三十卷，另一種是三十六卷，兩者卷數不同，由此我們可以知道它們并非同一個版本。

那麽，漢籍目録中的“卷”是什麽呢？漢籍目録中的“卷”與現在所説的諸如“日本文學全集全五十卷”之類的“卷”是不同的——所謂的“日本文學全集五十卷”，即五十册的意思。與此相對，漢籍中的卷數并非指册數，而是指一種書籍中的章節（構成一種書的一部分）。因此，儘管皆爲收録李白詩文的名曰“李太白文集”的書籍，且其中所收的李白詩文其内容也基本相同，但一種分爲三十個部分（章節），另一種分爲三十六個部分（章節），即使兩者的册數相同，三十卷本與三十六卷本也是截然不同的兩種版本。

書籍的分章爲何被稱爲“卷”呢？這大約與中國書籍早期形態——竹木簡有關。竹木簡，在不讀的時候人們會把它捲起來，在閲讀的時候會把它打開，之後的卷子本亦如此，而“卷”即指捲起來的狀態。在竹片或木片上書寫文字并用繩索串連起來的竹木簡，與紙相比，較爲龐大和笨重。在竹木簡的時代，可能内容上的一個片段也就是物理上的一卷。换言之，即内容上的一個片段形成的一卷，與物理形態上的竹木簡的一卷，兩者是一致的。所以，説“《史記》一百三十卷”的時候，在当時的語境中，是指竹木簡的實物卷數爲一百三十。然而，隨着紙的發明，進入卷子本的時代後，同樣體積的紙相較於竹木簡而言，能書寫更多的文字，物理上的一卷能容納多章，於是形成章的劃分的卷，與物理上的一卷漸漸不再對應。這一傾向在之後伴隨着印本的普及，書籍形態向册子本變化後被繼承下來。

中國的書籍中，用絲綫裝訂的綫装本，在形態上極爲靈活。朝鮮或者是日本的書籍，因綴有較厚的表紙，故自最初製作時開始，帙分爲多少册基本上是固定的。和刻本中，我們經常可以看到貼有標記第一册“春秋左氏傳　一”、第二册“春秋左氏傳　二”或“文文山詩選　上”、“文文山詩選　下”等題簽，用“一”“二”“上”“下”等形式來表示册數。如此一來，改裝就并非易事。筆者所藏的和刻本《真山民詩集》（村瀨栲亭校，文曉堂、向松堂梓）卷末所附《向松堂藏版書目》中，載録了“陶淵明詩集　四册”“林和靖詩集　二册”等，也存在諸如此類的書名和册數同時著録的情況。然而，中國的書籍有的表紙較薄，例如一本分成二十卷的書，可以五卷一册裝訂成四册，也可以四卷一册裝訂成五册。無論是裝訂爲四册還是五册，内容都是完全一樣的。此外，有時書籍還會因收藏者的個人喜好而進行分合，譬如原本二十册的書，收藏者可能會覺得册數太多、過於凌亂，於是將每兩册裝訂在一起，就成了十册本。

可能是由於中國的綫装本具有這種極爲靈活的特色，因此在中國的歷代書目中，幾乎不會提及“册”。例如《漢書・藝文志》中有如下記載：

尚書古文經四十六卷

此是指《尚書古文經》是由四十六卷竹木簡構成。無論是竹木簡，還是帛書，這裏所見的數字都表明書籍物理上的卷數。① 但是，在紙發明以後，自卷子本形成以來的書目中，例如《隋書・經籍志》對經部的《易》著録如下：

右六十九部　五百五十一卷

這是指有和《易》有關的六十九種書籍，單純地把它們的卷數（章數）加起來而得到五百五十一卷這個數字，并非指圖書館中有五百五十一

---

① 澤谷昭次《“裴駰の〈史記集解〉は八十卷本であった”ということについて》，見氏《中國史書論考》，東京：汲古書院，1998 年。

卷的書。又譬如，之後明代的《永樂大典》號稱有二万二千八百七十七卷，這同樣是把章數相加而得出的數字，若以册數計，則是一万一千零九十五册。當然，如前文所述那樣，分章（卷）情況可以表示版本的异同，也可以讓讀者便捷地找到想讀的内容在第幾章（卷），在這一意義上來説卷數的確很重要；但在卷子本産生以後，卷數變成了單純表示書籍規模大小的數字而已，已不再表示其物理上的“卷帙”數量。

歷代書目中，必定記録卷數，而記録册數者却極少。管見所及，僅有如下所舉等少數幾例。明代《文淵閣書目》的記載，如：

天字號第一櫥書目

皇明祖訓一部一册

《天禄琳琅書目》《天禄琳琅書目後編》在著録的所有書籍後都記述了“×××函×××册”，如：

六臣注文選　二函二十册

又，潘祖蔭《滂喜齋藏書記》：

元刻風俗通義十卷　一函四册

潘宗周《寶禮堂宋本書録》：

新編方輿勝覧七十卷　十六册

綜觀所有書目，此類記述册數的例子極少。上舉四例中，《文淵閣書目》是明永樂中將南京的藏書運到北京時的盤點清册，因此只記録册數，没記載卷數。《天禄琳琅書目》是清廷的藏書，這也是著録册數便於管理，而後兩者亦收藏了爲數衆多的宋元版之故。

我們現在所用的漢籍目録，有按經、史、子、集以及叢書在圖書館的配架順序羅列的“漢籍目録”，和把叢書中所收的四部書按它們各自本来的經、史、子、集位置重新羅列的“漢籍分類目録”兩種。“漢籍目録”是按照配架順序羅列的，例如《京都大學人文科學研究所漢籍目録》（1979）中，在每種書的下面記載了其册數。這一做法爲圖書館的書籍借還、藏書調查提供了便利。“漢籍分類目録”則便利於檢索某一種書，因爲一家圖書館所藏的某一種書的單行本與叢書所收的版本都可以一覽。然而，“漢籍分類目録”并不記録册數。這是由於每種圖書在書庫中實際并非按此目録所呈現的順序排列的。

以上就是漢籍中一般情況下所説的“卷”和“册”。

二、北宋版《通典》

筆者在宫内廳書陵部圖書寮漢籍調查之際，偶然接觸到北宋版的《通典》。[①] 其每葉版心上大多寫着“第×××册　卷數　頁碼”，其中頁碼是逐册計數的。譬如，其卷三之開頭部分的版心上，寫着“第一册　三　二十二”。而一般的書籍是逐卷編排頁碼的，所以卷三開頭的頁面應該是第一葉。該《通典》大體上是每册收録了五卷。第一册中，首先是《進通典表》，其版心處未寫頁碼；接下來的《通典序》在第一葉的正反面，卷首的《通典卷第一》在第二葉的正面，卷第一的卷尾在第十葉的反面，卷第二從第十一葉的正面開始到第二十一葉的正面爲止（第二十一葉的反面僅有界綫），卷第三從第二十二葉的正面開始，版心處即如上述寫着“第×××册　卷數　頁碼”的文字。

我們按照漢籍目録規則編目録時，僅僅會寫“通典二百卷”，而不寫此册數。那麼“册”在此爲何物呢？首先不容忽視的很有趣的一點是：“册”是從一開始就印刷在版心上的，换言之，即自欲製作書籍始，就已意識到該書要裝幀成多少册。一旦在版面寫上第幾册，那麼就不能擅自調節每册的卷數來另行裝幀了。如前所述把兩册合併裝幀爲一册之類的事，就不可能實行。

版心上除了“卷”之外，另行寫上“册”，并在實際書籍製作時按此分册來裝幀，這種現象爲何會産生呢？筆者認爲，這可能與宋代書籍的裝幀方式有關。宋代書籍的裝幀并非如現今所見的大部分漢籍那樣的綫裝，而是蝴蝶裝。這是將印有文字的紙面朝裏對折（與綫裝本相反）、用漿糊一枚一枚黏合起來，再覆上表紙的裝幀方法。由於是把紙一枚一枚黏合起來，因此無法像綫裝本那樣輕而易舉地變更裝幀，即裝幀方式不是很靈

---

① 宫内廳書陵部圖書寮漢籍調查項目調查前進行了人員分工，然負責《通典》的并非筆者，而是上原究一氏。上原氏碰巧與筆者在同一天前去訪書，而筆者關注到“册”的文字做了筆記，之後又蒙其教示，謹致謝忱。

活。由此，在蝴蝶裝的時代，出現像《通典》這樣的從一開始就固定了分册的書籍也就不難理解了。

關於《通典》，尾崎康先生廣泛調查了各處所藏的諸版本。據其調查結果，天理圖書館、中國國家圖書館所藏的宋版皆是如此形態，静嘉堂文庫所藏的元版亦不例外。①

關於固定的“册”，葉德輝《書林清話》卷一有“書之称册”條，云：

北宋刻史記分三十册，版心注數目。

其所言可能是現中國國家圖書館所藏的鐵琴銅劍樓舊藏《史記集解》單注本。今觀《鐵琴銅劍樓宋金元本書影》所收書影，的確其版心有“第一册　本紀三”之文字，并有“二”的頁碼標記。《通典》《史記》等特别寫明了“册”，其原因之一可能是它們都是大部頭的書。

以上考察了宋版中偶然所見的“册”，“册”的標記大致與無法輕易改裝的蝴蝶裝這種裝幀方式有關。然而據上原究一氏所指示，即便在蝴蝶裝已經演變爲綫装的明代，也仍可見到“册”的標記。

首先看《漢前將軍關公祠志》（《關帝文献匯編》第八册影印）卷七收録的解州官刻本吕文南《隆慶丁卯刻義勇武安王集序》。其中有載：

不數日，搜采其近，編類成帙，又繪圖四十一葉，以續於後，共爲上中下三册，即捐俸金充工費，以壽諸木。

此處明確言及“上中下三册”。此外，收録該《序》的萬曆三十一年序刊趙欽湯家刻本《漢前將軍關公祠志》（《關帝文献匯編》第八册影印）的目録中，首先從“第一册”到“第四册”分爲四册，再於各册下羅列各卷；該書的臺北圖書館藏本及美國國会圖書館藏本，現亦帙爲四册，分册位置與目録相同，且第一册、第三册上留存着明記了第幾册的印刷題簽。

又，萬曆十六年序刊唐廷仁、周曰校刊本《史漢合編題評》八十八卷的尊經閣文庫藏本及上海圖書館藏本，皆爲五十册，各册末尾刻有自“第一本”至“第五十本終”的字樣。

通過此類例子不難看出，即至明代，書籍上“册”的標記并非不存在，或許是多多少少留下了痕迹。筆者猜測，這樣的例子除了以上所舉

① 尾崎康《通典の諸版本について》，見《斯道文庫論集》第14輯，1977年。

外，應該還有一些，祈盼博雅方家賜教。[①]

三、蝴蝶装

最後畫蛇添足地談談蝴蝶裝。宋代的蝴蝶装之後變成了綫装本，那麽爲何會發生這種變化呢？對於蝴蝶裝變成綫装本的時間，目前有若干種觀點，其中明代中期説較爲有力。

筆者長期關注明代後期的出版文化。毋庸諱言，印刷術在唐代或宋代即已存在，而必須强調的是，其數量的擴大是在明代。[②] 從蝴蝶装到綫装本的變化，或許亦與此量的變化不無關係。

據宫内廳書陵部補修課的篠原宏先生介紹，蝴蝶装的製作完成是一個較爲漫長的過程，由於蝴蝶装是把紙張一枚一枚地用漿糊黏貼起來，因此到漿糊完全乾燥爲止，必須鎮壓晾置十餘天，這無疑需要耗費比較長的時間。

而綫装本的製作則儘需要先把紙綴連，再用紙捻粗訂，然後覆上表紙，用絲綫串連起來即可。即這一過程中，不必耗費任何時間去等待漿糊乾燥，印刷完畢裝訂好，就馬上能上市銷售。[③]

這一變化或許與書籍需求的擴大有一定的關係。綫装本大致就是爲了縮短蝴蝶装所必需的等待漿糊乾燥的時間而發展起來的裝幀方式。這也是“册”漸漸不成爲問題的一個背景。

---

① 關於此處提及的《漢前將軍關公祠志》等，上原究一《唐貞予刊本〈漢壽亭侯誌〉及びその卷頭插畫について》（瀧本弘之編《中國古典文學插畫集成（十）·小説集（四）》，東京：遊子館，2016年）有詳論。

② 參大木康《明末江南の出版文化》（東京：研文出版，2004年；中譯本《明末江南的出版文化》，上海：上海古籍出版社，2014年）、大木康《中國明末のメディア革命》（東京：刀水書房，2009年）等。

③ 關於此點，詳參大木康《中國綫裝本的普及及其背景》，《韓国文化》第72號，首爾：首爾大學奎章閣，2016年。

通俗類書型蒙書：《幼學故事瓊林》之管見

王　輝

復旦大學中國古代文學研究中心

摘　要：《幼學故事瓊林》成爲明清以來童蒙啓學的必備讀本，既出於它通俗類書與蒙書的雙重性質，也源於其内容詳實完備、語句駢偶對仗、朗朗上口的易誦特質，使其在百載之下經久不衰。作爲一種啓蒙性通俗類書的集大成之作，它不僅在體例編排、行文風格上對前代類書編纂特點進行了吸納與揚弃，而且在歷史文獻的保存、社會風俗史及傳播與接受史的探究等方面均有重要的史料研究價值。

關鍵詞：蒙書　通俗類書　雙重性質　集大成性　史料價值

蒙書是開啓蒙童智力，規導其做人立世的必備之書。通俗類書則是書坊主以分門别類的形式集歷史掌故、日常倫理、社會風俗等社會百科知識於一爐來引導販夫俚婦行爲規範的科普讀本。從中可看出，蒙書與通俗類書在某種程度上具有相似性，它們均是作爲一種普及性的閲讀文本，只是所服務的對象稍有差异而已。然而，在多數情况下，蒙書也已被用來作爲大衆的普及版讀本來使用。“從思想史的角度看，類書是這樣一些文本……充當每一個受教育的啓蒙讀物，從一開始就成爲他們知識思想和信仰的底色，今後無論如何皴然，它都將頑强地顯現出來，它不僅是童年經驗，也是基本知識。”[①] 葛兆光先生的此番論述生動地説明了蒙書與通俗

① 葛兆光《中國思想史》第二卷《七世紀至十九世紀中國的知識、思想與信仰》，上海：復旦大學出版社，2010年，第18頁。

類書在功用上的這一相通性，本文所要探究的《幼學故事瓊林》便是這兩種性質讀物的結合品。明清之際正是蒙書與通俗類書這兩種文體進入全面總結的時期。這便使得帶有啓蒙性的通俗類書——《幼學故事瓊林》體現出内容詳實完備、語句駢偶對仗、便於閱讀記誦的特質。它不僅在體例編排、行文風格上對前代類書編纂特點進行了吸納與揚弃，而且在歷史文獻的保存、社會風俗史及傳播與接受史的探究等方面均有重要的史料研究價值。基於上述之種種，本文在以下各部分中將予以全面深入的剖析。

《幼學故事瓊林》，又名《幼學須知》《成語考》《故事尋源》《雅俗故事》等。通行本標明作者是明代西昌人程登吉，增補注釋者爲清代鄒聖脉。另一説本書原編者是明代學者邱濬。

一、《幼學故事瓊林》性質之判定

關於《幼學故事瓊林》性質之界定，前人已多有論述，然基本上均從蒙書與類書兩個方面來剖析。《燕京大學圖書館目録初編・類書之部》將《幼學瓊林》列爲蒙求門。① 俞嘉錫《内閣大庫本碎金跋》將古之小學析爲“字書”“蒙求”“格言”三派。而對於“蒙求”類的闡釋是：“其源出於李翰，屬對類事，編成音韻，易於諷誦，不出卷而知天下。”并在此類下列《幼學故事瓊林》《龍文鞭影》等。②

從以上二書的論述中可以看出它們均將《幼學瓊林》界定爲蒙書，那麽何爲蒙書?《周易・蒙卦》有對“蒙”的解釋，“蒙：亨。匪我求童蒙，童蒙求我”。《象》曰：“蒙以養正，聖功也。”③ 其意思是説，要想成爲聖人，或品德高尚的人，或有所作爲的人，必須在蒙昧的時候就給予正確的教育。蒙學之書由來已久，周代《史籀篇》便是現在所知最早的蒙書。秦有李斯《倉頡篇》、漢有史遊《急就章》，均是早期的蒙書。《漢書・藝文志》收有小學十家，所謂小學也就是蒙學。蒙學主要以 8～15 歲的少年兒童爲對象。

---

① 胡道静《中國古代的類書》，北京：中華書局，2005 年，第 14～15 頁。

② 參見《余嘉錫論學雜著》，北京：中華書局，1963 年，第 605～606 頁。

③ 黄壽祺、張善文撰《〈周易〉譯注》，上海：上海古籍出版社，1989 年，第 49～50 頁。

我國古代蒙學的發展大致可分爲三個階段：第一階段是周秦漢魏六朝。此一時期童蒙教育主要在識字教育與句讀訓練。第二階段是隋唐五代時期。蒙書已由原有識字教材衍生出道德、知識、應用等各類教材。第三階段是宋元明清時期。隋唐五代以後，隨着教育的普及和印刷術的發展，童蒙教材愈加豐富，體系亦漸趨廣泛而完備；體裁、樣式推陳出新。[①]《幼學故事瓊林》正處於第三階段後半段的歸納總結期，是傳統蒙書的集大成者。

此外，《幼學故事瓊林》不僅是蒙書，也是一種通俗類書。通俗類書是相對於官修大型類書及文士私撰類書而言的，主要由民間書坊編刊。[②]"通俗類書"之稱謂首見於孫楷第先生《日本東京所見中國小説書目》一書中，孫先生在此處所指稱的對象主要是通俗小説類，而未涵蓋通俗類書之全部。至於向志柱先生在《胡文煥〈胡氏粹編〉研究》一書中所認爲的以"民間類書"[③]之名來作爲通俗類書之指稱似有欠妥之處。[④]因爲以"通俗類書"爲指稱不僅是界定的角度不同，而且更能體現出通俗類書的性質，似乎更爲準確。類書有三個基本特點：一是匯编資料，述而不作；二是以分門别類形式編輯成書；三是編輯目的是供人尋檢采掇。[⑤]通俗類書除了具備這三方面的基本特性外，自身更多地體現了服務民間的通俗性特徵。而作爲其中最爲重要的一種功用——普及型的閲讀文本，在《幼學故事瓊林》上得到了突出的展現。

緣上所述，《幼學故事瓊林》是一種帶有啓蒙性的通俗類書，這一雙重性質及其所服務的對象决定了其内容詳實完備、語句駢偶對仗、便於閲讀記誦的通俗特質，使其在數百年來一直成爲民間最爲通行的知識普及讀物。

二、《幼學故事瓊林》之集大成性

明胡應麟《少室山房筆叢·經籍會通二》云："凡經籍緣起皆至簡也，

① 參見鄭阿財、朱鳳玉《敦煌蒙書研究》，蘭州：甘肅教育出版社，2002年，第1～5頁。
② 劉天振《明代通俗類書研究》，濟南：齊魯書社，2006年，第4頁。
③ 胡道静《元至順刊本〈事林廣記〉解題》，《百科知識》1979年第5期。
④ 參見向志柱《胡文煥〈胡氏粹編〉研究》，北京：中華書局，2008年，第222頁。
⑤ 參見劉天振《明代通俗類書研究》，濟南：齊魯書社，2006年，第2頁。

而其卒歸於至繁。”[①] 胡氏的這一論斷言明文學由簡到繁發展的一條基本規律，進入總結期的某一文學體裁在汲取之前同類體裁的優良傳統後，便往往會出現一些集大成之作。明清之際正是通俗類書與蒙書發展最爲輝煌的時期，這類書籍自身發展已經相當完備，出現了集大成之作是合乎情理的事，《幼學故事瓊林》便在這方面有突出的展現。對於此方面的特質可以從《幼學故事瓊林》的體例編排及百科全書式的史料征集兩方面呈現出來。與《蒙求》《龍文鞭影》專講歷史，《百家姓》《千字文》偏重識字不同，《幼學故事瓊林》的内容是綜合性的，文體上不拘泥於四言詩句，而是采取了大體對仗的賦體，較爲靈活多變。作者廣泛吸收前代類書的成果，更直接取材於宋元以來《事類賦注》《古今事文類聚》等賦體或包含賦體的類書，内容廣博，文字精練，一書在手即可掌握常用的成語典故和社會生活基本知識。[②]

首先，從體例編排的傳承上來看，《幼學故事瓊林》承繼了《初學記》的體例編排特點。吾師劉天振在評述《初學記》時有言，“《初學記》，繼承了《北堂書鈔》《藝文類聚》《蒙求》等書的編輯經驗，并在當時盛行的駢體文、近體詩的推動下，將類事、事對、類文三者合一，使古代正宗類書的體例基本完備。”[③] 《初學記》，唐徐堅撰，三十卷，二十三部，三百一十三個子目，是爲唐玄宗諸王子習學而編著的，屬於蒙學性質的類書。既然《初學記》在類書體例編纂上已完備，并且屬於蒙書，那麼同樣具有這兩種性質的《幼學故事瓊林》自然會對其加以繼承與發展了，從它們二者的部類編目便可以管窺一二。《初學記》二十三部類編目爲天部、歲時部、地部、州郡部、帝王部、中宫部、儲宫部、帝戚部、職官部、禮部、樂部、人部、政理部、文部、武部、道釋部、居處部、器物部、服饌部、寶器部（花草附）、果木部、獸部、鳥部（鱗介、蟲附）。《幼學故事瓊林》四卷三十三部，其部類編目爲天文、地輿、歲時、朝廷、文臣、武職、祖孫父子、兄弟、夫婦、叔侄、師生、朋友賓主、婚姻、子女、外戚、老壽幼慧、身體、衣服、人事、飲食、宫室、器用、珍寶、貧富、疾病死喪、

---

① （明）胡應麟撰《少室山房筆叢》，上海：上海書店出版社，2001 年，第 22 頁。

② 參見宋洪、喬桑編《蒙學全書》，長春：吉林文史出版社，1991 年，第 299 頁。

③ 參見劉天振《明代通俗類書研究》，濟南：齊魯書社，2006 年，第 251 頁。

文事、科第、製作、技藝、訟獄、釋道鬼神、鳥獸、花木。從這兩本書編目的比對中可以發現，《幼學故事瓊林》的編目基本上是承襲《初學記》而來的，只是它的分類更爲合理、整飭。

此外，《幼學故事瓊林》在行文運勢上的一個突出特徵便是駢偶對仗、隸事對文。這一特質有其淵源，最早采用"事對"的編排手法綴文屬章的是《編珠》。《編珠》，隋杜公瞻撰，四卷十四部類。《編珠》的本來作用是爲寫作近體詩提供材料，故與"征事""叙事"的類書不同，而爲"事對"式。其體制是隸事爲對，下注出處。這一編排特點爲《初學記》所承繼，其每一子目内均分"叙事""事對""詩文"三部分。那麽，《幼學故事瓊林》爲了使所收故事達到朗朗上口、易於誦讀的效果，采用隸事對文的方式是再好不過的手段，并且使其朝着更加通俗化的方向發展。

其次，《幼學故事瓊林》内容翔實、包羅萬象，真有一書在手、萬事不求人的感覺。其中天文地理、歷史掌故、人生百態、五行八作應有盡有，就像是乾坤萬象之縮影。《幼學故事瓊林》主要是歷史典故的匯编文本，相對於同類題材的蒙書《蒙求》《龍文鞭影》等，此書史料匯集更爲翔實、完備。與此同時，對於涉及訓誡類與名物類的蒙書，如《朱子家語》《名賢集》《增廣賢文》《名物蒙求》等，此書也有補遺、參照之效。

縱覽以上論述，《幼學故事瓊林》集大成特性主要是在體例編排與資料征集這兩個方面得以展現的，這也是其能歷經百世而不衰的一個重要原因。

三、《幼學故事瓊林》價值之評析

《幼學故事瓊林》成爲明清之際蒙求門通俗類書的集大成之作，它在古代教育史、文獻學及傳播與接受史等研究領域均有極爲重要的價值意義，其所體現出的價值主要是由其蒙書與通俗類書及所服務的對象决定的。

首先，由《幼學故事瓊林》蒙書性質來看其在古代教育史上的價值與地位。教育，古今都可分爲學校教育、家庭教育、社會教育三種形式或三個範圍。封建社會的統治者無不希望他們的統治能長治久安，希望臣民既能貼心歸順，又能爲其統治有所作爲。爲了達到這個目的，除了采取種種行政手段之外，還采取了有力的教育手段，在社會大力宣傳有利於他們統治的思想主張和爲這種思想主張服務的道德修養及行爲準則，兒童則是這種宣傳的最基礎的對象。劉天振在《明代通俗類書研究》一書中將《幼學故事瓊林》歸入題旨單一的道德故事類書一類，并給道德故事類書予以準確的界定，道德故事類書是指以通俗形式匯編故事、以分門別類形式編纂成書，旨在進行道德教化的通俗故事讀本。其顯著特點如下：一是采取通俗形式編寫而成；二是選材内容廣泛，必以分門別類的形式編輯成書；三是編纂動機以道德教育爲主。它以形象的故事代替抽象的説教，在社會道德教育中發揮了經書、善書所無法替代的作用。[①]《幼學故事瓊林》是思想品德教育方面的著作，在古代蒙學書籍中思想品德教育方面占相當大的比重，可以看成是古代蒙學的核心。同時，《幼學故事瓊林》又是知識教育方面的著作，旨在培養兒童處世做事的本領。所授的知識有的是立身社會的基礎，有的是歷史和周圍環境的概況，有的是某種謀生手段，有的是進入仕途的階梯，有的是做人的楷模，有的是應具備的品德修養，有的是促進進取的激素。此外，《幼學故事瓊林》中所匯輯的某些素材在其他通俗文學題材（最突出的是戲曲）中也同樣有所展現，如卷一天文部“齊婦含冤，三年不雨；鄒衍下獄，六月飛雪”便是元雜劇《竇娥冤》故事題材的原本；卷二兄弟部“田氏分財，忽瘁庭前之荆樹”便被宋元“四大南戲”之《殺狗記》[②]所汲取而成爲其宣教“奉勸世人行孝順，天公報應不差移”的有利素材。眾所周知，戲曲作爲一種傳播力極强的娱樂活動，在規範大眾精神思想方面有着潛移默化的作用。緣於此，歷代封建統治者雖對戲曲演出嚴加禁止，然而也有利用它來宣揚封建倫理道德的事例。所以，諸如《幼學故事瓊林》式的蒙書跟戲曲一道成爲推動封建道德文化戰車前行之雙轂。

其次，由《幼學故事瓊林》通俗類書性質看其在文獻保存上的價值。《幼學故事瓊林》内容翔實、囊括萬象，是作爲細民百姓居家生活必備的知識手册而編輯的。其中廣羅天文地理、歲時節氣、歷史掌故及社會風俗等方面的知識，雖然極爲簡略，但内涵頗豐，是對千百年來中華傳統文化

---

① 參見劉天振《明代通俗類書研究》，濟南：齊魯書社，2006年，第217、186頁。
② 參見俞爲民《宋元四大戲文讀本》，南京：江蘇古籍出版社，1988年，第465頁。

的提煉與總歸，具有極大的文獻學價值，不容忽視。此書是一部通俗類書，濃厚的民間色彩是其獨特之處。如歲時部對傳統節日節氣相關知識的記載對探究民俗節令大有裨益。再如老壽幼慧部、貧富部、疾病死喪部及釋道鬼神部等録輯了當時民間習俗風尚，從中不僅可以體察百姓世俗心理及階級矛盾，同時亦可看出儒、釋、道混同合流的民間信仰取向。

最後，從《幼學故事瓊林》所具有的啓蒙性的通俗類書的雙重性質看其在傳播與接受史上的意義。從傳播與接受角度來看，《幼學故事瓊林》應屬於大衆傳播類型①。作爲社會傳播類型中最廣泛的一種，大衆型傳播面向的接受群體是文化知識水準不高的市民百姓，那麼保證其通俗易懂是必要的手段。《幼學故事瓊林》不僅語辭駢偶對仗、通俗易曉，便於其廣泛傳播；而且其所劃定的部類也均是百姓日常生活必備的知識經驗，在此方面又加大了内容含量，每部類均主旨鮮明、條分縷析，一閱便懂。如所收輯的製作部、技藝部，詳細列舉了日常農事的相關事宜，成爲農事生産的教科書。此書材料豐富、知識詳備而又通俗易誦，流傳極廣、家喻户曉。

縮結而論，《幼學故事瓊林》是明清之際蒙書與通俗類書的集大成之作，它在汲取前代同類素材編纂經驗的基礎上匯编而成，題材豐富、内容翔實、體例完備，成爲百代之下久盛不衰的科普讀物。它對於我們在文獻學、傳統教育學及傳播與接受史等領域的研究均有較大的學術價值，不應輕視。

---

① 傳播學中的傳播類型包括自我傳播、人際傳播、組織傳播與大衆傳播等，參見趙春寧《〈西厢記〉傳播研究》，厦門：厦門大學出版社，2005 年，第 13 頁。